编审委员会

主　任　李树忠

副主任　吴景明

委　员（按姓氏笔画排序）

王敬波　卞建林　孔庆江

曲新久　杨　阳　杨秀清

李欣宇　费安玲　焦洪昌

法学 e 系列教材

刑法学分论

阮齐林／著

XINGFAXUE FENLUN

中国政法大学出版社

2017·北京

声　明　　1. 版权所有，侵权必究。
　　　　　2. 如有缺页、倒装问题，由出版社负责退换。

图书在版编目（CIP）数据

刑法学分论/阮齐林著.—北京：中国政法大学出版社，2017.9
ISBN 978-7-5620-7632-2

Ⅰ.①刑⋯　Ⅱ.①阮⋯　Ⅲ.①刑法－分则－中国－高等学校－教材　Ⅳ.①D924.301

中国版本图书馆CIP数据核字(2017)第196845号

出 版 者	中国政法大学出版社
地　　址	北京市海淀区西土城路25号
邮　　箱	fadapress@163.com
网　　址	http://www.cuplpress.com（网络实名：中国政法大学出版社）
电　　话	010-58908435（第一编辑部）　58908334（邮购部）
承　　印	固安华明印业有限公司
开　　本	720mm×960mm　1/16
印　　张	19
字　　数	300千字
版　　次	2017年9月第1版
印　　次	2017年9月第1次印刷
印　　数	1~4000册
定　　价	49.00元

编写说明

法学的实践性历来为法学教育所重视和强调，如何培养法科学生的法律运用能力也一直是法学教育的重点和难题。随着国家统一法律职业资格考试对法治实践水平的着重考察，以及同等学力人员申请硕士法学学位教育对理论知识结合司法实务的迫切需求，本系列教材编写组结合互联网科技和移动电子设备的发展趋势，根据全国各大法学院校不同学制法学教育的特点，针对学生法学基础深浅不一、理论与实践需求各异的现状，以掌握法学最基础理论知识、应对国家统一法律职业资格考试和同等学力人员申请法学硕士学位专业考试、提升司法实践能力和法律运用能力为目标，组织编写"法学e系列教材"。

本系列教材的特点主要体现在以下几个方面：

第一，本系列教材的编写人员均为中国政法大学从事法学教育数十年的知名教授，拥有极为丰富的法学教学经验和丰硕的科研成果，同时深谙司法实务工作特点和需求，能够在授课过程中完美地结合法学理论知识与法律实务技能，多年来深受学生的喜爱和好评。他们立足于法学教育改革和教学模式探索创新的需要，结合互联网资源信息化、数字化的特点，以自己多年授课形成的讲义和编写过的教材为基础，根据学生课堂学习和课外拓展的需要与信息反馈，经过多年的加工与打磨，精心编写而成。本系列教材是各位编写人员数十年法学教学、司法实践与思考探索的结晶，更是他们精心雕琢的课堂教学的载体和平台。

第二，知识详略得当、重点突出，完善法科学习思维导图。首先，本系列教材内容区别于传统法学全日制本科、研究生专业教材和学术著作，主要涉及法学教育中最根本、最重要的知识要点，教材篇幅适中，内容简洁明了、通俗易懂，准确阐述法学的基本概念、基本理论和基本知识，主要使学生了解该学科的通说理论。其次，本系列教材不仅旨在传授法学基础知识，更要帮助学生在脑海中形成脉络清晰的树状知识结构图，对于如何解构法律事实、梳理法律关系、分清主次矛盾、找到解决方法，形成科学完整的法学方法论，为法学理论拓展或法律实务工作奠定坚实的基础。最后，对于重难点内容进行大篇幅详细对比和研究，使学生通过学习本教材能够充分掌握重要知识点，培养学生解决常见问题的能力；对其他相关知识点如学术前沿动态和学界小众学术观点，则以二维码的形式开放线上学习平台，为有余力者提供课外拓展学习的窗口。

第三，实践教学与理论教学相结合，应试教学与实务教学相结合。本系列教材承载了海量案例库和法律法规库，同时结合扫描二维码形式跳转到相关资源丰富的实务网站，充分结合案例教学、情景教学、课后研讨和专题研究等教学、学习方法，引导学生从理论走向实践、从课堂走向社会。同时，为了满足学生准备国家统一法律职业资格考试和同等学力人员申请法学硕士学位专业考试的需要，本书设置了专项题库和法规库并定期更新，以二维码的形式向学生开放各类考试常考的知识点及其对应的真题、模拟题，提供考点法律法规及案例等司法实务必备信息，引领学生从法学考试走向法律实务、从全面学习走向深度研究。

第四，立体课堂与线下研讨相结合，文字与图表、音视频相结合。除了完善课前预习和课堂授课内容，本系列教材也为学生提供了丰富、立体的课下学习资源，结合网络学习平台，加强出版单位和读者沟通，加强师生互动沟通，不断更新、完善教师教学效果、学生学习成果、出版整合资源成果。

本系列教材是各位参编教师数十载潜心研究、耕耘讲台的直接成果，搭乘e时代的高速科技列车，以法学结合互联网、教材结合二维码为创新方式，攻克法学教育资源庞杂、重难点难以兼收的难题，希望为广大法科学子和司法实务工作者提供更加科学、实用的法学教材。我们相信，这些成果的出版将有力地推动各类法学院校法学教学改革和法律人才培养目标的实现，我们也希望能够得到广大从事法学教育工作的专家、学者的鼓励、交流与批评、指正！

编审委员会

2017 年 7 月

前言

本书属于《法学e系列教材》中的一本。本书在编写时着重体现以下2点：

1. 具有应试功能。本书根据《同等学力人员申请硕士学位法学学科综合水平全国统一考试大纲》和国家统一法律职业资格考试的要求，结合考试的特点进行编写。有关应试内容采取思考题"一问一答"的形式编写，对应试有诸多好处：其一，编者已经根据考纲和考题特点进行了"精选"，选出了考试重点内容作为思考题。其二，对思考题答案进行"精炼"，只列出有效评分要点，大大压缩了答案的篇幅，可减轻应试负担。

2. 尽量摆脱应试的束缚，把刑法学分论的精要奉献给读者。刑法学分论的主要内容是各罪的构成要件、法定刑的掌握，需要将司法解释、司法经验结合具体案例才能有效地运用。但同等学力人员申请硕士学位的"法学学科综合水平考试"的题型基本是概念、简答、论述，考不到刑法学分论精要之处。如果仅仅掌握应试的内容、通过考试，只能略懂刑法学分论的皮毛。有志于掌握刑法学分论精要的读者，有志于参加国家统一法律职业资格考试、从事法律职业的读者，不应仅仅满足于应试。我们期望这本教材能满足这些读者的需要。

本书的编写过程中，我的学生宋行健为本书的资源库建设做了大量的工作，中国政法大学出版社唐朝编辑为本书编校做了出色而又辛苦的工作，在此表示感谢！

阮齐林
2017年8月

规范性法律文件名称缩略语

立法解释	简称
全国人民代表大会常务委员会关于《中华人民共和国刑法》第二百二十八条、第三百四十二条、第四百一十条的解释（2001发布，2009修正）	《刑法第228、342、410条的解释》
全国人民代表大会常务委员会关于《中华人民共和国刑法》第九章渎职罪主体适用问题的解释（2002）	《渎职罪主体的解释》
全国人民代表大会常务委员会关于《中华人民共和国刑法》第三百一十三条的解释（2002）	《刑法第313条的解释》
全国人民代表大会常务委员会关于《中华人民共和国刑法》第三百八十四条第一款的解释（2002）	《刑法第384条第1款的解释》
全国人民代表大会常务委员会关于《中华人民共和国刑法》第二百九十四条第一款的解释（2002）	《刑法第294条第1款的解释》
全国人大常委会关于《中华人民共和国刑法》有关信用卡规定的解释（2004）	《信用卡的解释》
全国人民代表大会常务委员会关于《中华人民共和国刑法》第一百五十八条、第一百五十九条的解释（2014）	《第158、159条解释》
全国人民代表大会常务委员会关于《中华人民共和国刑法》第341条、第312条的解释（2014）	《第341、312条解释》
司法解释	简称
最高人民法院关于如何认定重婚行为问题的批复（1958，现已失效）	《重婚批复》
最高人民法院、最高人民检察院、公安部关于当前办理强奸案件中具体应用法律的若干问题的解答（1984）	《办理强奸案解答》
最高人民法院、最高人民检察关于当前办理经济犯罪案件中具体应用法律的若干问题的解答（试行）（1985，现已失效）	《办理经济犯罪案解答》

续表

司法解释	简称
最高人民法院关于窝藏、包庇罪中"事前通谋的,以共同犯罪论处"如何理解的请示答复（1986,现已失效）	《窝藏、包庇罪答复》
最高人民法院、最高人民检察院关于办理盗窃、盗掘、非法经营和走私文物的案件具体应用法律的若干问题的解释（1987,现已失效）	《办理文物案解释》
最高人民检察院关于非邮电工作人员非法开拆他人信件并从中窃取财物案件定性问题的批复（1989,现已失效）	《非邮电工作人员窃取财物批复》
最高人民法院、最高人民检察院《关于执行〈全国人民代表大会常务委员会关于严惩拐卖、绑架妇女、儿童的犯罪分子的决定〉的若干问题的解答》（1992,现已失效）	《拐卖绑架妇女儿童案解答》
最高人民法院关于执行《中华人民共和国铁路法》中刑事罚则若干问题的解释（1993,现已失效）	《铁路法刑事罚则解释》
最高人民检察院关于受监管机关正式聘用或委托履行监管职务的人员能否成为体罚虐待人犯罪和私放罪犯罪主体的批复（1994,现已失效）	《聘用或委托人员批复》
最高人民法院关于对设置圈套诱骗他人参赌又向索还钱财的受骗者施以暴力或暴力威胁的行为应如何定罪问题的批复（1995）	《设置圈套诱骗参赌批复》
最高人民法院关于审理诈骗案件具体应用法律的若干问题的解释》（1996,现已失效）	《审理诈骗案解释》
最高人民法院关于适用《全国人民代表大会常务委员会关于惩治虚开、伪造和非法出售增值税专用发票犯罪的决定》的若干问题的解释（1996）	《增值税专用发票解释》
最高人民法院关于办理违反公司法受贿、侵占、挪用等刑事案件适用法律若干问题的解释（1995,现已失效）	《办理违反公司法刑案解释》
最高人民法院关于审理盗窃案件具体应用法律若干问题的解释（1998,现已失效）	《审理盗窃案解释》
最高人民法院关于审理挪用公款案件具体应用法律若干问题的解释（1998）	《审理挪用公款案解释》
最高人民法院关于审理非法出版物刑事案件具体应用法律若干问题的解释（1998）	《审理非法出版物刑案解释》
最高人民法院关于审理骗购外汇、非法买卖外汇刑事案件具体应用法律若干问题的解释（1998）	《审理外汇刑案解释》

规范性法律文件名称缩略语

续表

司法解释	简称
最高人民法院、最高人民检察院、公安部、国家工商行政管理局关于依法查处盗窃、抢劫机动车案件的规定（1998）	《查处机动车案规定》
最高人民法院关于审理拒不执行判决、裁定案件具体应用法律若干问题的解释（1998，现已失效）	《审理拒不执行判决、裁定案解释》
最高人民检察院关于人民检察院直接受理立案侦查案件立案标准的规定（试行）（1999）	《自侦案件立案标准》
全国法院维护农村稳定刑事审判工作座谈会纪要（1999）	《维护农村稳定座谈会纪要》
最高人民法院、最高人民检察院关于在办理受贿犯罪大要案的同时要严肃查处严重行贿犯罪分子的通知（1999）	《查处严重行贿通知》
最高人民法院关于审理倒卖车票刑事案件有关问题的解释（1999）	《审理车票刑案解释》
最高人民法院关于村民小组组长利用职务便利非法占有公共财物行为如何定性问题的批复（1999）	《村民小组组长批复》
最高人民法院关于审理扰乱电信市场管理秩序案件具体应用法律若干问题的解释（2000）	《审理电信市场案解释》
最高人民法院关于审理伪造货币等案件具体应用法律若干问题的解释（2000）	《审理伪造货币案解释》
最高人民法院关于审理走私刑事案件具体应用法律若干问题的解释（2000，现已失效）	《审理走私刑案解释（一）》
最高人民法院关于审理强奸案件有关问题的解释（2000，现已失效）	《审理强奸案解释》
最高人民法院关于审理破坏森林资源刑事案件具体应用法律若干问题的解释（2000）	《审理破坏森林刑案解释》
最高人民法院关于适用财产刑若干问题的规定（2000）	《适用财产刑规定》
最高人民法院关于审理贪污、职务侵占案件如何认定共同犯罪几个问题的解释（2000）	《审理贪污、职务侵占案共同犯罪解释》
全国法院审理毒品犯罪案件工作座谈会纪要（2000，现已失效）	《审理毒品案纪要（南宁）》
最高人民法院关于审理交通肇事刑事案件具体应用法律若干问题的解释（2000）	《审理交通肇事刑案解释》

续表

司法解释	简称
最高人民法院关于审理破坏土地资源刑事案件具体应用法律若干问题的解释（2000）	《审理破坏土地刑案解释》
最高人民法院关于审理拐卖妇女案件适用法律有关问题的解释（2000）	《审理拐卖妇女案解释》
最高人民法院、最高人民检察院、公安部等六部门关于打击拐卖妇女儿童犯罪有关问题的通知（2000）	《拐卖妇女儿童案通知》
最高人民法院关于审理抢劫案件具体应用法律若干问题的解释（2000）	《审理抢劫案解释》
最高人民法院关于农村合作基金会从业人员犯罪如何定性问题的批复（2000）	《基金会人员批复》
最高人民检察院关于挪用尚未注册成立公司资金的行为适用法律问题的批复（2000）	《挪用尚未注册公司资金批复》
最高人民法院关于如何理解刑法第二百七十二条规定的"挪用本单位资金归个人使用或者借贷给他人"问题的批复（2000）	《刑法第272条批复》
最高人民检察院关于以暴力威胁方法阻碍事业编制人员依法执行行政执法职务是否可对侵害人以妨害公务罪论处的批复（2000）	《妨害公务罪认定批复》
最高人民法院关于审理破坏野生动物资源刑事案件具体应用法律若干问题的解释（2000）	《审理野生动物资源刑案解释》
最高人民法院关于审理毒品案件定罪量刑标准有关问题的解释（2000，现已失效）	《审理毒品案量刑解释》
最高人民法院关于审理黑社会性质组织犯罪的案件具体应用法律若干问题的解释（2000）	《审理黑社会性质组织案解释》
最高人民法院研究室关于拒不执行人民法院调解书的行为是否构成拒不执行判决、裁定罪的答复（2000）	《拒不执行调解书答复》
最高人民检察院关于国家工作人员挪用非特定公物能否定罪的请求的批复（2000）	《非特定公物批复》
最高人民检察院对《关于中国证监会主体认定的请示》的答复函（2000）	《证监会主体认定答复函》
最高人民检察院关于镇财政所所长是否适用国家机关工作人员的批复（2000）	《镇财政所所长批复》

规范性法律文件名称缩略语

续表

司法解释	简称
最高人民法院关于未被公安机关正式录用的人员、狱医能否构成失职致使在押人员脱逃罪主体问题的批复（2000）	《狱医批复》
最高人民检察院关于合同制民警能否成为玩忽职守罪主体问题的批复（2000）	《合同制民警批复》
最高人民检察院关于属工人编制的乡（镇）工商所所长能否依照刑法第397条的规定追究刑事责任问题的批复（2000）	《工商所所长批复》
最高人民法院关于情节严重的传销或者变相传销行为如何定性问题的批复（2001，现已失效）	《传销批复》
最高人民法院、最高人民检察院关于办理生产、销售伪劣商品刑事案件具体应用法律若干问题的解释（2001）	《办理伪劣商品刑案解释》
全国法院审理金融犯罪案件工作座谈会纪要（2001）	《审理金融犯罪案座谈会纪要》
最高人民法院关于审理为境外窃取、刺探、收买、非法提供国家秘密、情报案件具体应用法律若干问题的解释（2001）	《审理国家秘密、情报案解释》
最高人民法院关于审理非法制造、买卖、运输枪支、弹药、爆炸物等刑事案件具体应用法律若干问题的解释（2001，已于2009年被修改）	《审理枪支、弹药、爆炸物刑案解释》
最高人民法院对执行《关于审理非法制造、买卖、运输枪支、弹药、爆炸物等刑事案件具体应用法律若干问题的解释》有关问题的通知（2001，现已失效）	《〈审理枪支、弹药、爆炸物刑案解释〉通知》
最高人民检察院关于工人等非监管机关在编监管人员私放在押人员行为和失职致使在押人员脱逃行为适用法律问题的解释（2001）	《失职致使在押人员脱逃案解释》
最高人民法院关于抢劫过程中故意杀人案件如何定罪问题的批复（2001）	《抢劫杀人案批复》
最高人民法院关于在国有资本控股、参股的股份有限公司中从事管理工作的人员利用职务便利非法占有本公司财物如何定罪问题的批复（2001）	《国有控股、参股公司管理人员批复》
最高人民法院、最高人民检察院关于办理伪造、贩卖伪造的高等院校学历、学位证明刑事案件如何适用法律问题的解释（2001）	《办理高等院校学历证明刑案解释》
最高人民检察院关于构成嫖宿幼女罪主观上是否需要具备明知要件的解释（2001）	《嫖宿幼女罪解释》

续表

司法解释	简称
最高人民法院关于国家工作人员利用职务上的便利为他人谋取利益离退休后收受财物行为如何处理问题的批复（2001）	《离退休后收受财物批复》
最高人民检察院关于办理非法经营食盐刑事案件具体应用法律若干问题的解释（2002）	《办理非法经营食盐刑案解释》
最高人民法院关于审理骗取出口退税刑事案件具体应用法律若干问题的解释（2002）	《审理出口退税刑案解释》
最高人民检察院关于单位有关人员组织实施盗窃行为如何适用法律问题的批复（2002）	《单位组织盗窃批复》
最高人民法院、最高人民检察院、海关总署关于办理走私刑事案件适用法律若干问题的意见（2002）	《办理走私刑案意见》
最高人民法院关于审理抢夺刑事案件具体应用法律若干问题的解释（2002，现已失效）	《审理抢夺刑案解释》
最高人民检察院关于非法经营国际或港澳台地区电信业务行为法律适用问题的批复（2002）	《非法经营电信业务批复》
最高人民法院、最高人民检察院关于办理非法生产、销售、使用禁止在饲料和动物饮用水中使用的药品等刑事案件具体应用法律若干问题的解释（2002）	《办理药品刑案解释》
最高人民法院关于审理偷税抗税刑事案件具体应用法律若干问题的解释（2002）	《审理偷税抗税刑案解释》
最高人民检察院关于企业事业单位的公安机构在机构改革过程中其工作人员能否构成渎职侵权犯罪主体问题的批复（2002）	《公安机构批复》
人民检察院直接受理立案侦查的渎职侵权重特大案件标准（试行）（2002）	《渎职侵权重特大案件标准》
最高人民法院关于审理非法生产、买卖武装部队车辆号牌等刑事案件具体应用法律若干问题的解释（2002，现已失效）	《审理武装部队车辆号牌刑案解释》
最高人民检察院法律政策研究室关于通过伪造证据骗取法院民事裁判占有他人财物的行为如何适用法律问题的答复（2002）	《伪造证据答复》
最高人民检察院研究室关于买卖尚未加盖印章的空白《边境证》行为如何适用法律问题的答复（2002）	《买卖空白边境证答复》
最高人民检察院研究室关于盗窃骨灰行为如何处理问题的答复（2002）	《盗窃骨灰行为答复》

续表

司法解释	简称
最高人民法院关于审理组织、运送他人偷越国（边）境等刑事案件适用法律若干问题的解释（2002，现已失效）	《审理偷越国（边）境刑案解释》
最高人民法院、最高人民检察院关于办理妨害预防、控制突发传染病疫情等灾害的刑事案件具体应用法律若干问题的解释（2003）	《妨害预防、控制传染病疫情刑案解释》
全国法院审理经济犯罪案件工作座谈会纪要（2003）	《审理经济犯罪案座谈会纪要》
最高人民法院、最高人民检察院关于办理妨害预防、控制突发传染病疫情等灾害的刑事案件具体应用法律若干问题的解释（2003）	《办理传染病刑案解释》
最高人民法院、最高人民检察院、公安部、国家烟草专卖局关于办理假冒伪劣烟草制品等刑事案件适用法律问题座谈会纪要（2003）	《办理烟草制品刑案座谈会纪要》
最高人民检察院关于非法制作、出售、使用 IC 电话卡行为如何适用法律问题的答复（2003）	《IC 电话卡答复》
最高人民法院关于行为人不明知是不满十四周岁的幼女双方自愿发生性关系是否构成强奸罪问题的批复（2003，现已失效）	《强奸罪认定批复》
最高人民法院关于审理非法采矿、破坏性采矿刑事案件具体应用法律若干问题的解释（2003）	《审理采矿刑案解释》
最高人民检察院关于对海事局工作人员如何使用法律问题的答复（2003）	《海事局答复》
最高人民法院、最高人民检察院关于办理非法制造、买卖、运输、储存毒鼠强等禁用剧毒化学品刑事案件具体应用法律若干问题的解释（2003）	《办理禁用化学品刑案解释》
最高人民检察院法律政策研究室关于非司法工作人员是否可以构成徇私枉法罪共犯问题的答复（2003）	《徇私枉法罪共犯答复》
最高人民检察院法律政策研究室关于伪造、变造、买卖政府设立的临时性机构的公文、证件、印章行为如何适用法律问题的答复（2003）	《政府临时性机构公文答复》
最高人民法院、最高人民检察院关于办理侵犯知识产权刑事案件具体应用法律若干问题的解释（2004）	《办理知识产权刑案解释》
最高人民法院、最高人民检察院、公安部关于依法开展打击淫秽色情网站专项行动有关工作的通知（2004）	《打击色情网站通知》

续表

司法解释	简称
最高人民法院关于在林木采伐许可证规定的地点以外采伐本单位或者本人所有的森林或者其他林木的行为如何适用法律问题的批复（2004）	《采伐许可证批复》
最高人民法院、最高人民检察院关于办理利用互联网、移动通讯终端、声讯台制作、复制、出版、贩卖、传播淫秽电子信息刑事案件具体应用法律若干问题的解释（一）（2004）	《办理淫秽电子信息刑案解释（一）》
最高人民法院、最高人民检察院关于办理赌博刑事案件具体应用法律若干问题的解释（2005）	《办理赌博刑案解释》
最高人民法院关于审理破坏公用电信设施刑事案件具体应用法律若干问题的解释（2005）	《审理公用电信设施刑案解释》
最高人民法院关于审理抢劫、抢夺刑事案件适用法律若干问题的意见（2005）	《审理抢劫抢夺刑案意见》
最高人民法院关于审理破坏林地资源刑事案件具体应用法律若干问题的解释（2005）	《审理林地资源刑案解释》
最高人民检察院关于渎职侵权犯罪案件立案标准的规定（2006）	《渎职侵权案立案标准》
最高人民法院关于审理走私刑事案件具体应用法律若干问题的解释（二）（2006，现已失效）	《走私解释（二）》
最高人民法院关于审理破坏电力设备刑事案件具体应用法律若干问题的解释（2007）	《审理破坏电力设备刑案解释》
最高人民法院、最高人民检察院、公安部《关于依法严肃查处拒不执行判决、裁定和暴力抗拒法院执行犯罪行为有关问题的通知》（2007）	《查处拒不执行、暴力抗拒执行犯罪通知》
最高人民法院、最高人民检察院关于办理盗窃油气、破坏油气设备等刑事案件具体应用法律若干问题的解释（2007）	《办理盗窃油气、破坏油气设备刑案解释》
最高人民法院关于审理危害军事通信刑事案件具体应用法律若干问题的解释（2007）	《审理军事通信刑案解释》
最高人民法院、最高人民检察院关于办理侵犯知识产权刑事案件具体应用法律若干问题的解释（二）（2007）	《办理知识产权刑案解释（二）》
最高人民法院、最高人民检察院关于办理危害矿山生产安全刑事案件具体应用法律若干问题的解释（2007，现已失效）	《办理矿山生产安全刑案解释》

续表

司法解释	简称
最高人民法院、最高人民检察院关于办理与盗窃、抢劫、诈骗、抢夺机动车相关刑事案件具体应用法律若干问题的解释（2007）	《办理机动车相关刑案解释》
最高人民法院、最高人民检察院、公安部办理毒品犯罪案件适用法律若干问题的意见（2007）	《办理毒品案意见》
最高人民法院、最高人民检察院关于办理受贿刑事案件适用法律若干问题的意见（2007）	《办理受贿刑案意见》
最高人民检察院、公安部关于公安机关管辖的刑事案件立案追诉标准的规定（一）（2008）	《立案标准（一）》
最高人民法院、最高人民检察院、公安部、证监会关于整治非法证券活动有关问题的通知（2008）	《整治非法证券活动通知》
最高人民法院、最高人民检察院关于办理商业贿赂刑事案件适用法律若干问题的意见（2008）	《办理商业贿赂刑案意见》
最高人民法院、最高人民检察院关于办理非法采供血液等刑事案件具体应用法律若干问题的解释（2008）	《办理采供血液等刑案解释》
全国部分法院审理毒品犯罪案件工作座谈会纪要（2008）	《审理毒品案纪要（大连）》
最高人民法院关于印发醉酒驾车犯罪法律适用问题指导意见及相关典型案例的通知（2009）	《醉驾犯罪法律适用意见》
最高人民法院关于审理非法制造、买卖、运输枪支、弹药、爆炸物等刑事案件具体应用法律若干问题的解释（2009）	《审理涉枪弹案解释》
最高人民法院、最高人民检察院关于办理生产、销售假药、劣药刑事案件具体应用法律若干问题的解释（2009，现已失效）	《办理假劣药刑案解释》
最高人民法院、最高人民检察院关于办理职务犯罪案件认定自首、立功等量刑情节若干问题的意见（2009）	《职务犯罪认定自首等量刑情节意见》
最高人民法院关于审理洗钱等刑事案件具体应用法律若干问题的解释（2009）	《审理洗钱刑案解释》
最高人民法院、最高人民检察院关于办理妨害信用卡管理刑事案件具体应用法律若干问题的解释（2009）	《办理信用卡刑案解释》
最高人民检察院、公安部关于公安机关管辖的刑事案件立案追诉标准的规定（二）（2010）	《立案标准（二）》

续表

司法解释	简称
最高人民法院、最高人民检察院关于办理非法生产、销售烟草专卖品等刑事案件具体应用法律若干问题的解释（2010）	《办理非法制售烟草刑案解释》
最高人民法院、最高人民检察院关于办理国家出资企业中职务犯罪案件具体应用法律若干问题的意见（2010）	《办理国家出资企业中职务犯罪案意见》
最高人民法院关于审理伪造货币等案件具体应用法律若干问题的解释（二）（2010）	《审理伪造货币案解释（二）》
最高人民法院、最高人民检察院、公安部关于办理网络赌博犯罪案件适用法律若干问题的意见（2010）	《办理网络赌博案意见》
最高人民法院、最高人民检察院、公安部、司法部关于依法惩治拐卖妇女儿童犯罪的意见（2010）	《严惩拐卖犯罪意见》
最高人民法院刑三庭在审理故意杀人、伤害及黑社会性质组织犯罪案件中切实贯彻宽严相济刑事政策（2010）	《贯彻宽严相济政策》
最高人民法院、最高人民检察院关于办理利用互联网、移动通讯终端、声讯台制作、复制、出版、贩卖、传播淫秽电子信息刑事案件具体应用法律若干问题的解释（二）（2010）	《办理传播淫秽电子信息刑案解释（二）》
最高人民法院关于审理非法集资刑事案件具体应用法律若干问题的解释（2010）	《审理非法集资刑案解释》
最高人民检察院、公安部关于公安机关管辖的刑事案件立案追诉标准的规定（二）的补充规定（2011）	《立案标准（二）补充》
最高人民法院关于进一步加强危害生产安全刑事案件审判工作的意见（2011）	《危害生产安全刑案意见》
最高人民法院关于准确理解和适用刑法中"国家规定"的有关问题的通知（2011）	《关于国家规定的通知》
最高人民法院、最高人民检察院、公安部办理黑社会性质组织犯罪案件座谈会纪要（2010）	《办理黑社会罪案纪要》
最高人民法院、最高人民检察院关于办理诈骗刑事案件具体应用法律若干问题的解释（2011）	《办理诈骗案的解释》
最高人民法院关于审理非法集资刑事案件具体应用法律若干问题的解释（2011）	《审理非法集资事解释》
最高人民法院、最高人民检察院关于办理危害计算机信息系统安全刑事案件应用法律若干问题的解释（2011）	《办理计算机刑案解释》

续表

司法解释	简称
最高人民法院关于《中华人民共和国刑法修正案（八）》时间效力问题的解释（2011）	《〈刑法修正案（八）〉时间效力解释》
最高人民法院、最高人民检察院、公安部关于办理侵犯知识产权刑事案件适用法律若干问题的意见（2011）	《办理知识产权刑案意见》
最高人民法院关于适用中华人民共和国刑事诉讼法的解释（2012）	《刑事诉讼法解释》
最高人民法院、最高人民检察院关于办理职务犯罪案件严格适用缓刑、免予刑事处罚若干问题的意见（2012）	《职务犯罪严格适用缓刑、免处意见》
最高人民法院、最高人民检察院关于办理内幕交易、泄露内幕信息刑事案件具体应用法律若干问题的解释（2012）	《办理内幕信息刑案解释》
最高人民法院关于审理破坏草原资源刑事案件应用法律若干问题的解释（2012）	《破坏草原资源刑案解释》
最高人民法院、最高人民检察院、公安部关于办理走私、非法买卖麻黄碱类复方制剂等刑事案件适用法律若干问题的意见（2012）	《走私、非法买卖麻黄碱类复方制剂意见》
最高人民法院、最高人民检察院关于办理妨害国（边）境管理刑事案件应用法律若干问题的解释（2012）	《办理妨害国边境刑案解释》
最高人民法院、最高人民检察院关于办理渎职刑事案件适用法律若干问题的解释（一）（2012）	《办理渎职刑事解释（一）》
最高人民法院、最高人民检察院关于办理危害食品安全刑事案件适用法律若干问题的解释（2013）	《办理危害食品安全刑案解释》
最高人民法院、最高人民检察院、公安部、农业部、食品药品监管总局关于进一步加强麻黄草管理严厉打击非法买卖麻黄草等违法犯罪活动的通知（2013）	《打击非法买卖麻黄草通知》
最高人民法院、最高人民检察院、公安部关于办理醉酒驾驶机动车刑事案件适用法律若干问题的意见（2013）	《办理醉驾案意见》
最高人民法院、最高人民检察院、公安部关于办理组织领导传销活动刑事案件适用法律若干问题的意见（2013）	《办理传销案意见》
最高人民法院、最高人民检察院、公安部、国家安全部、司法部：人体损伤程度鉴定标准（2013）	《人体损伤程度鉴定标准》
最高人民法院、最高人民检察院、公安部、司法部关于依法惩治性侵害未成年人犯罪的意见（2013）	《惩治性侵未成年意见》

续表

司法解释	简称
最高人民法院、最高人民检察院关于办理利用信息网络实施诽谤等刑事案件适用法律若干问题的解释（2013）	《办理网络诽谤等刑案解释》
最高人民法院、最高人民检察院关于办理盗窃刑事案件适用法律若干问题的解释（2013）	《办理盗窃案解释》
最高人民法院、最高人民检察院关于办理抢夺刑事案件适用法律若干问题的解释（2013）	《办理抢夺案解释》
最高人民法院、最高人民检察院关于办理敲诈勒索刑事案件适用法律若干问题的解释（2013）	《办理敲诈案解释》
最高人民法院关于审理拒不支付劳动报酬刑事案件适用法律若干问题的解释（2013）	《拒不支付劳动报酬刑案解释》
最高人民法院、最高人民检察院、公安部关于依法惩处侵害公民个人信息犯罪活动的通知（2013）	《严惩侵害公民信息通知》
最高人民法院关于审理编造、故意传播虚假恐怖信息刑事案件适用法律若干问题的解释（2013）	《审理虚假恐怖信息案解释》
最高人民法院、最高人民检察院关于办理寻衅滋事刑事案件适用法律若干问题的解释（2013）	《办理寻衅滋事案解释》
最高人民法院、最高人民检察院、公安部关于办理制毒物品犯罪案件适用法律若干问题的意见（2013）	《办理制毒物品案意见》
最高人民法院关于常见犯罪的量刑指导意见（2014）	《量刑指导意见》
最高人民法院、最高人民检察院、公安部关于办理暴力恐怖和宗教极端刑事案件适用法律若干问题的意见（2014）	《办理暴恐案意见》
最高人民法院、最高人民检察院关于办理危害药品安全刑事案件适用法律若干问题的解释（2014）	《办理危害药品安全刑案解释》
最高人民法院、最高人民检察院关于办理走私刑事案件适用法律若干问题的解释（2014）	《办理走私刑案解释》
最高人民法院、最高人民检察院、公安部、国家安全部《关于依法办理非法生产销售使用"伪基站"设备案件的意见》（2014）	《办理伪基站案意见》
最高人民法院、最高人民检察院、公安部关于办理非法集资刑事案件适用法律若干问题的意见（2014）	《办理非法集资刑案意见》
最高人民法院、最高人民检察院、公安部关于办理利用赌博机开设赌场案件适用法律若干问题的意见（2014）	《办理开设赌场案意见》

续表

司法解释	简称
最高人民法院、最高人民检察院、公安部、司法部、国家卫生和计划生育委员会关于依法惩处涉医违法犯罪维护正常医疗秩序的意见（2014）	《涉医犯罪维护秩序意见》
最高人民法院、最高人民检察院关于办理危害生产安全刑事案件适用法律若干问题的解释（2015）	《办理危害生产安全刑案解释》
全国法院毒品犯罪审判工作座谈会纪要（2015）	《审理毒品案纪要（武汉）》
最高人民法院、最高人民检察院、公安部、司法部关于依法办理家庭暴力犯罪案件的意见（2015）	《办理家暴案意见》
最高人民法院关于审理掩饰、隐瞒犯罪所得、犯罪所得收益刑事案件适用法律若干问题的解释（2015）	《审理掩饰犯罪所得刑案解释》
最高人民法院关于审理拒不执行判决、裁定刑事案件适用法律若干问题的解释（2015）	《审理拒不执行判决案解释》
最高人民法院关于审理抢劫刑事案件适用法律若干问题的指导意见（2016）	《审理抢劫案意见》
最高人民法院关于审理毒品犯罪案件适用法律若干问题的解释（2016）	《审理毒品案解释》
最高人民法院、最高人民检察院关于办理贪污贿赂刑事案件适用法律若干问题的解释（2016）	《办理贪贿案解释》
最高人民法院、最高人民检察院、公安部办理毒品犯罪案件毒品提取、扣押、称量、取样和送检程序若干问题的规定（2016）	《办理毒品案程序规定》
最高人民法院关于防范和制裁虚假诉讼的指导意见（2016）	《防范制裁虚假诉讼意见》
最高人民法院、最高人民检察院、公安部关于办理电信网络诈骗等刑事案件适用法律若干问题的意见（2016）	《办理网络诈骗刑案意见》
最高人民法院、最高人民检察院关于办理环境污染刑事案件适用法律若干问题的解释（2016）	《办理环境污染刑案解释》
最高人民法院关于审理拐卖妇女儿童犯罪案件具体应用法律若干问题的解释（2016）	《审理拐卖案解释》
最高人民法院、最高人民检察院关于办理非法采矿、破坏性采矿刑事案件适用法律若干问题的解释（2016）	《办理非法采矿刑案解释》
最高人民法院关于审理非法行医刑事案件具体应用法律若干问题的解释（2016）	《非法行医刑案解释》

续表

司法解释	简称
最高人民法院、最高人民检察院关于办理组织、利用邪教组织破坏法律实施等刑事案件适用法律若干问题的解释（2017）	《办理邪教组织解释》
最高人民法院、最高人民检察院关于办理侵犯公民个人信息刑事案件适用法律若干问题的解释（2017）	《侵犯个人信息解释》
最高人民法院关于实施修订后的《关于常见犯罪的量刑指导意见》的通知（2017）	《量刑指导意见（二）》
最高人民法院、最高人民检察院关于办理侵犯公民个人信息刑事案件适用法律若干问题的解释（2017）	《侵犯公民个人信息解释》
最高人民法院、最高人民检察院关于办理组织、强迫、引诱、容留、介绍卖淫刑事案件适用法律若干问题和解释（2017）	《办理组织卖淫等案的解释》
部门规章	简称
公安部关于打击拐卖妇女儿童犯罪适用法律和政策有关问题的意见（2000）	《拐卖妇女儿童案意见》

目录

绪论　刑法学分论概述 ……………………………………………（1）
　第一节　刑法分则 ……………………………………………………（1）
　第二节　罪状·构成要件、构成要件要素 …………………………（2）
　第三节　适用罪刑条文定罪判刑的方法 ……………………………（4）
　第四节　构成要件故意 ………………………………………………（6）
　第五节　法条竞合与法条竞合犯 ……………………………………（8）
　第六节　《刑法》与《治安管理处罚法》衔接 ……………………（9）
　绪论思考题 ……………………………………………………………（9）

第一章　危害国家安全罪 …………………………………………（10）
　第一节　间谍罪（第110条）………………………………………（10）
　第二节　叛逃罪（第109条）………………………………………（11）
　第一章思考题 ………………………………………………………（12）

第二章　危害公共安全罪 …………………………………………（13）
　第一节　危害公共安全罪概述 ……………………………………（13）
　第二节　以危险方法危害公共安全的犯罪 ………………………（16）
　第三节　破坏交通工具罪（第116条、第119条）………………（20）
　第四节　组织、领导、参加恐怖组织罪（第120条）……………（22）
　第五节　劫持航空器罪（第121条）………………………………（25）
　第六节　违反枪支、弹药、爆炸物管理规定危害公共安全的犯罪 …（27）
　第七节　造成重大事故危害公共安全的犯罪 ……………………（33）
　第二章思考题 ………………………………………………………（45）

第三章　破坏社会主义市场经济秩序罪 …………………………（46）
　第一节　生产、销售伪劣商品罪 …………………………………（46）
　第二节　走私罪——走私普通货物、物品罪（第153条）………（53）
　第三节　妨害对公司、企业的管理秩序罪 ………………………（56）
　第四节　破坏金融管理秩序罪和金融诈骗罪 ……………………（58）

第五节　危害税收征管罪 ………………………………………（77）
　　第六节　侵犯知识产权罪 ………………………………………（81）
　　第七节　扰乱市场秩序罪 ………………………………………（85）
　　第三章思考题 ……………………………………………………（95）

第四章　侵犯公民人身权利、民主权利罪 …………………………（96）
　　第一节　侵害生命、健康的犯罪 ………………………………（96）
　　第二节　侵犯他人人身权利、自由和人格尊严的犯罪 ………（107）
　　第三节　侵犯妇女、儿童性权利、人格尊严的犯罪 …………（117）
　　第四节　其他侵犯公民人身权利、民主权利罪 ………………（124）
　　第四章思考题 ……………………………………………………（131）

第五章　侵犯财产、贪污及挪用犯罪 ………………………………（132）
　　第一节　概说 ……………………………………………………（132）
　　第二节　违背他人意志夺取他人占有财物的犯罪 ……………（134）
　　第三节　诈骗罪·敲诈勒索罪 …………………………………（150）
　　第四节　侵占的犯罪 ……………………………………………（162）
　　第五节　挪用的犯罪 ……………………………………………（172）
　　第六节　故意毁坏财物罪（第275条） …………………………（179）
　　第五章思考题 ……………………………………………………（180）

第六章　妨害社会管理秩序罪 ………………………………………（181）
　　第一节　扰乱公共秩序罪 ………………………………………（181）
　　第二节　妨害司法罪（第305～317条） ………………………（203）
　　第三节　妨害国（边）境管理罪 ………………………………（216）
　　第四节　妨害文物管理罪 ………………………………………（218）
　　第五节　危害公共卫生罪 ………………………………………（221）
　　第六节　破坏环境资源保护罪 …………………………………（224）
　　第七节　走私、贩卖、运输、制造毒品罪 ……………………（229）
　　第八节　组织、强迫、引诱、容留、介绍卖淫罪 ……………（239）
　　第九节　制作、贩卖、传播淫秽物品罪 ………………………（245）
　　第六章思考题 ……………………………………………………（247）

第七章　危害国防利益罪 ……………………………………………（248）
　　第一节　阻碍军人执行职务罪、阻碍军事行动罪（第368条）……（248）
　　第二节　破坏武器装备、军事设施、军事通信罪（第369条）……（249）
　　第七章思考题 ……………………………………………………（250）

第八章　贿赂罪 ……………………………………………………（251）
　第一节　收受贿赂的犯罪 ………………………………………（251）
　第二节　行贿的犯罪 ……………………………………………（260）
　第三节　巨额财产来源不明罪（第 395 条） …………………（264）
　第八章思考题 ……………………………………………………（265）

第九章　渎职罪 ……………………………………………………（266）
　第一节　滥用职权罪·玩忽职守罪（第 397 条） ……………（266）
　第二节　故意泄露国家秘密罪（第 398 条） …………………（269）
　第三节　徇私枉法罪（第 399 条） ……………………………（272）
　第九章思考题 ……………………………………………………（274）

第十章　军人违反职责罪 …………………………………………（275）
　第十章思考题 ……………………………………………………（275）

绪论　刑法学分论概述

本章知识结构图

1. 刑法分则——罪刑条文 {罪状——构成要件 {客观第一; 主观 {故意; 过失}}; 法定刑}

2. {全体故意犯罪之一般故意（《刑法》第14条）; 具体犯罪之特有故意：构成要件故意＝明知行为实现了某罪客观要素}

第一节　刑法分则

一、刑法分则与罪刑条文

刑法学分论的研究对象是刑法分则。刑法分则主要指经 1997 年修订后的《中华人民共和国刑法》（以下简称《刑法》）第二编"分则"，共有 351 条（第 102～451 条，经九个修正案修正后条文数有所增加）。刑法分则都是规定"犯罪"和"刑罚"的条文，例如，《刑法》第 262 条规定："拐骗不满 14 周岁的未成年人，脱离家庭或者监护人，处 5 年以下有期徒刑或者拘役。"这则法律条文：①规定了一种"犯罪"（拐骗儿童罪）；②规定了该罪的"刑罚"（处 5 年以下有期徒刑或者拘役）。这样的条文也称"罪刑条文"或称"刑罚法规"。

二、罪刑条文的构成：罪状·法定刑

刑法分则规定犯罪和刑罚的条文由"罪状"和"法定刑"两部分构成，例如，《刑法》第 277 条第 1 款规定："以暴力、威胁方法阻碍国家机关工作人员依法执行职务的，处 3 年以下有期徒刑、拘役、管制或者罚金。"罪刑条文前一部分规定犯罪的构成要件或者犯罪名称，这一部分称为"罪状"；后一部分规定对该种犯罪应

判处的刑罚，这部分称为"法定刑"。每一个罪状包含着该种犯罪所特有的犯罪构成，如《刑法》第 277 条第 1 款就确立了妨害公务罪及其构成要件，是定罪的法律根据；每一个罪的法定刑规定了对该罪处罚的相对确定的刑罚幅度，是量刑的法律根据。

三、罪刑条文的意义

根据罪刑法定原则，规定了罪刑条文。罪刑条文是认定并处罚犯罪的最基本、最重要的法律依据。例如，甲通过网络直播"淫秽表演"赚取"礼品"是否构成犯罪？查该行为符合《刑法》第 363 条规定的传播淫秽物品牟利罪，可依据第 363 条对甲定罪处罚。再如，甲"网络直播"切割尸体烹食人肉，令人十分恶心，查《刑法》第 302 条规定了盗窃、侮辱、故意毁坏尸体、尸骨、骨灰罪，可以依此对其定罪处罚。假如甲直播烹食 3 个月大的胎儿，对其处罚就存在法律障碍，《刑法》分则中没有堕胎罪，胎儿不是人，不能定故意杀人罪，胎儿死体不是尸体，不能定故意毁坏尸体罪，烹食胎儿恶心但不淫秽，也不能适用传播淫秽物品罪……查遍《刑法》分则也未见有针对烹食胎儿的犯罪类型和处罚规定，尽管该行为伤风败俗也难以定罪。可见，对于某种"恶行"，《刑法》分则有针对该"恶行"的罪状和法定刑的规定，是惩罚该恶行最重要的法律根据。

第二节 罪状·构成要件、构成要件要素

一、罪状

罪状，是罪刑条文中对犯罪构成要件和处罚情状的描述。（刑事被告人的）行为该当（或称"符合/触犯/具备"）罪状是适用法定刑处罚的"前提"（或称法律要件）。各罪刑条款之"罪状"是刑法分则最重要的部分，罪状部分确定了罪名、犯罪类型、犯罪构成要件。掌握各罪"罪状"是适用刑法定罪判刑的核心内容。

二、构成要件

"构成要件"，是指罪状所描述的成立该条之罪的法律要件，是罪状的主要内容，例如，《刑法》第 239 条之绑架罪的构成要件，

《刑法》第 263 条抢劫罪之构成要件。《刑法》分则三百余条罪刑条文确立了四百余种罪名，就有相应的四百余种犯罪法律要件。这也称为特定犯罪之构成要件或特殊构成要件、具体罪名之构成要件。例如，《刑法》第 259 条第 1 款规定："明知是现役军人的配偶而与之同居或者结婚的，处 3 年以下有期徒刑或者拘役。"该法第 259 条确立了一种罪即"破坏军婚罪"，并且确立了该罪名的构成要件即"明知是现役军人的配偶而与之同居或者结婚的"。这是破坏军婚罪特有的构成要件。通常可细分为：①客观要件：与现役军人的配偶同居或者结婚；②主观要件：明知自己与现役军人的配偶同居或者结婚。对构成要件内容作进一步细分所得出的要素，称"构成要件要素"，如破坏军婚罪的客观要件是，与现役军人的配偶同居或者结婚。"构成要件要素"包括：①行为：同居或结婚；②对象：现役军人配偶。

初学者，可以把"构成要件"与"罪状"视为同一概念。

三、构成要件内容（要素）及其划分

（一）客观要件（要素）·主观要件（要素）

对于构成要件内容最主要的一种划分方法是"客观·主观"两分，即划分为：

1. 构成要件客观要素：主体身份、行为、对象、结果。
2. 构成要件主观要素：故意、过失、目的、动机等。

例如，《刑法》第 382 条第 1 款规定："国家工作人员利用职务上的便利，侵吞、窃取、骗取或者以其他手段非法占有公共财物的，是贪污罪。"其构成要件（要素）包括：

（1）客观要件（要素）：①主体："国家工作人员"；②行为："利用职务上的便利，侵吞、窃取、骗取或者以其他手段"；③对象："公共财物"。

（2）主观要件（要素）：①故意，明知自己实施了《刑法》第 382 条第 1 款之客观要素；②非法占有的目的。

司考真题 《刑法》第 389 条第 1 款规定："为谋取不正当利益，给予国家工作人员以财物的，是行贿罪。"以下关于本条的说法中，正确的是？

A."为谋取不正当利益"是主观的构成要件要素

B."不正当利益"是规范的构成要件要素

C."给予国家工作人员以财物"是客观的构成要件要素
D."财物"是行为对象。
答案：ABC。行贿罪对象不是"财物"，而是"国家工作人员"。

第三节　适用罪刑条文定罪判刑的方法

"构成要件"概念及其内容"客观·主观"两分，是适用刑法定罪判刑的重要方法。

一、行为人的行为"符合"某罪刑条款之"罪状"（"构成要件"）

司法上认定犯罪，首先看该行为是否"符合"某一罪刑条文之"罪状"（构成要件）。根据罪刑法定原则，对任何行为定罪判刑必须以该行为违反某一"罪刑条文"为前提。确认该行为违反罪刑条文的根据是：该行为"符合"该罪刑条文之罪状（构成要件）。若该行为不符合任何一个罪状（构成要件），则不可能成立犯罪。例如，张三（男）与李梅（女）进行视频裸聊，查遍刑法典也没有这种犯罪类型（构成要件），自然不能对其定罪。再如，赵燕在网上与众人视频裸聊，一个月收取"服务费"数万元。该行为"符合"《刑法》第363条"传播淫秽物品牟利罪"之罪状（构成要件），具备了定罪的法律条件。此后再审查是否具有危害性（违法性·客体），是否应当负刑事责任（有责性·主体）。这一"构成要件符合性"与"三要件论"（构成要件符合·违法·有责）中的"构成要件符合"是同一的。

这里的"符合"，也常表述为"该当"或"具备"或"触犯"，都是表示人的行为符号了第××条之罪状，也即行为人的行为违反了刑法第××条，应当适用刑法第××条定罪处罚。"该当"其实与"该当何罪"之"该当"的用法相似，指人的行为该当刑法第××条（罪刑条文）之罪状（构成要件）。所以，"构成要件符合性"也常说成"构成要件该当性"。

二、认定行为违反刑法的顺序：客观第一

判断行为是否符合刑法第××条构成要件的认定顺序是：先判断客观要素后判断主观要素。首先认定被告人的行为是否符合客观

要素，其次才认定被告人是否具备主观要素。

案例 赵某（男）与王红（女）网聊时，邀约王红"一夜情"，王红谎称自己是军人的妻子，想以此推脱。不料赵某兴趣更大，一直穷追不舍，不仅与王红发生一夜情，还发展到同居。本案中，赵某的行为是否符合《刑法》第259条破坏军婚罪的构成要件？看客观，王红不是军人的配偶，赵某行为不符合与"军人配偶同居"的客观要素。看主观，赵某满以为王红是军人配偶且与其同居；构成要件符合性判断谁是第一性的？客观还是主观？客观第一！既然赵某的行为不符合客观要素，等于没有发生《刑法》第259条之破坏军婚的事实，也就不可能符合破坏军婚的构成要件。如果看主观，赵某以为自己是与军人配偶同居，这似乎符合破坏军婚罪的构成要件。但是主观与客观不一致时，应以客观为准。该当构成要件是行为客观该当，而非主观认识该当。主观认识是对行为客观该当构成要件的认知。

刘俊破坏生产经营案

三、主观故意·过失不可或缺

《刑法》第16条规定："行为在客观上虽然造成了损害结果，但是不是出于故意或者过失，而是由于不能抗拒或者不能预见的原因所引起的，不是犯罪。"本条确立各罪刑条款必须以故意或过失为主观要件，也即行为"客观上"触犯罪刑条款不足以定罪，还需行为人"主观上"对该行为触犯罪刑条款有故意或过失。

对于只追究故意罪责的罪刑条款（故意犯），在行为符合客观要素之后，还需认定行为人对自己实施的符合客观要素的事实有"明知"，这被称为"构成要件故意"。例如，《刑法》第259条第1款规定："明知是现役军人的配偶而与之同居或者结婚。"这清楚地告诉我们两点：①"明知"是主观要件。成立《刑法》第259条之罪，行为人仅有"与现役军人的配偶同居或者结婚"的事实是不足以定罪的，还需要该人对此事实有"明知"才完全齐备了第259条之罪的构成要件，即具备《刑法》第259条之构成要件符合性。②"明知"的内容是：行为人对"自己实施符合构成要件客观要素的事实"明知。《刑法》第259条对（破坏军婚罪）明知的内容的表述得极为清晰，即明知自己"与现役军人的配偶同居或者结婚"的事实。这被称为"构成要件故意"。

对于可追究过失罪责的罪刑条款（过失犯），行为符合客观要素，虽然不以行为人有故意为必要，但是仍需具有过失。例如《刑法》第235条规定："过失伤害他人致人重伤的，处三年以下有期徒刑或者拘役……"甲狩猎时，将躲在草丛中"捉迷藏"的小孩误认为猎物，开枪射击致其重伤，该行为符合《刑法》第235条的客观要件。甲虽然不是故意的，但《刑法》第235条之罪不以故意为必要，只要证明甲对致人重伤有过失即可适用该条对其定罪。

第四节 构成要件故意

一、构成要件故意的内容

"构成要件故意"，是指行为人"明知"自己实施的符合构成要件客观要素的事实。可以用公式表达如下：构成要件故意的内容＝明知自己的行为实现了"刑法第某条之罪之客观要素"。这是行为人对自己实施该条客观违法事实承担故意罪责的要件。据此，认定故意犯罪须看两点：①行为人实施了构成要件的客观事实；②行为人对自己实施的该构成要件客观事实有"明知"。刑法条文明示构成要件故意的条款如：

1. 《刑法》第360条（传播性病罪）规定："明知自己患有梅毒、淋病等严重性病卖淫、嫖娼的，处5年以下……"第360条之罪"明知"的内容是：该条之客观要素"有性病卖淫嫖娼"。

2. 《刑法》第258条（重婚罪）规定："有配偶而重婚的，或者明知他人有配偶而与之结婚的，处2年以下……"第258条之罪"明知"的内容是：该条之客观要素"与有配偶之人结婚"。

3. 《刑法》第312条（掩饰、隐瞒犯罪所得、犯罪所得收益罪）第1款规定："明知是犯罪所得及其产生的收益而予以窝藏、转移、收购、代为销售或者以其他方法掩饰、隐瞒的，处……"第312条之罪"明知"的内容是：该条客观要素——掩饰、隐瞒"他人犯罪所得及其产生的收益"。

二、构成要件故意的法律依据

《刑法》第14条第2款规定："故意犯罪，应当负刑事责任。"第15条第2款规定："过失犯罪，法律有规定的才负刑事责任。"

该法律条文的意思是：

1. 各罪刑条文，必须以故意或过失为主观要件。其中，以故意为要件的无须明示；仅以过失为要件的，需要明示。

2. 凡分则各条规定的犯罪行为没有特别提示过失应当负刑事责任的，只追究故意罪责，不追究过失责任。

3. 凡分则各条规定的犯罪行为没有特别提示主观要件是故意还是过失的，可推断为主观要件是故意，过失的不为罪。故意的内容是：对自己实施了符合该罪刑条文客观要素的事实有明知。

因此，即使分则条文没有特别提示"明知"及明知内容的，仍可推知该条构成要件的故意及其内容。例如，《刑法》第127条规定："盗窃、抢夺枪支、弹药、爆炸物的……处3年以上10年以下有期徒刑；情节严重的，处10年以上有期徒刑、无期徒刑或者死刑。"对第127条之罪的主观要素的常规推断是：①主观要件是故意，或称"故意犯"；②该构成要件故意的内容是：明知"枪支、弹药、爆炸物"而盗窃、抢夺，即对该条之罪客观要素的明知。如果行为人确实不知他人包内有枪支而窃取的，即使客观上窃得枪支，也不成立盗窃枪支罪，仅可成立《刑法》第264条之盗窃（财物）罪。

三、构成要件故意与事实认识错误

行为人作案时发生"所为与所知不一致"的情形，是事实认识错误。例如，甲在候车室偷得一提包，匆忙离开时被便衣警察截住，打开提包其中有现金3万、手枪一支。甲的行为符合《刑法》第264条（盗窃罪）和第127条（盗窃枪支罪），但甲辩称其只为钱财、无意于偷枪，且不知包中有枪。按常理，盗窃多为钱财，因此，即使甲不知包中有何物，也足以认定其对包中的3万现金具有盗窃故意或明知是财物。甲所为与所知一致，没有认识错误。同时，由于没有证据表明甲知道包中有枪，甲的行为虽然符合第127条（盗窃枪支罪）的客观要素，但甲"主观"上对自己实施了符合第127条客观要素的事实不"明知"（不知情），甲发生了事实认识错误，且导致其不具备第127条的主观要件。甲仅成立盗窃罪，而不成立盗窃枪支罪。

四、构成要件故意与刑法第 14 条犯罪故意概念

《刑法》第 14 条第 1 款规定:"明知自己的行为会发生危害社会的结果,并且希望或者放任这种结果发生,因而构成犯罪的,是故意犯罪。"该条确立的"犯罪故意"的概念有两个意义:

1. 确认刑法中的犯罪故意的范围:不仅包括"希望"犯罪事实发生的心理,还包括"放任"犯罪事实发生的心理。这样一来,其实行为人"明知"自己所为的犯罪事实,就具有犯罪故意。

2. 概括了全体故意犯罪的"共同内容"。

构成要件故意与第 14 条犯罪故意不可混同。构成要件故意是具体犯罪之特有的故意,每一条文确立的每一故意犯罪都有其特有的客观要素,因此也都有其特有的故意内容(明知内容)。第 14 条犯罪故意是全体故意犯罪之一般故意,只概括了故意的共性,对认定构成要件故意具有指导意义,但不能替代构成要件故意。

第五节　法条竞合与法条竞合犯

一、法条竞合

法条竞合是指刑法条文之间在罪状(构成要件内容)上发生重合或交叉。例如,《刑法》第 266 条规定有诈骗罪;同时第 192 条至第 198 条还规定有金融诈骗罪,包括集资诈骗罪、信用卡诈骗罪、信用证诈骗罪、保险诈骗罪等。显而易见,金融诈骗罪与诈骗罪在内容上有重合部分。再如,《刑法》第 233 条规定有过失致人死亡罪,此外,《刑法》中还规定有交通肇事罪、重大责任事故罪、医疗事故罪等数十个过失犯条款,这些条款都包含"过失致人死亡"的内容,在此有法条竞合的内容。

指导判例第 264 号,梁其珍招摇撞骗案——法条竞合的法律适用原则

二、法条竞合犯

法条竞合犯,指一个犯罪行为同时触犯两个以上内容有重合或交叉关系的法律条文,即一行为触犯数法条竞合部分。例如,甲使用伪造的信用卡诈骗,构成信用卡诈骗罪的同时也不可避免地要触犯《刑法》第 266 条规定的诈骗罪。这就构成了一犯罪触犯数法条的法条竞合犯。

对法条竞合犯，一般按特别法优于一般法的原则选择适用的法条。在例外情况下，可以考虑适用处罚较重的法条。

第六节 《刑法》与《治安管理处罚法》衔接

适用《刑法》分则有时还需考虑与《治安管理处罚法》的衔接。《治安管理处罚法》规定了上百种治安违法行为和相应的治安处罚，比犯罪和刑罚轻，相当于"微罪"法典，性质上属于"行政"违法和处罚，有别于刑法的"刑事"犯罪和处罚。适用时需注意：

1. 属于《刑法》规定的犯罪类型但是没有达到犯罪的危害程度的（"立案标准"／"罪量"），适用《治安管理处罚法》处罚。比如，盗窃财物不够"数额较大"的，殴打他人没有造成轻"伤害"结果的，适用《治安管理处罚法》处罚。再如前述网络直播淫秽表演，如果情节显著轻微，危害不大的，也可以适用治安处罚而不必定罪处罚。

2. 不属于《刑法》规定的犯罪类型，不能适用《刑法》定罪处罚的，不排除可以适用《治安管理处罚法》。如前述直播烹食胎儿案件，可以适用《治安管理处罚法》第25条第1项，按照"以其他方法故意扰乱公共秩序的"处罚。

绪论思考题

1. 刑法学分论与刑法学总论的关系是什么？
2. 如何理解我国刑法分则关于犯罪分类及排列的特点？
3. 什么是罪状？罪状有哪些种类？它与罪名是什么关系？

第一章 危害国家安全罪

本章知识结构图

危害国家安全罪 { 间谍罪 { 参加间谍组织 / 接受任务 / 指示轰击目标 } ; 叛逃罪 { 从境内叛逃境外 / 在境外叛逃 } }

第一节 间谍罪（第110条）

《刑法》第110条 有下列间谍行为之一，危害国家安全的，处10年以上有期徒刑或者无期徒刑；情节较轻的，处3年以上10年以下有期徒刑：

（一）参加间谍组织或者接受间谍组织及其代理人的任务的；

（二）为敌人指示轰击目标的。

一、概念、构成要件

间谍罪，是指参加间谍组织或者接受间谍组织及其代理人的任务，或者为敌人指示轰击目标危害国家安全的行为。

1. "间谍组织"，是指外国政府或者境外敌对势力建立的旨在收集我国情报、进行颠覆破坏活动等危害我国国家安全和利益的组织。"参加"间谍组织，是指通过履行一定的手续加入间谍组织从而成为间谍组织成员的行为。

2. "接受间谍组织及其代理人的任务"。间谍组织的代理人，是指受间谍组织或者其成员的指使、委托、资助，进行或者授意、指使他人进行危害中华人民共和国国家安全的人。接受间谍组织及其代理人的任务，是指受间谍组织及其代理人的命令、派遣、指使、委托为间谍组织服务，从事危害中华人民共和国国家安全的活动。

二、适用

1. 间谍罪与为境外窃取、刺探、收买、非法提供国家秘密、情报罪区别。如果作为间谍组织的成员所接受的间谍组织的任务是"搞秘密或情报"的，属于间谍活动之一，定间谍罪。除此以外，为境外效力获取秘密或情报的情形，按照为境外窃取、刺探、收买、非法提供国家秘密、情报罪论处。

2. 认识错误。

（1）成立间谍罪需行为人明知为间谍组织效力获取秘密或情报。

（2）成立第 111 条之罪需行为人明知为"境外的机构、组织、人员"获取秘密或情报。

（3）第 282 条、第 398 条之罪只需要行为人明知是国家秘密而非法获取或泄露即可。如果行为人客观上为间谍获取秘密但不知对方为间谍的，不成立间谍罪，若知道对方为"为境外人员的"，成立第 111 条之罪，若连对方是境外人员都不知，仅成立第 282 条或第 398 条之罪。例如，某国间谍戴某，结识了我国某国家机关机要员黄某。戴某谎称来华投资建厂需了解政策动向，让黄某借工作之便为其搞到密级为"机密"的《内参报告》4 份。戴某拿到文件后送给黄某一部手机，并为其子前往某国留学提供了 6 万元资金。对黄某的行为应当以为境外非法提供国家秘密罪与受贿罪，数罪并罚。

3. 司法解释。通过互联网将国家秘密或者情报非法发送给境外的机构、组织、个人的，成立第 111 条之罪；将国家秘密通过互联网予以发布，情节严重的，按照故意泄露国家秘密罪定罪处罚。例如，甲从国家某秘密档案库中窃取一份国家绝密文件，并通过互联网秘密发送到境外某通讯社的电子信箱，对甲应当以为境外窃取、非法提供国家秘密罪处罚。

第二节　叛逃罪（第109条）

《刑法》第 109 条　国家机关工作人员在履行公务期间，擅离岗位，叛逃境外或者在境外叛逃的，处 5 年以下有期徒刑、拘役、管制或者剥夺政治权利；情节严重的，处 5 年以上 10 年以下有期徒刑。

掌握国家秘密的国家工作人员叛逃境外或者在境外叛逃的，依照前款的规定从重处罚。

"叛逃"包括从境内叛逃境外和在境外直接叛逃。在中国境内逃入外国使领馆的，也认为"叛逃"。

"在履行公务期间，擅离岗位"是本罪构成要件。如果不是在履行公务期间脱岗叛逃，不成立本罪。如出国、出境度假旅游，在国外或境外滞留不归，不是叛逃。掌握国家秘密的国家工作人员构成叛逃罪，不以"在履行公务期间，擅离岗位"为要件，且从重处罚。

认定叛逃罪，不必证明危害国家安全。

第一章思考题

1. 论危害国家安全罪的概念与特征。
2. 论分裂国家罪的概念与特征。
3. 论间谍罪的概念与特征。

第一章思考题
参考答案

第二章 危害公共安全罪

本章知识结构图

危害公共安全罪
- 特征
  - 可能危害
  - 后果具有严重性
  - 核心：不特定多数人的人身安全
- 内容
  - 以危险方法危害公共安全的犯罪：放火罪、决水罪、爆炸罪、投放危险物质罪等
  - 破坏交通工具罪
  - 组织、领导、参加恐怖组织罪
  - 劫持航空器罪
  - 违反枪支、弹药、爆炸物管理规定危害公共安全的犯罪
  - 造成重大事故危害公共安全的犯罪

第一节 危害公共安全罪概述

一、概念

危害公共安全罪，是指故意或者过失地危害不特定多数人的生命、健康、重大公私财产安全的一类犯罪行为。它是一类犯罪的名称，包含《刑法》分则第二章危害公共安全罪之下共 26 个条文规定的四十余个罪名。

公共安全，是这类犯罪的共同客体，指不特定多数人的生命、健康、重大公私财产安全。所谓不特定多数人，指犯罪行为可能危害的对象不是某个、某几个特定的人或者某项特定的财产。在认定该类犯罪时需注意：

1. "可能"危害不特定多数人的生命健康或重大财产即可，不以实际发生多人死伤结果为必要。在这个意义上，该类犯罪也可称为公共危险性。

2. 可能的犯罪后果具有"严重性"，即可能造成多数人伤亡或

者重大财产损失,例如,对建筑物放火,在公共场所爆炸,在食堂或饭店投毒,在学校或车站持刀砍杀众人,等等,均可能导致多人伤亡或重大财产损失。换言之,也就是该类犯罪的行为方式具有严重危险性,足以造成重大伤亡后果。

侵害的对象具有"不特定多数人"或"众人"的特征,但是不具有后果严重性或高度危险性的行为方式,如使用刮胡刀片在街头针对不特定妇女割划衣服,仅有强制猥亵妇女的性质,不具有危害公共安全性质。

3. 公共安全的核心是不特定多数人的人身安全。对"重大财产"的侵害只有在危及公众人身安全时,方可认为具有公共危险性。不危及公众人身安全的重大或巨大财产损害,不认为具有危害公共安全性质,如使用斧头棍棒砸毁了停车场中的数十辆汽车,或者烧毁价值数千万元的豪车,均不危及人身安全。

公共安全也是本章之罪区别于《刑法》其他章节之罪的本质特征。例如,行为人使用爆炸方法杀人的,如果足以危害公共安全的,应定爆炸罪,排斥故意杀人罪的适用;如果不足以危害公共安全的,不构成爆炸罪,应以故意杀人罪论处。再如,放火烧毁无人建筑物且不至于延烧到其他有人建筑物的,因不危害公共安全而不成立放火罪,只能成立《刑法》其他章节的犯罪,如故意毁坏财物罪或破坏生产经营罪等。

二、危险时代与危害公共安全犯罪的惩治

我们所处的时代充满危险,高速交通如飞机、高铁,超级城市中的高楼大厦和高密度聚集人群,稍有不慎造成一场火灾、一个事故,就可能导致惨重的人员伤亡和财产损失。近期,极端恐怖主义分子在毫无征兆的情况下,以爆炸、枪击、刀砍等方式滥杀无辜,制造暴力恐怖事件。这令公众心生恐惧,期待刑法采取扩张态势以加强预先防范公共危险行为,即需要把规制重心由"行为结果"提前到"行为危险"。因此,无论是立法还是司法,都要加强惩治危害公共安全的危险犯。另一方面,把犯罪界限过分前移至"行为之危险",会增加侵犯公民自由的危险,需要审慎掌握尺度。

三、故意犯·危险犯·结果加重犯

基于公共安全的重要性,刑法将规制界限向前推移。对于故意危害公共安全的犯罪行为,将危险犯设置为处罚的基准,只要足以发生危害公共安全的危险,就是既遂。例如,《刑法》第116条规定,破坏交通工具足以使其发生倾覆、毁坏危险的,就构成既遂;《刑法》第114条规定,放火、爆炸、投放危险物质足以危害公共安全尚未造成严重后果的,构成既遂。如果危害公共安全的行为造成了人身伤亡或重大财产损害的结果,则对此规定了较重的法定刑即结果加重犯,如《刑法》第115条第1款规定,放火、爆炸造成严重后果的,处10年以上有期徒刑、无期徒刑或者死刑。

不过也有学者认为,危害公共安全罪的故意犯也应当以结果为设定处罚的基准或既遂的基准。按照这种观点,危害公共安全罪的危险犯可以解释为未遂犯,所以,以特别规定排斥《刑法》总则第23条未遂犯规定的适用。

四、过失犯·结果犯

对危害公共安全的行为,不惩罚过失危险犯。所以,危害公共安全的过失犯,例如,失火罪,过失爆炸罪,过失决水罪,过失投放危险物质罪,过失以危险方法危害公共安全罪,过失损坏交通工具罪,过失损坏交通设施罪,过失损坏电力设备罪,过失损坏易燃易爆设备罪,过失损坏广播电视设施、公用电信设施罪,危险物品肇事罪,铁路运营安全事故罪,等等,都以造成重大人身伤亡或重大财产损失为要件。

五、故意结果犯的特例

本章之罪的过失犯,如失火罪、过失爆炸罪、交通肇事罪等,以造成伤亡结果为客观要件,但不以对伤亡结果有故意(明知)为主观要件;故意犯如放火罪、爆炸罪,则以对致人死伤的危险或结果有故意(明知)为主观要件。但是也有特别情形,如《刑法》第128条第3款之"依法配置枪支的人员,非法出租、出借枪支,造成严重后果的"方可构成犯罪。该款之罪以"造成严重后果"为客观要件,但不以对结果有故意(明知)为要件。类似的还有《刑法》第129条之"依法配备公务用枪的人员,丢失枪支不及时报告,造成严重后果的"方可成立犯罪(丢失枪支不报罪)。该罪也是以"造成严重后果"(轻伤以上伤亡事故等)为客观要件,但不以对该后果有故意（明知）为主观要件。对于上述两条款之罪，称故意犯还是过失犯都不典型，需要特别说明：虽然以"造成严重后果"为客观要件，但是该"严重后果"不在故意的认知范围内。称其为"故意犯"却不要求对自己行为"造成严重后果"的要素有明知，这是其不同于故意犯之处。

六、法条竞合犯

危害公共安全犯罪的结果或加重结果往往包含两项内容：①人身伤亡；②财物毁损。例如，爆炸往往会造成人员伤亡和财物毁损，与故意杀人罪、故意伤害罪、过失致人死亡罪、故意毁坏财物罪、破坏生产经营罪等发生竞合。这种竞合一般被认为是法条竞合，优先适用《刑法》"危害公共安全罪"这章规定的"完整法"，排斥适用"局部法"。

也有学者主张这种情形是想象竞合犯，因为爆炸致人死伤既危害生命健康又危害公共安全，不仅是一行为触犯数法条，还实际造成数结果、侵害数客体，应当是想象竞合犯。此说虽然有力，不过，鉴于我国司法实务不喜好数罪并罚，且爆炸一罪（或放火罪、投放危险物质等一罪）能够完整地涵盖、评价致多人死伤以及财产损失的结果，仍然优先适用本章危害公共安全的条款定罪处罚。

第二节 以危险方法危害公共安全的犯罪

《刑法》第 114 条 （危险犯）放火、决水、爆炸以及投放毒害性、放射性、传染病病原体等物质或者以其他危险方法危害公共安全，尚未造成严重后果的，处 3 年以上 10 年以下有期徒刑。

《刑法》第 115 条 （结果犯）放火、决水、爆炸以及投放毒害性、放射性、传染病病原体等物质或者以其他危险方法致人重伤、死亡或者使公私财产遭受重大损失的，处 10 年以上有期徒刑、无期徒刑或者死刑。

过失犯前款罪的，处 3 年以上 7 年以下有期徒刑；情节较轻的，处 3 年以下有期徒刑或者拘役。

一、放火罪

（一）概念、构成要件

放火罪，是指故意放火焚烧建筑物、森林等物体，危害公共安全的行为。

"放火"是指纵火焚烧建筑物、森林等物体，危害公共安全。放火焚烧的对象（目的物）通常为建筑物、森林等涉及不特定多数人的生命、健康或者重大公私财产安全的物体。

（二）认定与处罚

1. 放火的既遂和着手。放火致使目的物脱离引火物后能够独立燃烧，出现发生火灾危险的状态就构成既遂（危险犯）。开始点燃目的物的行为是放火罪的"着手"，已经着手放火但由于意志以外的原因而未能使目的物独立燃烧的，构成未遂。为了放火准备工具、制造条件的行为是放火罪的预备行为。只要行为人没有造成严重伤亡的实害结果，就只能适用《刑法》第114条，并且不再适用《刑法》总则关于未遂犯的规定。相应地，当行为人实施了放火行为，造成不特定或者多数人伤亡的实害结果，并且对该结果具有认识并且持希望或者放任态度时，应当适用《刑法》第115条第1款。

2. 公共安全与放火罪的认定。危害公共安全是放火罪的实质特征，因此，"放火"焚烧财物不危害"不特定多人生命健康的"，不成立放火罪。如及长龙烧毁蔬菜棚案。

及长龙烧毁蔬菜棚案

二、决水罪

决水罪，是指故意破坏堤坝、水利设施，制造水患，危害公共安全的行为。

三、爆炸罪

爆炸罪，是指故意使用爆炸的方法，杀伤不特定多人、毁坏重大公私财物，危害公共安全的行为。

"爆炸"是指利用物质因化学或物理变化而迅速放出的能量，造成人身伤亡、财产毁损的后果。爆炸主要有两种情形：①化学爆炸，如炸药爆炸；②物理爆炸，如压力容器爆炸。作为犯罪现象，常见的是利用爆炸物杀伤人员、毁损财物。

四、投放危险物质罪

（一）概念

投放危险物质罪，是指故意投放毒害性、放射性、传染病病原体等危险物质危害公共安全的行为。

（二）认定与处罚

投放危险物质罪、爆炸罪与故意杀人罪、故意伤害罪的区别，关键看是否危及公共安全。用投毒、爆炸方法杀伤特定的个人不危及公共安全的，如甲为了杀害乙，在其饮用的茶水里投放毒药，致乙中毒死亡，因为不危害不特定多数人的生命健康，仅成立故意杀人罪。如果危及公共安全，则应以投放危险物质罪论处，如果甲为了杀害乙，而在乙就餐的食堂饭菜里投放毒药，因危害不特定多数人的生命安全，构成投放危险物质罪。

五、以危险方法危害公共安全罪

（一）概念、构成要件

以危险方法危害公共安全罪，是指以放火、爆炸、决水、投放危险物质以外的危险方法危害公共安全的行为。

"'其他危险方法'仅限于与放火、决水、爆炸、投放危险物质相当的方法，而不是泛指任何具有危害公共安全性质的方法。因为《刑法》将本罪规定在第114条与第115条之中，根据同类解释规则，它必须与前面所列举的行为相当；根据该罪所处的地位，以其他危险方法只是《刑法》第114条、第115条的'兜底'规定，而不是《刑法》分则第二章的兜底规定。换言之，对那些与放火、决水、爆炸等危险方法不相当的行为，即使危害公共安全，也不宜认定为本罪。"[1]从司法实务看，认定的这类方法有：①驾驶机动车辆在公共场所故意冲撞众人的（对于为了敲诈勒索、诈骗而恶意制造交通事故，放任重大伤亡结果发生的，也可定本罪）；②在公共场所私设电网危及众人安全的；③破坏矿井的通风设备危及井下矿工生命安全的；④拆卸公共道路中央的下水井盖的；⑤以制、输坏血、病毒血的方法致众人感染的；⑥向人群开枪的；⑦驾驶人员

---

〔1〕张明楷："论以危险方法危害公共安全罪：扩大适用的成因与限制适用的规则"，载《国家检察官学院学报》2012年第4期。

与人打闹而任机动车处于失控状态的。最近，极端主义分子为了制造恐怖活动而使用枪支、砍刀、匕首在公共场所如火车站、商店故意滥杀滥砍无辜群众的，被定性为"暴力恐怖"事件，实务中也以本罪定罪处罚。

1. 以已有规定的方法危害公共安全的，如投放危险物质、破坏交通工具、劫持汽车船只、劫持航空器危害公共安全的，排斥适用本罪。

2. 以已有规定的危险方法实施犯罪，但因不具有相当的公共危险性不能定罪的，意味着也不构成本罪。例如，甲在公路中间点起一堆火，使用了放火的方法，危及交通工具、交通设施安全。如果该行为的公共危险性不足以构成放火罪，也不足以构成破坏交通工具、交通设施罪，则意味着该行为也不能构成以危险方法危害公共安全罪，因为其对公共安全危险性的要求与其他危害公共安全犯罪是相同的。

3. 与《刑法》第114、115条列明的放火、爆炸等方法的公共安全危险性相当，不相当的不能不适用本罪。例如，甲持匕首扎伤多名路人，显然与放火、爆炸的公共危险性不相当，只需论以故意杀人/伤害的犯罪，不适用本罪。

侵害对象不特定是危害公共安全的重要特征，但是不能仅仅根据侵害对象的不特定性认定为"其他危险方法"。

（二）认定与处罚

1. 本罪与交通肇事罪的区分。本罪是故意罪，对致人死伤的结果有故意；而交通肇事罪是过失罪，对致人死伤的结果不得有故意。驾车冲撞众人故意致人死伤的，成立以（驾车撞人的）危险方法危害公共安全罪。早期判例如20世纪80年代姚锦云因奖金问题闹情绪，故意驾驶出租车在天安门广场由北向南横冲直撞，撞死、撞伤19人，构成以危险方法危害公共安全罪。因其对致人死伤有故意，若定交通肇事罪则会轻纵罪犯。

近年来，因醉酒驾驶而放任危险致不特定多数人死伤的案件时有发生，为了规范醉酒驾车的法律适用，《醉驾犯罪法律适用意见》（2009）指出："无视法律醉酒驾车，特别是在肇事后继续驾车冲撞，造成重大伤亡，说明行为人主观上对持续发生的危害结果持放任态度，具有危害公共安全的故意。对此类醉酒驾车造成重大伤亡的，应依法以以危险方法危害公共安全罪定罪。"并发布典型判例"成都孙伟铭案""广东佛山黎景全案"作为参照。关于量刑，考虑到醉酒驾车构成本罪的，一般是间接故意，与以制造事端为目的而恶意驾车撞人并造成重大伤亡后果的直接故意犯罪有所不同，量刑时应有所区别。此外，醉酒状态下驾车，行为人的辨认和控制能力实际有所减弱，量刑时也应酌情考虑。

2. 本罪与故意杀人罪、故意伤害罪的区分。驾车故意杀伤特定人，没有危害公共安全的，成立故意杀人罪或故意伤害罪。驾车故意冲撞众人危害公共安全的，成立本罪。通说认为，法条竞合优先适用本罪处罚。

3. 罪数。《刑法》第114、115条之罪的结果，包含"致人重伤、死亡或者使公私财产遭受重大损失"，故意内容包含杀伤他人或毁损财物的意思，所以，当行为触犯本条之罪同时触犯第232条之故意杀人罪、第234条之故意伤害罪、第275条之故意毁坏财物罪、第276条破坏生产经营罪时，只需以第114、115条定罪处罚。通说认为，这些法条是法条竞合关系，第114、115条能较完整地涵盖放火、决水、爆炸、投放危险物质、以危险方法危害公共安全行为的后果，所以应优先适用。但也有学者主张是想象竞合关系。

4. 根据《邪教组织刑案解释》（2017）的规定，邪教组织人员以自焚、自爆或者其他危险方法危害公共安全的，以放火罪、爆炸罪、以危险方法危害公共安全罪等定罪处罚。

六、失火罪·过失决水罪·过失爆炸罪·过失投放危险物质罪·过失以危险方法危害公共安全罪

过失犯《刑法》第115条第1款罪的，成立失火罪、过失决水罪、过失爆炸罪、过失投放危险物质罪、过失以危险方法危害公共安全罪。

第三节 破坏交通工具罪（第116条、第119条）

《刑法》第116条 （危险犯）破坏火车、汽车、电车、船只、航空器，足以使火车、汽车、电车、船只、航空器发生倾覆、毁坏危险，尚未造成严重后果的，处3年以上10年以下有期徒刑。

《刑法》第119条第1款 （结果加重犯）破坏交通工具、交通设施、电力设备、燃气设备、易燃易爆设备，造成严重后果的，处 10 年以上有期徒刑、无期徒刑或者死刑。

过失犯前款罪的，处 3 年以上 7 年以下有期徒刑；情节较轻的，处 3 年以下有期徒刑或者拘役。

一、概念、构成要件

破坏交通工具罪，是指故意破坏火车、汽车、电车、船只、航空器，足以使其发生倾覆、毁坏危险或者造成严重后果的行为。

"汽车"包含运输用的大型农用拖拉机。

"足以使……发生倾覆、毁坏危险"中，"倾覆"是指火车出轨、汽车翻车、船只沉没、航空器坠落等；"毁坏"是指使交通工具的性能丧失、报废或者重大破损，以致不能运行；"危险"是指具体危险，即在具体场合下对交通工具的破坏具有发生倾覆、毁坏的现实可能性。

"造成严重后果"，是指因交通工具倾覆、毁坏而致人重伤、死亡或者使公私财产遭受重大损失等情形。

二、认定与处罚

1. 与故意毁坏财物罪的界限：是否足以危害公共安全。破坏交通工具不足以危害公共安全的，仅成立故意毁坏财物罪。

例如李常安爆毁轿车故意毁坏财物案：被告人怀疑妻子与县公安局局长岑同贾关系暧昧而心生报复之念。被告人用 2 筒硝胺炸药制成爆炸装置，于某日晚 12 时许，撬开县公安局停放本田牌小轿车的库门，将该爆炸装置放于该轿车旁，引爆炸药，炸坏该车，造成经济损失 31 490 元。检察院指控被告人犯破坏交通工具罪，法院认为，被告人的行为构成故意毁坏财物罪，判处有期徒刑 3 年。本案要点在于：被告人主观上不以制造车祸为目的；客观上不会发生交通工具在使用中倾覆、毁坏的危险，不具有危害交通运输安全的性质。

破坏《刑法》第 116 条之"交通工具"且实质上构成危害交通运输安全的才能成立本罪。在中国的 20 世纪 50 ~ 70 年代，汽车等交通工具十分贵重且基本为国企、政府所有，对于破坏汽车的行为往往不问其是否具有危害交通运输安全的性质即认定为破坏交通工具罪，显然不妥。今日的中国，轿车已经进入寻常百姓家，对汽车的破坏不足以危害交通运输安全的，不成立破坏交通工具罪。

2. 与破坏交通设施罪的界限。行为对象不同，破坏交通设施罪的对象是正在使用中的交通设施。交通设施，是指供交通工具通行或保障交通工具安全运行的专门设施，包括轨道、桥梁、隧道、公路、机场、航道、灯塔、标志等。为了颠覆、毁坏交通工具而破坏交通设施的，应当以《刑法》第117条破坏交通设施罪定罪处罚；破坏交通设施，因而间接造成交通工具倾覆、毁坏、致人死伤的，是本罪的结果加重犯，仍应定破坏交通设施罪。

3. 与破坏电力设备罪，破坏易燃易爆设备罪的区别：对象不同。"电力设备"，是指电力生产、输送设备，或者发电装置和输电线路，包括发电、变电、输电、供电设备。"易燃易爆设备"包括：①燃气设备，包括燃气的开采（发生）、净化、输送、储存设备；②其他易燃易爆设备，是指电力、燃气设备以外的易燃易爆设备，如石油、化学工业方面的易燃易爆设备等。破坏专用油气运输车，应定破坏易燃易爆设备罪。

4. 过失损坏交通工具，造成严重后果危害公共安全的，成立过失损坏交通工具罪。

第四节 组织、领导、参加恐怖组织罪（第120条）

《刑法》第120条 组织、领导恐怖活动组织的，处10年以上有期徒刑或者无期徒刑，并处没收财产；积极参加的，处3年以上10年以下有期徒刑，并处罚金；其他参加的，处3年以下有期徒刑、拘役、管制或者剥夺政治权利，可以并处罚金。

犯前款罪并实施杀人、爆炸、绑架等犯罪的，依照数罪并罚的规定处罚。

一、概念、构成要件

本罪是指组织、领导、参加恐怖组织，危害公共安全的行为。

"恐怖组织"，即恐怖活动组织，立法概念是指为实施恐怖活动而组成的犯罪集团。学理上的代表性概念为："3人以上以长期实施一种或多种恐怖主义犯罪活动为目的的犯罪组织。"

"恐怖活动"或"恐怖犯罪活动"是恐怖组织的核心概念。立法上的"恐怖活动"是指以制造社会恐慌、危害公共安全或者胁迫国家机关、国际组织为目的，采取暴力、破坏、恐吓等手段，造成或者意图造成人员伤亡、重大财产损失、公共设施损坏、社会秩序混乱等严重社会危害的行为，以及煽动、资助或者以其他方式协助实施上述活动的行为。根据以上立法定义，恐怖活动具有以下特征：

1. 客观特征：采取暴力、破坏、恐吓等手段，造成人员伤亡、重大财产损失等严重社会危害的行为。其要点为：①严重的暴力性；②严重的社会危害性。

2. 主观特征：以制造社会恐慌、危害公共安全或者胁迫国家机关、国际组织为目的。

"恐怖活动（犯罪）"同时也是一项国际罪行。国际社会对恐怖活动，迄今为止没有统一定义，一般认为，恐怖活动是以"莫测的暴力"为手段实现其某种目的的行为。其具有两个特征：①客观特征，以莫测的暴力为手段。由于暴力的方式、规模，实施暴力的对象、时间、地点不特定，就危害了公共安全和破坏了公众的安全感。②主观特征，为了实现某种目的。即利用莫测的暴力对社会、公众施加压力，以实现其政治、经济以及其他目的。这种目的性是恐怖主义犯罪与放火、爆炸、投放危险物质、劫机、绑架、破坏公共设施、故意杀人等犯罪的不同之处。因为"恐怖活动"的概念不统一，1977年1月27日的《关于制止恐怖主义的欧洲公约》第1条采取列举方式确认的恐怖行为包括：①劫持航空器和危害民用航空安全的非法行为；②涉及侵害应受国际保护人员包括外交代表的生命、健康或自由的严重罪行；③诱拐、劫持人质或者严重的非法拘禁的犯罪；④涉及使用炮弹、手榴弹、火箭、自动武器或信件或邮包炸弹而危及他人安全的罪行。此外，海盗行为被认为是最早出现的典型的恐怖行为。

"组织"，是指通过策划、引诱、胁迫等方法勾结多名犯罪分子成立恐怖活动组织的行为。"领导"，是指在恐怖活动组织中起策划、指挥作用的行为。"积极参加"，是指主动参加恐怖组织，或者多次参加恐怖组织实施的恐怖活动，或者虽然偶尔参加恐怖组织的活动，但在其参加的恐怖活动中起重要作用的行为。"参加"，是指加入恐怖组织作为其成员或者实际参与恐怖组织的恐怖活动的行为。

二、认定与处罚

1. 本罪与帮助恐怖活动罪的区别：广义的恐怖活动，包括对恐怖活动或者恐怖组织的资助行为。鉴于《刑法》第120条之一单独规定有帮助恐怖活动罪，因此有必要与本罪加以区别。

帮助恐怖活动罪，是指资助恐怖活动组织或者资助实施恐怖活动的个人的行为。"资助"，是指为恐怖活动组织或者实施恐怖活动的个人筹集、提供经费、物资或者提供场所以及其他物质便利的行为，包括筹集和提供两种行为方式，即使是单纯的筹集行为，也属于资助行为。提供的资助包括一切"物质便利"，不限于金钱资助，也包括提供物资、场所等物质便利的行为。资助的对象包括：①实施恐怖活动的个人，包括预谋实施、准备实施和实际实施恐怖活动的个人。②恐怖活动组织。

本罪限于"恐怖活动组织"的"组织、领导、参加"行为，而帮助恐怖活动罪限于对从事恐怖活动的组织、实施恐怖活动的个人、恐怖活动培训的"资助"行为，以及为恐怖活动组织、实施恐怖活动或者恐怖活动培训提供"招募、运送人员"的帮助行为。该资助或招募运送人员之帮助行为是以明知该组织或个人从事恐怖活动或者恐怖活动培训为前提的，也可以认为是本罪之共犯（提供物质或行为帮助）的特别规定。因此，明知是恐怖活动组织而为其提供物质帮助，或提供招募、运送人员帮助的，以帮助恐怖活动罪定罪处罚，排斥本罪共犯的适用。

本罪与帮助恐怖活动罪都具有共同犯罪的特点。本罪是"组织犯"，而帮助恐怖活动罪行为之一是"组织犯"的物质帮助犯。如果有组织、领导、参加恐怖活动组织的行为，同时对同一组织实施帮助行为的，应当包容在本罪范围内，只需要以本罪一罪论处，没有必要数罪并罚。对同一恐怖活动组织没有组织、领导、参加行为，仅有帮助行为的，以帮助恐怖活动罪定罪处罚。

2. 本罪与《刑法》第120条之二的准备实施恐怖活动罪的区别。《刑法修正案（九）》增加规定下列为实施恐怖活动而进行的准备犯罪工具、培训、策划、联络等准备行为是准备实施恐怖活动罪：①为实施恐怖活动准备凶器、危险物品或者其他工具的；②组织恐怖活动培训或者积极参加恐怖活动培训的；③为实施恐怖活动与境外恐怖活动组织或者人员联络的；④为实施恐怖活动进行策划或者其他准备的。并规定，实施前述行为，同时构成其他犯罪的，依照处罚较重的规定定罪处罚。据此，行为人实施上述恐怖活动准备行为的，构成《刑法》第120条之二的准备实施恐怖活动罪。行为人组织、领导、参加恐怖组织后,作为恐怖组织的活动而实施恐怖活动犯罪之准备行为的,择一重罪处罚。

3. 一罪与数罪。只要有组织、领导、参加恐怖组织的行为就构成本罪的既遂,不问恐怖组织成立后是否实施了恐怖活动。如果恐怖组织成立后,又实施了该组织策划的放火、爆炸、投放危险物质、杀人、劫机、绑架等犯罪的,成立数罪,应当按照数罪并罚的原则定罪处罚。如果组织、领导、参加恐怖组织,同时还有对其他恐怖组织有帮助行为的,也应当以本罪和帮助恐怖活动罪数罪并罚。

第五节 劫持航空器罪(第121条)

《刑法》第121条 以暴力、胁迫或者其他方法劫持航空器的,处10年以上有期徒刑或者无期徒刑;致人重伤、死亡或者使航空器遭受严重破坏的,处死刑。

一、概念、构成要件

劫持航空器罪,是指以暴力、胁迫或者其他方法劫持正在飞行中的航空器的行为。

"航空器"是指正在飞行中的航空器。根据《海牙公约》第3条第1款的规定,"正在飞行中"是指,航空器从装载完毕,机舱外部各门均已关闭时起,直至为了卸载而打开任一机舱门时为止;航空器迫降时,在有关主管当局接管对该航空器及其所载人员和财产的责任之前,也应被认为正在飞行中。我国《刑法》中规定的劫持航空器罪的对象既包括民用航空器也包括其他航空器,如供军事、海关、消防、警察等使用的航空器。

"劫持"是指在航空器内的人员以暴力、胁迫的方法非法强行控制航空器或者支配其航行的行为。劫持行为在正在飞行中的航空器内实施。在航空器之外的人员帮助、教唆他人在航空器内实施劫持航空器行为的,可以构成本罪的共犯。在航空器之外以暴力或以暴力胁迫的方法企图控制、支配正在飞行中的航空器的,不能构成本罪。

二、认定与处罚

1. 国内刑法中的劫持航空器罪与国际刑法中的劫持航空器罪

（空中劫持罪）的区别。国际刑法中的劫持航空器罪除具有国内刑法中的劫持航空器罪的构成要件之外，还有两个特征：①对象限于民用航空器，即以载运乘客、货物、邮件等公共航空运输业务为宗旨的有人驾驶的航空器，不包括供军事、海关、警察等部门使用的国家航空器，也不包括无人驾驶的航空器；②具有跨国性，即犯罪发生的场合限于被劫持航空器的起飞地点或实际降落地点是在该航空器登记国以外的国家。如果劫持航空器的行为还具有这两个特征，则属于国际法上的犯罪。在追诉过程中，必要时可以适用国际公约的有关规定。

2. 本罪与暴力危及飞行安全罪区别。《刑法》第123条规定有暴力危及飞行安全罪，即对飞行中的航空器上的人员使用暴力，危及飞行安全的行为。本罪与暴力危及飞行安全罪的区别：①行为和行为对象不同。本罪行为是劫持，即控制航空器及其航行路线，行为对象是飞行中航空器；暴力危及飞行安全罪的行为是对航空器上的人员实施暴力，行为对象是飞行中航空器上的人员。②故意的内容不同。劫持航空器罪具有控制航空器及其航行路线的意图；暴力危及飞行安全罪仅仅是对航空器上的人员实施暴力，并无控制航空器及其航行路线的意图。

3. 本罪与劫持船只、汽车罪区别：对象不同。本罪劫持的对象是正在飞行中的航空器；而劫持船只、汽车罪的对象是船只、汽车。

4. 本罪与破坏交通工具罪的区别：①行为及行为对象不同。本罪的行为是"劫持"，即夺取、控制正在飞行的航空器以及支配其航行路线；行为对象是正在飞行中的航空器。破坏交通工具罪的行为则是"破坏"，即以破坏方式造成交通工具倾覆、毁坏，危害交通运输安全。行为对象包括一切正在使用中的火车、汽车、电车、船只、航空器等机动的交通工具。②主观故意内容不同。本罪是意图控制航空器及其航行路线；破坏交通工具罪则是意图造成交通工具的倾覆、毁损。

5. 本罪与抢劫罪的区别。本罪仅具有非法控制、支配飞行中航空器的目的。抢劫罪，是指以非法占有为目的，以暴力、胁迫或其他手段抢劫航空器。

第六节　违反枪支、弹药、爆炸物管理规定危害公共安全的犯罪

一、非法制造、买卖、运输、邮寄、储存枪支、弹药、爆炸物罪（第 125 条）

《刑法》第 125 条　非法制造、买卖、运输、邮寄、储存枪支、弹药、爆炸物的，处 3 年以上 10 年以下有期徒刑；情节严重的，处 10 年以上有期徒刑、无期徒刑或者死刑。

……

单位犯前两款罪的，对单位判处罚金，并对其直接负责的主管人员和其他直接责任人员，依照第 1 款的规定处罚。

（一）概念、构成要件

本罪是指违反国家有关枪支、弹药、爆炸物的管理规定，非法制造、买卖、运输、邮寄、储存枪支、弹药、爆炸物，危害公共安全的行为。

"枪支"是指《枪支管理法》中所规定的各种枪支，即以火药或者压缩气体等为动力，利用管状器具发射金属弹丸或者其他物质，足以致人伤亡或者丧失知觉的各种枪支。其种类包括：军用的手枪、步枪、冲锋枪和机枪，射击运动用的各种枪支，狩猎用的有线膛枪、散弹枪、火药枪，麻醉动物用的注射枪，以及能发射金属弹丸的气枪；还应包括自制的具有一定杀伤力的土枪、火药枪、钢珠枪等；不包括口径不超过 45 毫米的气步枪。具有枪支的基本结构但不能击发的，不是本罪对象的枪支。

"弹药"是指供枪支发射使用的足以致人伤亡或者丧失知觉的金属弹丸或者其他物质。

"爆炸物"是指雷管、炸药、炸弹、炮弹、地雷等能在瞬间爆发巨大能量而产生破坏力、杀伤力的物质或者装置。制造烟花、爆竹的火药是爆炸物，但是成品的烟花、爆竹不是爆炸物，燃烧瓶不属于爆炸物。

"非法"是指没有法律上的依据，也没有经国家有关主管部门的许可，私自制造、买卖、运输、邮寄、储存枪支、弹药、爆炸物的行为。具有生产爆炸物品资格的单位不按照规定的品种制造爆炸

物品，或者具有销售、使用爆炸物品资格的单位超过限额买卖爆炸物，也视为非法。"非法"，具有提示阻却违法性意义，即提示如果有许可则不具有非法性。

"制造"既包括制作也包括变造、装配。

"储存"是指明知是他人非法制造、买卖、运输、邮寄的枪支、弹药、爆炸物而为其存放的行为，对象是"他人"非法拥有的枪弹及爆炸物。

（二）认定与处罚

1. 根据《审理涉枪弹案解释》（2009）的规定，实施《刑法》第125条的行为，符合下列情形之一的，可以定罪：①军用枪支1支以上的；②非军用的火药枪1支以上或者气枪2支以上的；③手榴弹或爆炸装置1个以上的。达到前述立案标准5倍以上的，应认定为"情节严重"。

2. 酌情从轻、免除处罚的情形。根据《审理涉枪弹案解释》（2009），因筑路、建房、打井、整修宅基地和土地等正常生产、生活需要，以及因从事合法的生产经营活动而非法制造、买卖、运输、邮寄、储存爆炸物，数量达到《审理涉枪弹案解释》（2009）规定的定罪标准，没有造成严重社会危害，并确有悔改表现的，可依法从轻处罚；情节轻微的，可以免除处罚。

具有上述情形，数量虽达到《审理涉枪弹案解释》（2009）规定的"情节严重"标准的，也可以不认定为《刑法》第125条第1款规定的"情节严重"。

3. 可酌情不定罪处罚的情形。将私自制作的土枪出售，或者将体育运动用枪改装成火药枪的，应根据具体情况，区别对待：构成犯罪的，以非法制造、买卖枪支罪予以处罚；如果情节显著轻微危害不大的，则不以犯罪论处。

4. 选择的一罪。有非法制造、买卖、运输、邮寄、储存枪支、弹药、爆炸物行为或者对象之一的，就构成完整的一罪。但同时具有其中数行为的，如非法制造后又非法运输、出售的，或者行为涉及数个对象的，如既买卖枪支又买卖爆炸物的，也只构成一罪，不数罪并罚。罪名按照行为方式和对象确定，如既制造又买卖枪支、弹药的，罪名就是非法制造、买卖枪支、弹药罪，依此类推。

5. 本罪与违规制造、销售枪支罪的区别。关于如何认定制售枪支行为是"非法"还是"违规"。《刑法》第126条规定，依法被指定、确定的枪支制造企业、销售企业，违反枪支管理规定，有下列行为之一的，是违规制造、销售枪支行为：①以非法销售为目的，超过限额或者不按照规定的品种制造、配售枪支的；②以非法销售为目的，制造无号、重号、假号的枪支的；③非法销售枪支或者在境内销售为出口制造的枪支的。

对于上述制造、销售枪支的"违规"行为，依据《刑法》第126条定罪处罚，而不是非法制造、买卖枪支罪。

6. 行为人对于枪支性质的误解或认识不清。近年来，一方面，制造、网售的仿真枪、玩具枪花样翻新，吸引了很多爱好者、购买者；另一方面，根据2007年公安部实施的《枪支致伤力的法庭科学鉴定判据》的标准，"当所发射弹丸的枪口比动能大于或等于1.8焦耳/平方厘米时，一律认定为枪支"，"将鉴定临界值大幅度地降低到接近原有标准的1/10左右，枪支的司法认定标准和多数民众对枪支的认知相差悬殊，出现了大量被告人坚称行为对象是'玩具枪'，但因为行为对象被鉴定达到了新的认定标准而被以有关枪支犯罪的规定追究刑事责任的案件，司法裁判难以获得公众认同……应当阻却犯罪故意的成立"这一观点值得赞同。关于行为人自认为是玩具枪、仿真枪，不是"真枪"，这属于事实认识错误还是法律认识错误？应当认为是事实认识错误，可以阻却本罪的故意。虽然一般而言，对《刑法》第125条之"枪支"概念的误解属于法律构成要件概念的误解，属于法律认识错误。但是，是否"真枪"的认知并非纯法律概念的认知。"真枪"是普通百姓心目中打仗用的、火药发射砰砰响、一枪就能要命的"枪"，这种"真枪"玩不得。而很多仿真枪、玩具枪是气枪，配置的子弹就是些塑料弹丸，普通人很难将它们认作真枪。因此而产生的误解，具有事实认识错误的性质。人们拿到这样的仿真气枪，怎么看都认为不是真枪，经过专业检测之后因为达到了"大于或等于1.8焦耳/平方厘米"的标准，才确认为《刑法》第125条意义上的枪支。用这样的标准要求普通百姓，似乎过于严苛。

7. 有购买、使用、储存爆炸物资质的单位，违规超限量购买或储存或者变更使用地点自行搬运的，往往没有意识到行为具有《刑法》第125条意义的"非法"买卖、运输。虽然一般而言，法律认识错误不免责，但是鉴于《刑法》第125条之罪处罚严厉，厂矿企业因生产使用需要，擅自超量购买、储存或者搬运的数量往往

吴芝桥非法制造、买卖枪支、弹药案

很大，往往达到 10 年以上有期徒刑的幅度，对于这样的认识错误不免责、减责，不尽合理。

二、盗窃、抢夺枪支、弹药、爆炸物、危险物质罪（第 127 条第 1 款）

《刑法》第 127 条 盗窃、抢夺枪支、弹药、爆炸物的，或者盗窃、抢夺毒害性、放射性、传染病病原体等物质，危害公共安全的，处 3 年以上 10 年以下有期徒刑；情节严重的，处 10 年以上有期徒刑、无期徒刑或者死刑。

……

（一）概念、构成要件

本罪是指以非法占有为目的，盗窃、抢夺枪支、弹药、爆炸物、危险物质，危害公共安全的行为。

定罪量刑标准与非法制造、买卖、运输、邮寄、储存枪支、弹药、爆炸物罪相同。

（二）认定与处罚

1. 事实认识错误。行为人以盗窃财物的故意窃取了枪支、弹药但不知情的，不具有本罪的故意，属于不同构成要件的事实认识错误，对于所盗之枪支、弹药仅承担盗窃罪的责任。

2. 为实施其他犯罪而盗窃、抢夺枪支、弹药、爆炸物的，如果已经使用所盗窃、抢夺的枪支、弹药、爆炸物，即着手实行了其他犯罪的，不属于牵连犯，应当数罪并罚；如果行为人尚未着手实行其他犯罪的，是想象竞合犯，只需以本罪一罪处罚。

3. 与《刑法》第 438 条盗窃、抢夺武器装备、军用物资罪的区别：主体和对象不同。第 438 条之罪是"军职罪"，主体限于"现役军人"；对象限于枪支、弹药以外的"武器装备、军用物资"。军人盗窃或者抢夺部队的枪支、弹药、爆炸物的，以《刑法》第 127 条之盗窃、抢夺枪支、弹药、爆炸物罪论处。军人利用职务上的便利，盗窃自己经手、管理的军用物资，具备贪污罪基本特征的，应当以贪污罪论处。

三、非法持有、私藏枪支、弹药罪·非法出租、出借枪支罪（第 128 条）

《刑法》第 128 条 违反枪支管理规定，非法持有、私藏枪支、弹药的，处3年以下有期徒刑、拘役或者管制；情节严重的，处3年以上7年以下有期徒刑。

依法配备公务用枪的人员，非法出租、出借枪支的，依照前款的规定处罚。

依法配置枪支的人员，非法出租、出借枪支，造成严重后果的，依照第1款的规定处罚。

单位犯第2、3款罪的，对单位判处罚金，并对其直接负责的主管人员和其他直接责任人员，依照第1款的规定处罚。

（一）非法持有、私藏枪支、弹药罪

1. 概念、构成要件。本罪是指违反枪支管理规定，非法持有、私藏枪支、弹药的行为。

"非法持有"是指不符合配备、配置枪支、弹药条件的人员，违反枪支管理法律、法规的规定，擅自持有枪支、弹药的行为。

"私藏"是指依法配备、配置枪支、弹药的人员，在配备、配置枪支、弹药的条件消除后，违反枪支管理法律、法规的规定，私自藏匿所配备、配置的枪支、弹药且拒不交出的行为。因为受合法持有人委托，暂时代为保管枪支、弹药的，不属于非法持有、私藏枪支、弹药。

2. 认定与处罚。

（1）定罪。非法持有、私藏军用枪支或火药枪支1支或者气枪2支以上的，可以定罪。

（2）"情节严重"是指非法持有、私藏军用枪支2支或火药枪支2支以上或者气枪5支以上的。

（二）非法出租、出借枪支罪

1. 概念、构成要件。本罪是指，依法配备公务用枪的人员、单位非法出租、出借枪支，或者依法配置枪支的人员、单位非法出租、出借枪支并造成严重后果的行为。

"依法配备公务用枪的人员、单位"，是指依照《枪支管理法》第5条的规定，经有关部门批准配备公务用枪的人员、单位。该条第1、2款规定："公安机关、国家安全机关、劳动教养机关的人民警察，人民法院的司法警察，人民检察院的司法警察和担负案件侦查任务的检察人员，海关的缉私人员，在依法履行职责时确有必要使用枪支的，可以配备公务用枪。国家重要的军工、金融、仓储、科研等单位的专职守护、押运人员在执行守护、押运任务时确有必要使用枪支的,可以配备公务用枪。"

"依法配置枪支的人员、单位",是指依照《枪支管理法》第6条的规定,经有关部门批准配置民用枪支的人员和单位,如牧民、猎人配置的猎枪,运动员配置的射击运动用的枪支等。

根据《立案标准(一)》(2008)第5条第2款,具有下列情形之一的,视为"造成严重后果":①造成人员轻伤以上伤亡事故的;②造成枪支丢失、被盗、被抢的;③枪支被他人利用进行违法犯罪活动的;④其他造成严重后果的情形。"依法配备公务用枪的人员"非法出租、出借公务枪支的,不以造成严重后果为要件。

"造成严重后果"对依法配置枪支的人而言是构成要件,但不要求行为人对此有故意。

2. 认定与处罚。

(1) 本罪主体不包括"非法持有枪支"者。非法持有枪支者又非法出租、出借的,仍只以非法持有枪支罪论处。因为本罪的主体只能是依法配备、配置枪支的人员,不包括非法持有枪支者。

(2) 根据司法解释,非法将枪用作质押的,以非法出借枪支罪论处。接受枪支作质押的,以非法持有枪支罪论处。

四、丢失枪支不报罪(第129条)

《刑法》第129条 依法配备公务用枪的人员,丢失枪支不及时报告,造成严重后果的,处3年以下有期徒刑或者拘役。

(一)概念、构成要件

本罪是指依法配备公务用枪的人员,丢失枪支不及时报告,造成严重后果的行为。

"丢失枪支不及时报告"中的"不及时报告"是实行行为,即本罪是不作为犯。

根据《立案标准(一)》(2008)第6条的规定,"造成严重后果"主要指:丢失的枪支被他人使用造成人员轻伤以上伤亡事故,或者丢失的枪支被他人利用进行违法犯罪活动的。此后果不在本罪故意明知的范围内,即构成本罪不以对"造成严重后果"明知为必要。

(二)认定与处罚

本罪的故意内容是针对及时履行报告义务而言的,即行为人已知自己丢失了枪支却仍不履行及时报告的义务,放任枪支流失并威胁公共安全。因为不知自己的枪支已经丢失而没有及时报告的，不能构成本罪。行为人对自己丢失枪支和因丢失枪支所造成的严重后果，不得是故意的。行为人丢失枪支是由于过失还是由于不可预见或者不可抗拒的原因造成的，不影响本罪的成立。

第七节　造成重大事故危害公共安全的犯罪

一、交通肇事罪（第 133 条）

《刑法》第 133 条　违反交通运输管理法规，因而发生重大事故，致人重伤、死亡或者使公私财产遭受重大损失的，处 3 年以下有期徒刑或者拘役；交通运输肇事后逃逸或者有其他特别恶劣情节的，处 3 年以上 7 年以下有期徒刑；因逃逸致人死亡的，处 7 年以上有期徒刑。

（一）概念、构成要件

交通肇事罪，是指违反交通运输管理法规，因而发生重大事故，致人重伤、死亡或者使公私财产遭受重大损失的行为。

1. "违反交通运输法规，因而发生重大事故"根据《审理交通肇事刑案解释》（2000），是指下列情形之一：

（1）死亡 1 人或者重伤 3 人以上，负事故全部或者主要责任的。

（2）死亡 3 人以上，负事故同等责任的。

（3）造成公共财产或者他人财产直接损失，负事故全部或者主要责任，无能力赔偿数额在 30 万元以上的。

（4）交通肇事致 1 人以上重伤，负事故全部或者主要责任，并具有下列情形之一的，以交通肇事罪定罪处罚：①酒后、吸食毒品后驾驶机动车辆的；②无驾驶资格驾驶机动车辆的；③明知是安全装置不全或者安全机件失灵的机动车辆而驾驶的；④明知是无牌证或者已报废的机动车辆而驾驶的；⑤严重超载驾驶的；⑥为逃避法律追究逃离事故现场的。

2. "交通运输肇事后逃逸"，是指行为人在发生交通事故后，为逃避法律追究而逃跑的行为。据此，其包括两个要件：

（1）"逃跑"是指离开事故现场；没有离开事故现场的，不存在逃逸。

（2）"为逃避法律追究"是认定逃逸的实质条件。"判断是否属于逃逸的关键就在于准确认定肇事人离开现场的目的，如果离开现场的目的不是为了逃避法律追究，而是因惧怕受害人家属殴打而离开现场，或者因报案或抢救被害人需要而离开现场等，均不属于逃逸。"[1]交通肇事逃离现场后又投案自首的，能否认定"肇事逃逸"？认定标准仍然看行为人是否"为逃避法律追究"。如指导案例"孙贤玉交通肇事案"：

孙贤玉某日下午驾驶重型货车至某路口处，因违反交通信号灯规定行驶，与骑自行车行驶的张（该自行车后载徐）相撞，造成徐当场死亡、张受重伤。经公安机关事故责任认定，孙贤玉驾驶的机动车制动性能不符合要求，亦未定期进行安全技术检验，违反交通信号灯规定行驶，且采取措施不当导致事故发生，是本起交通事故的全部过错方，负事故的全部责任。孙贤玉肇事后，曾拨打电话报警，并将被害人张某扶至路边，后弃车离开现场。次日下午，孙贤玉向公安机关投案自首。

"如果肇事人'立即投案'，说明肇事人离开现场与'主动投案'两个行为之间具有密切的不可分割的连续性，反映出肇事人在主观上具有'接受法律追究'的意向，客观上也已经开始实施'接受法律追究'的行为，不应认定其'逃逸'；如果肇事人'逃离现场'后没有立即投案，而是经过一段时间后'事后投案'，则说明肇事人的'逃离'与'投案'分属两个独立的行为，这种'事后投案'不能成为否定其肇事后'逃逸'的理由。应认定为'逃逸'。至于是'立即投案'还是'事后投案'，应当根据投案路途远近、投案时间间隔长短等案件当时的客观情况，结合日常生活经验来认定。"[2]

实践中认定肇事逃逸的情形主要包括：①明知发生交通事故，交通事故当事人驾车或弃车逃离事故现场的；②交通事故当事人认为自己对事故没有责任，驾车驶离事故现场的；③交通事故当事人有酒后和无证驾车等嫌疑，报案后不履行现场听候处理义务，弃车

---

[1] "孙贤玉交通肇事案［第415号］"，载最高人民法院刑事审判第一、二、三、四、五庭主办：《刑事审判参考（2006年第6集·总第53集）》，法律出版社2007年版。

[2] "孙贤玉交通肇事案［第415号］"，载最高人民法院刑事审判第一、二、三、四、五庭主办：《刑事审判参考（2006年第6集·总第53集）》，法律出版社2007年版。

离开事故现场后又返回的；④交通事故当事人虽将伤者送到医院，但未报案且无故离开医院的；⑤交通事故当事人虽将伤者送到医院，但给伤者或家属留下假姓名、假地址、假联系方式后离开医院的；⑥交通事故当事人接受调查期间逃匿的；⑦交通事故当事人离开现场且不承认曾发生交通事故，但有证据证明其应知道发生交通事故的；⑧经协商未能达成一致或未经协商，给付赔偿的费用明显不足，交通事故当事人未留下本人真实信息，有证据证明其是强行离开现场的。

3. "有其他特别恶劣情节"，是指交通肇事具有下列情形之一的：①死亡2人以上或者重伤5人以上，负事故全部或者主要责任的；②死亡6人以上，负事故同等责任的；③造成公共财产或者他人财产直接损失，负事故全部或者主要责任，无能力赔偿数额在60万元以上的。

4. "因逃逸致人死亡"的要件应包括：①交通事故的被害人受伤；②肇事者有逃逸行为；③逃逸之后发生了死亡结果；④因逃逸而不救助（不作为）与死亡结果有因果关系。这意味着，由于逃逸，被害人既没有得到肇事者的救助，也没有得到其他人的救助，以致延误了宝贵的抢救时机而发生死亡结果。这涉及不救助（不作为）与死亡结果之间的因果关系判断。例如，李某在夜晚肇事后把受伤者送至某医院的急诊室外，为了逃避责任，并未将伤者直接送入急诊室抢救，而是将受伤者以坐姿倚放在急诊室外的一棵树干旁。受伤者直到2小时后才被发现，但已经死亡。这足以认定其逃逸行为与死亡结果之间存在因果关系，法院判决其构成交通肇事罪的结果加重犯（逃逸致人死亡）。

有逃逸行为但没有延误救助的，不成立逃逸致人死亡。例如，甲违章将乙撞倒后逃逸，路人见状报警，大约10分钟后，警察和救护车都赶到现场，将乙送往医院抢救，乙不治身亡。逃逸不救助对死亡结果究竟有多大的影响实在难以判断，或许因被害人伤势太重，即使肇事者当场施救，被害人也难免一死，或许若救助及时，被害人仍有生还希望。《审理交通肇事刑案解释》（2000）的措词是：逃逸"致使被害人因得不到救助而死亡"。这显然指被害人因既得不到肇事者也得不到其他人的救助而死亡。如果被害人获得及时救助仍然难免死亡，表明死亡结果与因逃逸而未救助行为之间没有因果关系，死亡仍属肇事的结果，不构成逃逸致人死亡。

此外,"有逃逸行为"是不可忽略的要件。有逃逸行为意味着肇事者认识到可能存在需要救助的被害人,若发生了逃逸致人死亡的结果,则证实其存在过失,这是归责的重要依据。假如行为人没有逃逸的行为,则不成立逃逸致死。例如,甲晚间驾驶一辆满载50吨渣土的卡车,在街角转弯处,车后轮将骑自行车的人撞倒,由于甲当时正在接听电话,加之车重,没有觉察到发生事故,所以如同没有发生事故一样驶离事故现场。甲没有发现或意识到发生事故而离开现场,不属于逃逸。由此产生一个效果,甲即使没有救助被害人也不存在过错,没有对其归责的根据。

(二)认定与处罚

1. 全面实行"客观归责",弃用自然的因果行为论和心理责任论。学说上对于认定过失犯罪的套路至今依然是:客观上分析行为、结果及其因果关系,主观上认定行为人对危害结果的过失心态。这种自然的因果行为论和心理责任论根本应付不了海量的交通肇事刑事案件,所以逐渐衰落。值得庆幸的是,司法实践找到了解决的方案,全面体现在《审理交通肇事刑案解释》(2000)之中,那就是客观归责。实践中,认定交通肇事罪,主要依据"行为之交通违章程度"来认定"事故责任大小",从而认定行为人是否成立犯罪以及罪责的轻重。例如,甲驾车将乙撞死,如果甲违章而乙没有违章,则甲全责;如果乙也违章但相对较轻,则甲负主要责任而乙负次要责任,这两种情况根据《审理交通肇事案解释》(2000),属于行为人致一人死亡并负事故全部责任或者主要责任的,应当追究刑事责任;对等责任或者次要责任的,不追究刑事责任。在此,全然没有单独的因果关系和过失心态的认定。这种客观归责的方法,有效地解决了认定过失的困难尤其是认定过失程度的困难,将主观过失及其程度的认定转化为客观违章程度的认定。其优势在于:①主观过失的认定客观化了,简单、可靠、高效;②行为与结果的自然因果关系判断转变为规范违反程度(即违章程度)与结果责任大小的判断,具有强烈的规范性;③促进公民遵守交通规则,发挥法律规范公民行为的作用;④有效地界分了交通违法与刑事犯罪的界限。例如,甲撞倒醉酒横穿公路的丙致伤后逃逸,就行为时的责任而言,丙负主要责任、甲负次要责任,但是甲因为逃逸而依法(规范)认定其负全责,又因丙确有过错而减轻甲的责任,甲负主要责任,丙负次要责任。随后,乙驾车碾压因伤躺路面的丙并致其死亡，按自然的因果律，是乙致丙死亡，但是，乙对丙死亡的责任远远小于甲。自然主义的因果关系理论和心理责任论很难合理解释这样的问题，而实践摸索的客观归责的做法有效地解决了这些难题。甲对丙的死亡负全责；乙若没有违章，则对丙的死亡不负责，若有观察不细的轻微违章行为，也仅负次要责任，不构成犯罪。得益于客观归责的解决方案，在我国高速进入汽车社会后，面对猛然增长的交通肇事案件，17年前制定的《审理交通肇事刑案解释》至今依然游刃有余。

2. "逃逸"与事故责任认定。

（1）"推定"全责：《道路交通安全法实施条例》（2004）第92条规定，发生交通事故后当事人逃逸的，逃逸的当事人承担全部责任。但是，有证据证明对方当事人也有过错的，可以减轻责任。当事人故意破坏、伪造现场、毁灭证据的，承担全部责任。

（2）交通肇事后逃逸或者有其他特别恶劣情节的，处3年以上7年以下有期徒刑；因逃逸致人死亡的，处7年以上15年以下有期徒刑。

3. "二次碾压"的责任认定。甲先驾车将被害人撞倒并离开，随后乙驾车经过并再次碰撞或碾压被害人，并最终发生了被害人死亡结果的，应分为三种情形探讨：

（1）甲的碰撞直接导致被害人死亡，应由甲单独承担交通肇事致死的刑事责任。具体而言：①因甲的行为构成交通肇事罪，故应承担事故全部责任；②乙再次碰撞或碾压的仅是尸体，由于侮辱尸体罪必须有主观上的故意，而乙主观上为过失，因此无罪。

（2）乙的碰撞或碾压直接导致被害人死亡：

第一，甲应承担交通肇事致人死亡的刑事责任。可分为两种情形：①甲撞倒被害人后，因未发现或意识到发生事故而离开现场，应承担交通肇事致人死亡的刑事责任。原因在于：首先，其行为导致被害人一直被置于马路中间的危险境地，与被害人死亡的结果存在因果关系；其次，乙的碰撞或碾压不属于异常的介入因素，不能中断因果关系。因为乙的行为造成损害结果的可能性未超过正常人的预期，且甲的前行为已经使死亡结果的发生具有极大的可能性，乙只是对死亡结果的发生起到推动作用。②甲撞倒被害人后，明知被害人受伤，因害怕承担责任而放任被害人躺在马路中间的危险境地，之后被害人遭到二次碾压并最终死亡的，甲属于"交通肇事后逃逸致人死亡"的加重犯。

李中海故意杀人案

第二，乙是否承担刑事责任，取决于其是否具有相应的预见义务和能力。这应当从事发道路的照明情况、途经该地的其他车辆是否采取规避措施等方面具体分析。如果不具备相应的预见义务和能力，则属于意外事件。

（3）无法确定哪一次碰撞导致被害人死亡，则甲应承担交通肇事致人死亡的刑事责任。根据"疑罪从无"原则，除非确有证据认定乙的行为构成犯罪，否则不能追究乙的刑事责任。

4. 交通肇事后，单位主管人员、机动车辆所有人、承包人或者乘车人指使肇事人逃逸，致使被害人因得不到救助而死亡的，以交通肇事罪的共犯论处。

5. 单位主管人员、机动车辆所有人或者机动车辆承包人指使、强令他人违章驾驶造成重大交通事故，以交通肇事罪定罪处罚。

6. 在交通肇事后为逃避法律追究，将被害人带离事故现场后隐藏或者遗弃，致使被害人无法得到救助而死亡或者严重残疾的，应当分别依照《刑法》第232条、第234条第2款的规定，以故意杀人罪或者故意伤害罪定罪处罚。例如，甲肇事后，把受伤者从路上拖到路下并藏于公路的涵洞里，被害人因无法得到救助于8小时后因失血过多而死亡，甲成立故意杀人罪。认定要点：①行为人实施了将被害人带离现场的遗弃或隐藏行为；②行为人将被害人置于无法得到救助的境地；③事实上发生了死亡或伤残结果；④遗弃或隐藏行为与死亡、伤残结果有因果关系。如果被害人已经死亡，则属于交通肇事后抛尸破坏现场的行为。为逃避法律责任而实施此行为的，属于肇事后逃逸。不过，带离现场抛弃的被害人是否已经死亡，也属于查证困难的问题。

7. 因隐藏、遗弃被害人而成立了故意杀人罪或故意伤害罪的，通常不需再论以交通肇事罪，即不必数罪并罚。因为，只有"一个"死亡结果，因该死亡结果已经作为故意杀人罪的结果处罚了，再作为交通肇事罪的结果处罚，存在一个死亡结果"两头沾"（既作为故意杀人罪结果，又作为交通肇事罪结果），是重复评价或处罚，不可接受。当然，如果存在多个死伤结果的，不排除数罪并罚。例如，甲驾车违章撞倒3人，2死1伤，甲将伤者带离现场隐藏，使其无法得到救助而死亡。对甲应当以故意杀人罪（致1人死亡）和交通肇事罪（致2人死亡）数罪并罚。这不存在重复评价的问题。

8. 交通肇事罪与其他过失犯罪的区别点：是否违反"交通运输法规"。在"公共交通管理的范围内"违反交通法规而发生重大交通事故的，以交通肇事罪论处。在公共交通管理范围之外因违反有关生产、操作规章而造成人身伤亡、财产损失，构成犯罪的，分别依照《刑法》第 134 条第 1 款重大责任事故罪等规定定罪处罚。如厂矿企业的作业车辆的驾驶人在厂区作业活动中违章造成重大事故的，以重大责任事故罪论处。

《道路交通安全法》（2011）第 77 条规定："车辆在道路以外通行时发生的事故，公安机关交通管理部门接到报案的，参照本法有关规定办理。"这一规定扩大了适用交通规则认定事故责任的范围，也就相应地扩大了交通肇事罪的范围。因此，仅根据案发场所来确定案件的性质的做法存在不足。这种情形的定性的实质根据是认定事故责任的规范，即不论车辆事故发生于何种场所，只要交通管理部门适用《道路交通安全法》认定事故责任，认为构成犯罪的，一律按照交通肇事罪认定处罚。如果不是或不能适用《道路交通安全法》认定事故车辆责任的，可以其他罪处罚。一般而言，适用有关生产安全规章认定责任的，以重大责任事故罪处罚；适用生活常理认定责任的，只能以过失致人死亡罪、过失致人重伤罪定罪处罚。在"实行公共交通管理的范围内"，通常适用交通规则确定事故责任，二者存在关联性。

9. 交通肇事罪与以危险方法危害公共安全罪的区别要点：如果故意使用驾车撞人的方法，在公共场所故意撞死、撞伤多人的，应定以危险方法危害公共安全罪。我国逐渐进入汽车社会后，深感"车祸猛于虎"，对于极端危险的驾驶方式渐趋采取严惩态度。《醉驾犯罪法律适用意见》（2009）指出："行为人明知饮酒驾车违法、醉酒驾车会危害公共安全，却无视法律、醉酒驾车，特别是在肇事后继续驾车冲撞，造成重大伤亡，说明行为人主观上对持续发生的危害结果持放任态度，具有危害公共安全的故意。对此类醉酒驾车造成重大伤亡的，按以危险方法危害公共安全罪定罪符合刑法规定。"另外，故意使用驾车的方式杀害、伤害特定人的，以故意杀人罪、故意伤害罪定罪处罚。

10. 量刑。《量刑指导意见》（2014）规定：①构成交通肇事罪的，可以在 2 年以下有期徒刑、拘役幅度内确定量刑起点。②肇事后逃逸或者有其他特别恶劣情节的，可以在 3~5 年有期徒刑幅度内确定量刑起点。③因逃逸致一人死亡的，可以在 7~10 年有期徒刑幅度内确定量刑起点。在量刑起点的基础上，可以根据事故责任、致人重伤、死亡的人数或者财产损失的数额以及逃逸等其他影响犯罪构成的犯罪事实增加刑罚量，确定基准刑。

《关于办理醉酒驾驶机动车刑事案件适用法律若干问题的意见》（2013）

二、危险驾驶罪（第 133 条之一）

《刑法》第 133 条之一　在道路上驾驶机动车，有下列情形之一的，处拘役，并处罚金：

（一）追逐竞驶，情节恶劣的；

（二）醉酒驾驶机动车的；

（三）从事校车业务或者旅客运输，严重超过额定乘员载客，或者严重超过规定时速行驶的；

（四）违反危险化学品安全管理规定运输危险化学品，危及公共安全的。

机动车所有人、管理人对前款第 3 项、第 4 项行为负有直接责任的，依照前款的规定处罚。

有前两款行为，同时构成其他犯罪的，依照处罚较重的规定定罪处罚。

（一）概念、构成要件

本罪是指在道路上驾驶机动车，有《刑法》第 133 条之一规定的危险驾驶情形之一的行为。

"道路"，根据《道路交通安全法》（2011）第 119 条第 1 项的规定，是指公路、城市道路和虽在单位管辖范围但允许社会机动车通行的地方，包括广场、公共停车场等用于公众通行的场所。无论单位对其管辖范围内的路段、停车场采取的管理方式是收费还是免费，车辆进出是否需要登记，只要允许不特定的社会车辆自由通行，就属于道路。

"机动车"，是指以动力装置驱动或者牵引，在道路上行驶的供人员乘用或者用于运送物品以及进行工程专项作业的轮式车辆。驾驶非机动车不构成本罪。"非机动车"，是指以人力或者畜力驱动，在道路上行驶的交通工具，以及虽有动力装置驱动但设计最高时速（20 公里以下）、空车质量、外形尺寸符合有关国家标准的残疾人机动轮椅车、电动自行车等交通工具。根据有关的指导判例，对于时速设计超标的电动自行车，也应当认定为非机动车。

1. "追逐竞驶",是指驾驶机动车非法竞速或追逐。如指导判例张纪伟、金鑫危险驾驶案。

"情节恶劣",根据该指导判例,是指追逐竞驶虽未造成人员伤亡或财产损失,但综合考虑超过限速、闯红灯、强行超车、抗拒交通执法等严重违反道路交通安全法的行为,足以威胁他人生命、财产安全的情形。

追逐竞驶不以超限速为必要。因为在车辆拥挤时,为追逐竞驶而在车流中高速曲线行使同样危险。在道路上以计时方式竞速(比赛速度),虽然在道路上没有其他竞赛目标车辆行驶,也应当视为追逐竞驶。

2. "醉酒"(驾驶机动车)是指血液中酒精含量达到 80mg/100ml 以上。

3. 违反危险化学品安全管理规定运输危险化学品,"危及公共安全的"。本项规定应为具体危险犯。

(二)认定与处罚

1.《量刑指导意见(二)》(2017)指出:对于醉酒驾驶机动车的被告人,应当综合考虑被告人的醉酒程度、机动车类型、车辆行驶道路、行车速度、是否造成实际损害以及认罪悔罪等情况,准确定罪量刑。对于情节显著轻微危害不大的,不予定罪处罚;犯罪情节轻微不需要判处刑罚的,可以免予刑事处罚。

2. 危险驾驶同时构成其他犯罪的,依照处罚较重的规定定罪处罚。

(1)危险驾驶致人重伤死亡或造成严重财产损失达到交通肇事罪的定罪标准的,以交通肇事罪定罪处罚。

(2)危险驾驶致人重伤、死亡,且对致人重伤、死亡的结果达到故意程度的,可以成立《刑法》第 115 条之以其他危险方法危害公共安全罪。"故意"的内容是(行为人)对"致人死伤结果"的认知,而非对"醉酒驾驶"的认知。认定行为人达到故意程度的关键在于醉酒驾驶肇事之后,其后续行为又连续肇事并造成新的损害结果。

3.《刑法》第 133 条之一(危险驾驶罪)是《刑法》第 133 条(交通肇事罪)的特别类型(不以发生重大交通事故为要件),《刑法》第 133 条是《刑法》第 115 条第 2 款(过失以危险方法危害公共安全罪)的特殊类型。《刑法》第 133 条、第 133 条之一不是第 114 条、第 115 条(故意)以其他危险方法危害公共安全罪的特别类型。因此，飙车、醉驾没有逾越危险驾驶范围的，只能适用《刑法》第133条之一，不能适用《刑法》第114条。造成致人死伤的，通常是交通肇事罪。只有足以认定对致人死伤结果成立故意的，才能定以其他危险方法危害公共安全罪。醉酒驾驶、追逐竞驶致人死伤的应当成立以其他危险方法危害公共安全罪，这种观点是错误的。

三、重大责任事故罪（第134条）

《刑法》第134条 在生产、作业中违反有关安全管理的规定，因而发生重大伤亡事故或者造成其他严重后果的，处3年以下有期徒刑或者拘役；情节特别恶劣的，处3年以上7年以下有期徒刑。

（一）概念、构成要件

本罪是指，在生产、作业中违反有关安全管理的规定，因而发生重大伤亡事故或者造成其他严重后果的行为。

《刑法修正案（六）》取消了《刑法》原第134条中"工厂、矿山、林场、建筑企业或者其他企业、事业单位的职工"的限制，表明任何单位的业务活动，包括正规单位和不正规单位，如个体、包工头组织的生产、作业；任何人从事的业务活动，包括有证和无证的生产、作业人员，都属于本条的"生产、作业"活动。此处，还包括直接的生产、作业活动和生产、作业的管理、指挥活动。《办理危害生产安全刑案解释》（2015）规定，对生产、作业负有组织、指挥或者管理职责的负责人、管理人员、实际控制人、投资人等人员的职务活动，也属于生产、作业范围。

"违反有关安全管理的规定"是本罪的行为特征，也是认定事故责任的依据。

根据《立案标准（一）》（2008）第8条，"重大伤亡事故"是指造成死亡1人或者重伤3人以上。"其他严重后果"是指造成直接经济损失50万元以上，或者发生矿山生产安全事故，造成直接经济损失100万元以上的。因为本罪是基本型，所以其他事故型或业务过失犯罪，如强令违章冒险作业罪、危险物品肇事罪、重大劳动安全责任事故罪等，其结果要件可参照本罪的标准予以掌握。

《刑法》第134条中的"情节特别恶劣"，在审判实践中一般是指：经常违反规章制度，屡教不改的；造成伤亡人数多、直接经济损失数额特别巨大的；曾多次发生事故不吸取教训，继续蛮干、胡干的；重大事故发生后，贪生怕死，只顾个人利益，不组织抢救，使危害后果蔓延、扩大的；为逃避责任，伪造或者破坏现场，嫁祸于人的；等等。

（二）认定与处罚

1. 本罪与强令违章冒险作业罪的区别：重大责任事故是"本人"违章冒险作业造成事故，或组织、指挥、管理者非因"强令他人违章冒险作业"造成重大事故的等。如果组织、指挥、管理者因"强令他人违章冒险作业"而造成重大责任事故，则是强令违章冒险作业罪。"强令"是指足以使他人不得不违心冒险继续生产、作业，比如，对工人表示，如果拒绝服从，会面临扣工资、扣奖金、炒鱿鱼等后果，使工人产生了心理畏惧，不得不继续工作。如果发生重大伤亡事故或其他严重后果，应当追究强令违章作业的人的刑事责任，而不是被强令违章作业的工人的刑事责任。

2. 本罪与失火罪、过失爆炸罪的界限：是否属于业务过失。造成火灾、爆炸后果的重大责任事故罪与失火罪、过失爆炸罪相近，都属于过失犯罪，都造成了重大的火灾、爆炸后果。区别在于：重大责任事故罪是在生产作业活动中，由于违反规章制度而造成了后果是火灾、爆炸的责任事故；而后者是在日常生活中由于用火、用电不慎而发生火灾、爆炸的，与生产、作业活动无关。简而言之，前者是业务过失犯罪；后者是普通过失犯罪。例如，某国有大型林场职工在作业中失火，属于业务过失，被认定为重大责任事故罪。再如，洛阳某商厦失火烧死三百余人案，是因为工人在装修施工过程中违反规章，造成电焊焊渣掉入易燃物质中引起火灾，被认定为重大责任事故罪。

重大责任事故罪的认定

3. 本罪与危险物品肇事罪的区别要点：是否违反危险物品管理规定。厂矿企业职工因为违反有关危险品的生产、运输、使用的管理规定而造成责任事故的，应当以危险物品肇事罪处理。二者发生竞合时，通常优先适用危险物品肇事罪的规定定罪处罚。

四、不报、谎报安全事故罪（第 139 条之一）

《刑法》第 139 条之一　在安全事故发生后，负有报告职责的人员不报或者谎报事故情况，贻误事故抢救，情节严重的，处 3 年以下有期徒刑或者拘役；情节特别严重的，处 3 年以上 7 年以下有期徒刑。

本罪是指，在安全事故发生后，负有报告职责的人员不报或者谎报事故情况，贻误事故抢救，情节严重的行为。

其他人（如现场作业的普通工人）不属于本罪意义上的负有报告职责的人员。

（一）概念、构成要件

"负有报告职责的人员"，根据《办理危害生产安全刑案解释》（2015）[1]，是指负有组织、指挥或者管理职责的管理人员、实际控制人、投资人，以及其他负有报告职责的人员。

根据《办理危害生产安全刑案解释》（2015）第8条的规定，在安全事故发生后，负有报告职责的人员不报或者谎报事故情况，贻误事故抢救，具有下列情形之一的，应当认定为"情节严重"：其一，导致事故后果扩大，增加死亡1人以上，或者增加重伤3人以上，或者增加直接经济损失100万元以上的；其二，实施下列行为之一，致使不能及时有效开展事故抢救的：①决定不报、迟报、谎报事故情况或者指使、串通有关人员不报、迟报、谎报事故情况的；②在事故抢救期间擅离职守或者逃匿的；③伪造、破坏事故现场，或者转移、藏匿、毁灭遇难人员尸体，或者转移、藏匿受伤人员的；④毁灭、伪造、隐匿与事故有关的图纸、记录、计算机数据等资料以及其他证据的；其三，其他情节严重的情形。

（二）认定与处罚

《办理危害生产安全刑案解释》（2015）规定：

1. "情节特别严重"，具有下列情形之一的，应认定为"情节特别严重"：①导致事故后果扩大，增加死亡3人以上，或者增加重伤10人以上，或者增加直接经济损失500万元以上的；②采用暴力、胁迫、命令等方式阻止他人报告事故情况，导致事故后果扩大的；③其他情节特别严重的情形。

2. 在安全事故发生后，与负有报告职责的人员串通，不报或者谎报事故情况，贻误事故抢救，情节严重的，以本罪之共犯论处。

3. 在安全事故发生后，直接负责的主管人员和其他直接责任人员故意阻挠开展抢救，导致人员死亡或者重伤，或者为了逃避法律追究，对被害人进行隐藏、遗弃，致使被害人因无法得到救助而

---

[1]《最高人民法院、最高人民检察院关于办理危害生产安全刑事案件适用法律若干问题的解释》。

死亡或者重度残疾的，分别依照《刑法》第232条、第234条的规定，以故意杀人罪或者故意伤害罪定罪处罚。

第二章思考题

1. 论危害公共安全罪的概念与特征。
2. 论以危险方法危害公共安全罪的概念与特征。
3. 论交通肇事罪的概念与特征。
4. 论危险驾驶罪的概念与特征。
5. 论重大责任事故罪的罪与非罪的界限。

第二章思考题
参考答案

第三章　破坏社会主义市场经济秩序罪

本章知识结构图

破坏社会主义市场经济罪 ｛ 生产、销售伪劣商品罪
走私罪
妨害对公司、企业的管理秩序罪
破坏金融管理秩序罪、金融诈骗罪
危害税收征管罪
侵犯知识产权罪
扰乱市场秩序罪

第一节　生产、销售伪劣商品罪

一、生产、销售伪劣产品罪（第140条）

《刑法》第140条　生产者、销售者在产品中掺杂、掺假，以假充真，以次充好或者以不合格产品冒充合格产品，销售金额5万元以上不满20万元的，处2年以下有期徒刑或者拘役，并处或者单处销售金额50%以上2倍以下罚金；销售金额20万元以上不满50万元的，处2年以上7年以下有期徒刑，并处销售金额50%以上2倍以下罚金；销售金额50万元以上不满200万元的，处7年以上有期徒刑，并处销售金额50%以上2倍以下罚金；销售金额200万元以上的，处15年有期徒刑或者无期徒刑，并处销售金额50%以上2倍以下罚金或者没收财产。

（一）概念、构成要件

本罪是指，生产者、销售者在产品中掺杂、掺假，以假充真，以次充好或者以不合格产品冒充合格产品，销售金额较大的行为。

"在产品中掺杂、掺假"，是指在产品中掺入杂质或者异物，致使产品质量不符合国家法律、法规或者产品明示质量标准规定的

质量要求，降低、失去其应有的使用性能。

"以假充真"，是指以不具有某种使用性能的产品冒充具有该种使用性能的产品。

"以次充好"，是指以低等级、低档次产品冒充高等级、高档次产品，或者以残次、废旧零配件组合、拼装后冒充正品或者新产品。

"不合格产品"，是指不符合《产品质量法》第 26 条第 2 款规定的质量要求的产品。该条第 2 款规定："产品质量应当符合下列要求：①不存在危及人身、财产安全的不合理的危险，有保障人体健康和人身、财产安全的国家标准、行业标准的，应当符合该标准；②具备产品应当具备的使用性能，但是，对产品存在使用性能的瑕疵作出说明的除外；③符合在产品或者其包装上注明采用的产品标准，符合以产品说明、实物样品等方式表明的质量状况。"不符合上述要求的产品，即属不合格产品。对上述行为及其产品的性质难以确定时，则应当委托法律、行政法规规定的产品质量检验机构进行鉴定。有关判例如王洪成生产、销售伪劣产品案。

"销售金额"，是指生产者、销售者出售伪劣产品后所得和应得的全部违法收入。伪劣产品尚未销售，货值金额达到《刑法》第 140 条规定的销售金额 3 倍以上的，以生产、销售伪劣产品罪（未遂）定罪处罚。货值金额以违法生产、销售的伪劣产品的标价计算；没有标价的，按照同类合格产品的市场中间价格计算。货值金额难以确定的，按照《扣押、追缴、没收物品估价管理办法》的规定，委托指定的估价机构确定。多次实施生产、销售伪劣产品行为，未经处理的，伪劣产品的销售金额或者货值金额累计计算。

"销售金额 20 万元以上""销售金额 50 万元以上""销售金额 200 万元以上"是（情节）加重犯。

（二）认定与处罚

1. 销售金额不足 5 万元的，不构成生产、销售伪劣产品罪，属于一般违法行为，可以由工商行政部门适当给予行政处罚。

2. 共犯。知道或者应当知道他人实施生产、销售伪劣商品犯罪，而为其提供贷款、资金、账号、发票、证明、许可证件，或者提供生产、经营场所或者运输、仓储、保管、邮寄等便利条件，或者提供制假生产技术的，以生产、销售伪劣商品犯罪的共犯论处。

生产、销售伪劣商品罪相关司法解释、《刑事审判参考》目录索引

3.《刑法》第140条（生产、销售伪劣产品罪）是本节之罪的"一般性"规定。仅以"销售额"（5万元以上）为要件，凡生产、销售伪劣产品，销售额达到5万元以上的，不问有无人身伤害的危险或结果，亦不拘何种伪劣产品，皆可构成第140条之罪。如果同时构成第141~148条规定的"特殊"伪劣商品犯罪的，根据第149条的规定择一重罪定罪处罚。

4. 生产、销售伪劣产品，同时构成侵犯知识产权、非法经营等其他犯罪的，依照处罚较重的规定定罪处罚。犯本罪，又以暴力、威胁方法抗拒查处，构成其他犯罪的，依照数罪并罚的规定处罚。

二、生产、销售假药罪（第141条）

《刑法》第141条 生产、销售假药的，处3年以下有期徒刑或者拘役，并处罚金；对人体健康造成严重危害或者有其他严重情节的，处3年以上10年以下有期徒刑，并处罚金；致人死亡或者有其他特别严重情节的，处10年以上有期徒刑、无期徒刑或者死刑，并处罚金或者没收财产。

本条所称假药，是指依照《药品管理法》的规定属于假药和按假药处理的药品、非药品。

（一）概念、构成要件

本罪是指，生产、销售假药的行为。

根据《药品管理法》第48条第2、3款的规定，"假药"是指：①药品所含成分与国家药品标准规定的成分不符的；②以非药品冒充药品或者以他种药品冒充此种药品的。"按假药处理的药品"是指：①国务院药品监督管理部门规定禁止使用的；②依照本法必须批准而未经批准生产、进口，或者依照本法必须检验而未经检验即销售的；③变质的；④被污染的；⑤使用依照本法必须取得批准文号而未取得批准文号的原料药生产的；⑥所标明的适应症或者功能主治超出规定范围的。上述假药限于供人服用的假药，不包括兽药。以某种兽药冒充人用药品出售的，应以本罪论处。

"生产"（假药）是指非法制造、加工假药的行为。根据《办理危害药品安全刑案解释》（2014）第6条的规定，本罪之"生产"是指下列行为之一：①合成、精制、提取、储存、加工炮制药品原料的行为；②将药品原料、辅料、包装材料制成成品过程中，

进行配料、混合、制剂、储存、包装的行为；③印制包装材料、标签、说明书的行为。

"销售"（假药），是指将自己生产或他人生产的假药非法出售（批发或零售）的行为。生产和销售虽有联系但并不相同，行为人可能只生产假药而不销售假药，也可能只销售假药而不生产假药，只要生产或销售具备其一，即可构成生产假药罪或销售假药罪。如果行为人既生产又销售的，则构成生产、销售假药罪，不实行数罪并罚。

医疗机构、医疗机构工作人员明知是假药、劣药而有偿提供给他人使用，或者为出售而购买、储存的行为，是本罪之"销售"。

"对人体健康造成严重危害"，是指生产、销售的假药被使用后，造成轻伤以上伤害，或者轻度残疾、中度残疾，或者器官组织损伤导致一般功能障碍或者严重功能障碍，或者有其他严重危害人体健康情形。

"对人体健康造成特别严重危害"，是指生产、销售的假药被使用后，致人重度残疾，3人以上重伤、3人以上中度残疾或者器官组织损伤导致严重功能障碍，10人以上轻伤、5人以上轻度残疾或者器官组织损伤导致一般功能障碍，或者有其他特别严重危害人体健康情形的。

（二）认定与处罚

1. 行为人实施了生产、销售假药的行为，即可成立犯罪。《刑法》第141条原规定以"足以危害人体健康"为要件，经《刑法修正案（八）》修正，删除了此危险要件，表明本罪是行为犯或抽象危险犯，不以发生实害结果和具体危险为要件。不过，根据《办理危害药品安全刑案解释》，销售少量根据民间传统配方私自加工的药品，或者销售少量未经批准进口的国外、境外药品，没有造成他人伤害后果或者延误诊治，情节显著轻微，危害不大的，不认为是犯罪。有案例认为，患者为自用而"团购"未经批准进口的国外、境外药品或者不具有营利性目的地帮助其他患者购买未经批准进口的国外、境外药品的，不以销售假药罪或非法经营罪追究刑事责任。如"陆勇涉嫌销售假药被撤诉案"。

陆勇涉嫌销售假药被撤诉案

2. 本罪与《刑法》第142条生产、销售劣药罪的区别。"劣药"是指药品成分的含量不符合国家标准的药品。下列药品以劣药论处：①未标明有效期或者更改有效期的；②不注明或者更改生产批号的;③超过有效期的;④直接接触药品的包装材料和容器未经批准的;⑤擅自添加着色剂、防腐剂、香料、矫味剂及辅料的;⑥其他不符合药品标准规定的。构成生产销售劣药罪以造成轻伤结果为要件,是典型"结果犯";而生产销售假药罪不以造成危害身体健康的危险和结果为要件,是典型"形式犯"(行为犯)。

三、生产、销售有毒、有害食品罪(第144条)

《刑法》第144条 在生产、销售的食品中掺入有毒、有害的非食品原料的,或者销售明知掺有有毒、有害的非食品原料的食品的,处5年以下有期徒刑,并处罚金;对人体健康造成严重危害或者有其他严重情节的,处5年以上10年以下有期徒刑,并处罚金;致人死亡或者有其他特别严重情节的,依照本法第141条的规定处罚。

(一)概念、构成要件

本罪是指,在生产、销售的食品中掺入有毒、有害的非食品原料的,或者销售明知掺有有毒、有害的非食品原料的食品的行为。

根据《办理危害食品安全刑案解释》(2013)第20条,"有毒、有害的非食品原料"是指下列物质:①法律、法规禁止在食品生产经营活动中添加、使用的物质;②国务院有关部门公布的《食品中可能违法添加的非食用物质名单》《保健食品中可能非法添加的物质名单》上的物质;③国务院有关部门公告禁止使用的农药、兽药以及其他有毒、有害物质;④其他危害人体健康的物质。

"生产、销售",根据《办理危害食品安全刑案解释》第9条,包括三种情形:①在食品加工、销售、运输、贮存等过程中,掺入有毒、有害的非食品原料,或者使用有毒、有害的非食品原料加工食品的;②在食用农产品种植、养殖、销售、运输、贮存等过程中,使用禁用农药、兽药等禁用物质或者其他有毒、有害物质的;③在保健食品或者其他食品中非法添加国家禁用药物等有毒、有害物质的。

"掺入",不仅包括将有毒、有害的非食品原料加入到生产、销售的食品中,而且包括把这些有毒、有害的非食品原料直接当作食品或者食品原料出售的行为。"食品"根据本罪的特点应作广义理解,指供人食用的东西,不以适合人食用为必要。

"对人体健康造成严重危害",是指生产、销售的有毒、有害食品被食用后,造成轻伤、重伤或者其他严重后果。

"对人体健康造成特别严重危害",是指生产、销售的有毒、有害食品被食用后,致人严重残疾,或导致3人以上重伤、10人以上轻伤或者造成其他特别严重后果的。

(二)认定与处罚

1. 有关部门禁止在食品中添加或加工使用的物质,不能等同于"有毒、有害物质"。例如,有关部门规章禁止6-苄基嘌呤、赤霉素等物质用于食品添加、加工。有人在生产豆芽时使用,但其安全性尚无结论。因不能证实其有毒、有害,所以不能以本罪论处。用量超标造成中毒的,可以按照生产、销售不符合安全标准食品处理。[1]

2. 本罪是行为犯,行为人实施了生产、销售有毒、有害食品的行为,通常可构成犯罪。犯罪应有较严重的社会危害性,因此,如果情节显著轻微危害不大的,不认为是犯罪。如偶尔售卖少量含有"伟哥"成分的性保健品的。

3. 根据《最高人民法院、最高人民检察院、公安部关于依法严惩"地沟油"犯罪活动的通知》,对于利用"地沟油"生产"食用油"的,或明知是利用"地沟油"生产的"食用油"而予以销售的,以本罪论处。认定是否"明知",应当结合犯罪嫌疑人、被告人的认知能力,犯罪嫌疑人、被告人及其同案人的供述和辩解,证人证言,产品质量,进货渠道及进货价格、销售渠道及销售价格等主、客观因素予以综合判断。"地沟油"是指餐厨垃圾、废弃油脂、各类肉及肉制品加工废弃物等非食品原料。

4. 根据《办理药品刑案解释》(2002),使用盐酸克仑特罗(俗称"瘦肉精")等禁止在饲料和动物饮用水中使用的药品或者含有该类药品的饲料养殖供人食用的动物,或者销售明知是使用该类药品或者含有该类药品的饲料养殖的供人食用的动物的,或者明知是使用盐酸克仑特罗等禁止在饲料和动物饮用水中使用的药品或者含有该类药品的饲料养殖的供人食用的动物,而提供屠宰等加工服务,或者销售其制品的,以本罪追究刑事责任。据此,本罪食品也包括活的供人食用的动物。

---

[1] 苗有水:"经济犯罪审判实务的几个问题",安徽省高级人民法院2015年举办的刑事审判业务培训班授课讲稿。

5. 本罪与生产、销售不符合安全标准的食品罪的界限。二者在犯罪客体、主体、主观方面等存在相同或相似之处，区别在于：①生产、销售的食品的性质不同。"有毒、有害的非食品原料"，包括本身就不是食品的物质，如用工业酒精甲醇兑制假白酒，也包括在食品中掺入有毒、有害的物质，如白酒中加敌敌畏冒充茅台酒，使用工业用油加工饼干、糕点等。而不符合食品安全标准的食品，则通常是因为食品的物质本身变质而产生毒害。②前者是行为犯，只要实施了生产、销售有毒、有害食品的行为，即构成犯罪；后者是危险犯，除了实施生产、销售不符合安全标准的食品的行为外，还要足以造成严重食物中毒或者其他严重食源性疾病，犯罪才能成立。

6. 本罪与投放危险物质罪的界限。二者的区别在于：①客观方面不同。前者在客观方面表现为在生产、销售的食品中掺入有毒、有害的非食品原料的行为；后者除在食品中投放危险物质外，还可能在其他场合（如公共饮用水源、河流等）投放危险物质。②主体不同。前者的犯罪主体是已满16周岁具有刑事责任能力的自然人，并且可以是单位；后者的犯罪主体是已满14周岁具有刑事责任能力的自然人，不包括单位。③主观方面不完全相同。虽然二者都是故意犯罪，但前者主观上往往是为了使食品降低成本、增大利润而实施其行为；后者往往是出于追求其他目的而投放危险物质。

7. 生产、销售不符合食品安全标准的食品添加剂，用于食品的包装材料、容器、洗涤剂、消毒剂，或者用于食品生产经营的工具、设备等，构成犯罪的，依照《刑法》第140条以生产、销售伪劣产品罪定罪处罚。

8. ①以提供给他人生产、销售食品为目的，违反国家规定，生产、销售国家禁止用于食品生产、销售的非食品原料，情节严重，依照《刑法》第225条以非法经营罪定罪处罚。②违反国家规定，生产、销售国家禁止生产、销售、使用的农药、兽药、饲料、饲料添加剂，或者饲料原料、饲料添加剂原料，情节严重的，依照《刑法》第225条以非法经营罪定罪处罚。③实施前述①和②的行为，同时又构成生产、销售伪劣产品罪，生产、销售伪劣农药、兽药罪等其他犯罪的，依照处罚较重的规定定罪处罚。

9. 共犯。明知他人生产、销售不符合食品安全标准的食品，或有毒、有害食品，具有下列情形之一的，以共犯论处：①提供资金、贷款、账号、发票、证明、许可证件的；②提供生产、经营场所或者运输、贮存、保管、邮寄、网络销售渠道等便利条件的；③提供生产技术或者食品原料、食品添加剂、食品相关产品的；④提供广告等宣传的。

负有食品安全监督管理职责的国家机关工作人员与他人共谋，利用其职务行为帮助他人实施危害食品安全犯罪行为，同时构成渎职犯罪和危害食品安全犯罪共犯的，依照处罚较重的规定定罪处罚。

例题 甲将邻居交售粮站的稻米淋洒农药，取出部分作饵料，毒死麻雀后售与饭馆，非法获利 5000 元。甲行为该当何罪？

答案：构成投放危险物质罪和销售有毒、有害食品罪。

解答：在"交售粮站"的稻米（食品）上淋洒农药，有公共危险性，构成投放危险物质罪。将中毒死麻雀当作食品售与饭馆，另成立销售有毒、有害食品罪。食品不以经加工为必要。

第二节　走私罪——走私普通货物、物品罪（第 153 条）

《刑法》第 153 条　走私本法第 151 条、第 152 条、第 347 条规定以外的货物、物品的，根据情节轻重，分别依照下列规定处罚：

（一）走私货物、物品偷逃应缴税额较大或者一年内曾因走私被给予 2 次行政处罚后又走私的，处 3 年以下有期徒刑或者拘役，并处偷逃应缴税额 1 倍以上 5 倍以下罚金。

（二）走私货物、物品偷逃应缴税额巨大或者有其他严重情节的，处 3 年以上 10 年以下有期徒刑，并处偷逃应缴税额 1 倍以上 5 倍以下罚金。

（三）走私货物、物品偷逃应缴税额特别巨大或者有其他特别严重情节的，处 10 年以上有期徒刑或者无期徒刑，并处偷逃应缴税额 1 倍以上 5 倍以下罚金或者没收财产。

单位犯前款罪的，对单位判处罚金，并对其直接负责的主管人员和其他直接责任人员，处 3 年以下有期徒刑或者拘役；情节严重的，处 3 年以上 10 年以下有期徒刑；情节特别严重的，处 10 年以上有期徒刑。

对多次走私未经处理的，按照累计走私货物、物品的偷逃应缴税额处罚。

（一）概念、构成要件

本罪是指，逃避海关监管，走私普通货物、物品偷逃应缴税额较大或者一年内曾因走私被给予二次行政处罚后又走私的行为。

"走私"，是指违反海关法规，逃避海关监管，运送物品出入国（边）境的行为。《刑法》第154条规定，下列行为属于《刑法》第153条规定的走私：

1. 未经海关许可并且未补缴应缴税额，擅自将批准进口的来料加工、来件装配、补偿贸易的原材料、零件、制成品、设备等保税货物，在境内销售牟利的；

2. 未经海关许可并且未补缴应缴税额，擅自将特定减税、免税进口的货物、物品，在境内销售牟利的。

《刑法》第155条规定，下列行为属于《刑法》第153条规定的走私：

1. 直接向走私人非法收购国家禁止进口物品的，或者直接向走私人非法收购进口的其他货物、物品，数额较大的；

2. 在内海、领海、界河、界湖运输、收购、贩卖国家禁止进出口物品的，或者运输、收购、贩卖国家限制进出口货物、物品，数额较大，没有合法证明的。

"应缴税额数额较大""应缴税额"，是指进出口货物、物品应当缴纳的进出口关税和进口环节海关代征税的税额。"数额较大"一般为5万元。走私货物、物品所偷逃的应缴税额，应当以走私行为案发时所适用的税则、税率、汇率和海关审定的完税价格计算，并以海关出具的证明为准。

（二）认定与处罚

1. 法条竞合时，特别规定优先。在走私普通货物、物品罪之外，《刑法》第151、152、347条专门规定有走私武器、弹药罪，走私核材料罪，走私假币罪，走私文物罪，走私贵重金属罪，走私珍贵动物及其制品罪，走私国家禁止进出口的货物、物品罪，走私淫秽物品罪，走私废物罪，走私毒品罪。由此可见，"走私罪"实为包含10个罪名的一类犯罪。走私普通、货物物品罪则是走私前述禁限物品之外的走私罪。在法律适用上，特别规定优先，如走私淫秽物品的，以走私淫秽物品罪定罪处罚。

2. 想象竞合时，择一重罪处断。根据《办理走私刑案解释》(2010) 第 21 条，如果未经许可（"逃证"）进出口国家限制进出口的货物、物品，依照《刑法》第 151 条、第 152 条以走私国家禁止进出口的货物、物品罪等罪名定罪处罚。禁止进出口货物、物品包括绝对禁止和相对禁止两种，司法解释在此将"限制"进出口物品视为"相对禁止"进出口物品。例如，部分驯养繁殖的野生动植物及其制品在经国务院行政主管部门批准并取得证明书的情况下可以合法进出口的，但是如果未经国家有关部门批准并取得相应进出口证明的，则属于走私国家禁止进出口物品的性质。使用他人许可证进出口国家限制进出口的货物、物品的，应认定为未经许可走私国家禁止进出口货物、物品。如果该"逃证"走私"限制"进出口物品的行为同时偷逃应缴税额（逃税）数额较大，又构成走私普通货物、物品罪的，即"既逃证又逃税"的，依照处罚较重的规定定罪处罚。

3. 数罪并罚。在走私的普通货物、物品或者废物中藏匿《刑法》第 151 条（枪支弹药等）、第 152 条（淫秽物品）、第 347 条（毒品）、第 350 条（制毒物品）规定的货物、物品，构成犯罪的，以实际走私的货物、物品定罪处罚；构成数罪的，实行数罪并罚。

4. 认识错误。实际走私武器弹药、淫秽物品等禁止进出口物品，但仅有走私普通货物物品故意的，仅成立走私普通货物、物品罪。例如，甲误将淫秽光盘当作普通光盘走私入境，虽不构成走私淫秽物品罪，但如按照普通光盘计算，其偷逃应缴税额较大时，应认定为走私普通货物、物品罪。

5. 既遂。《办理走私刑案解释》(2010) 第 23 条规定，实施走私犯罪，具有下列情形之一的，应当认定为犯罪既遂：①在海关监管现场被查获的。海关监管现场既包括通关场所，也包括绕关场所，不管是通关还是绕关走私，凡是在海关监管现场被查获的，均按犯罪既遂处理。海关监管现场不仅包括海关监管区（例如海关查验关口、专设的监管货场），也包括其他海关有权执法的地域空间。②以虚假申报方式走私，申报行为实施完毕的。"实施完毕"的判断不受是否进入查验环节、查验是否通过的影响，且实施申报行为与海关监管现场被查获的时间不具有同步性和必然的先后顺序，申报行为尚未实施完毕即在海关监管现场被查获的，同样应认定为走私既遂。③以保税货物或者特定减税、免税进口的货物、物品为对象走私，在境内销售的，或者申请核销行为实施完毕的。

应注意：①实际牟利不影响既未遂的认定，牟利系后续走私犯罪的主观目的要件而非客观要件。②不要求销售行为实行完毕或者完成货物、物品的交付。③"申请核销行为"不以实际骗取核销为条件。

相关指导判例如：上海华源伊龙实业发展公司等走私普通货物案［第268号］。

上海华源伊龙实业发展公司以及被告人濮仪清等违反海关规定，逃避海关监管，未经海关许可并且未补缴应缴税款，擅自将1000余吨批准进口加工的涤纶短纤在境内非法销售，偷逃应缴税额共计338万余元，法院认定单位及个人均构成走私普通货物罪。

6. 本罪与走私国家禁止进出口的货物、物品罪的区别。该罪之"禁止进出口"物品，指《刑法》第151条第1、2款和第152条之外的国家禁止进出口的货物、物品，如禁止进出口的珍稀植物或珍稀植物制品，禁止进口的来自疫区的动植物及其制品，禁止出口的古植物化石等。

7. 本罪与走私文物罪，走私贵金属罪的区别。走私文物罪，走私贵金属罪仅限于走私"出口"，走私"进口"的，视同普通物品。偷逃税款数额较大的，以走私普通物品罪论处。

8. 共犯。与走私罪犯通谋，为其提供贷款、资金、账号、发票、证明，或者为其提供运输、保管、邮寄或者其他方便的，以走私罪的共犯论处。

9. 武装掩护走私的，依照《刑法》第151条第1款的规定从重处罚。

10. 以暴力、威胁方法抗拒缉私的，以走私罪和《刑法》第277条规定的妨害公务罪数罪并罚。

第三节　妨害对公司、企业的管理秩序罪

一、非法经营同类营业罪（第165条）

《刑法》第165条　国有公司、企业的董事、经理利用职务便利，自己经营或者为他人经营与其所任职公司、企业同类的营业，获取非法利益，数额巨大的，处3年以下有期徒刑或者拘役，并处或者单处罚金；数额；数额特别巨大的，处3年以上7年以下有期徒刑，并处罚金。

"同类的营业",是指与自己所任职公司、企业营业执照中确定的经营范围的具体种类全部或部分相同的营业。

根据《立案标准(二)》(2010)第12条,"获取非法利益,数额巨大"是指获取非法利益数额在10万元以上。

二、为亲友非法牟利罪(第166条)

《刑法》第166条 国有公司、企业、事业单位的工作人员,利用职务便利,有下列情形之一,使国家利益遭受重大损失的,处3年以下有期徒刑或者拘役,并处或者单处罚金;致使国家利益遭受特别重大损失的,处3年以上7年以下有期徒刑,并处罚金。

(一)将本单位的盈利业务交由自己的亲友进行经营的;

(二)以明显高于市场的价格向自己的亲友经营管理的单位采购商品或者以明显低于市场的价格向自己的亲友经营管理的单位销售商品的;

(三)向自己的亲友经营管理的单位采购不合格商品的。

根据《立案标准(二)》(2010)第13条,"重大损失"是指具有下列情形之一的:①造成国家直接经济损失数额在10万元以上的;②使其亲友非法获利数额在20万元以上的;③造成有关单位破产,停业、停产6个月以上,或者被吊销许可证和营业执照、责令关闭、撤销、解散的。

三、背信损害上市公司利益罪(第169条)

《刑法》第169条之一 上市公司的董事、监事、高级管理人员违背对公司的忠实义务,利用职务便利,操纵上市公司从事下列行为之一,致使上市公司利益遭受重大损失的,处3年以下有期徒刑或者拘役,并处或者单处罚金;致使上市公司利益遭受特别重大损失的,处3年以上7年以下有期徒刑,并处罚金:

(一)无偿向其他单位或者个人提供资金、商品、服务或者其他资产的;

(二)以明显不公平的条件,提供或者接受资金、商品、服务或者其他资产的;

(三)向明显不具有清偿能力的单位或者个人提供资金、商品、服务或者其他资产的;

(四)为明显不具有清偿能力的单位或者个人提供担保,或者

无正当理由为其他单位或者个人提供担保的;

(五) 无正当理由放弃债权、承担债务的;

(六) 采用其他方式损害上市公司利益的。

上市公司的控股股东或者实际控制人,指使上市公司董事、监事、高级管理人员实施前款行为的,依照前款的规定处罚。

犯前款罪的上市公司的控股股东或者实际控制人是单位的,对单位判处罚金,并对其直接负责的主管人员和其他直接责任人员,依照第 1 款的规定处罚。

本罪是指,上市公司的董事、监事、高级管理人员违背对公司的忠实义务,利用职务便利,操纵上市公司从事损害公司利益,致使上市公司利益遭受重大损失的行为。

根据《立案标准(二)》第 18 条的规定,"致使上市公司利益遭受重大损失的"是指有下列情形之一的,应予立案追诉:①无偿向其他单位或者个人提供资金、商品、服务或者其他资产,致使上市公司直接经济损失数额在 150 万元以上的;②以明显不公平的条件,提供或者接受资金、商品、服务或者其他资产,致使上市公司直接经济损失数额在 150 万元以上的;③向明显不具有清偿能力的单位或者个人提供资金、商品、服务或者其他资产,致使上市公司直接经济损失数额在 150 万元以上的;④为明显不具有清偿能力的单位或者个人提供担保,或者无正当理由为其他单位或者个人提供担保,致使上市公司直接经济损失数额在 150 万元以上的;⑤无正当理由放弃债权、承担债务,致使上市公司直接经济损失数额在 150 万元以上的;⑥致使公司发行的股票、公司债券或者国务院依法认定的其他证券被终止上市交易或者多次被暂停上市交易的;⑦其他致使上市公司利益遭受重大损失的。

第四节 破坏金融管理秩序罪和金融诈骗罪

一、伪造货币罪(第 170 条)

《刑法》第 170 条 伪造货币的,处 3 年以上 10 年以下有期徒刑,并处罚金;有下列情形之一的,处 10 年以上有期徒刑或者无期徒刑,并处罚金或者没收财产:

(一) 伪造货币集团的首要分子;

（二）伪造货币数额特别巨大的；
（三）有其他特别严重情节的。

（一）概念、构成要件

伪造货币罪，是指仿照真货币的图案、形状、色彩等特征非法制造假币，冒充真币的行为。

"货币"包括：①正在流通使用的中国货币、外国货币及我国香港、澳门、台湾地区的货币。不包括已停止流通的货币如古钱、废钞等。②中国人民银行发行的普通纪念币和贵金属纪念币。假普通纪念币犯罪的数额，以面额计算；假贵金属纪念币犯罪的数额，以贵金属纪念币的初始发售价格计算。

"伪造货币"，是指仿照真货币的图案、形状、色彩等特征非法制造假币，冒充真币的行为。因为《刑法》第173条另行规定变造货币罪，所以伪造货币之伪造不包括变造。《审理伪造货币案解释（二）》（2010）指出：同时采用伪造和变造手段，制造真伪拼凑货币的行为，依照《刑法》第170条以伪造货币罪定罪处罚。

伪造的假币在外观上足以使一般人误认为是真币即可。不要求与真币达到完全相同的程度，也无须达到足以欺骗专业人士的程度。

伪造货币的总面额在2000元以上或者币量在200张（枚）以上的，应予立案追诉。

根据《审理伪造货币案解释》（2000）第1条第2款，"伪造货币数额特别巨大"是指伪造货币的总面额在3万元以上。货币面额以人民币计算，其他币种以案发时国家外汇管理机关公布的外汇牌价折算为人民币。

（二）认定与处罚

1. 根据司法解释，行为人制造货币版样或者与他人事前通谋，为他人伪造货币提供版样的，以伪造货币罪定罪处罚。

2. 伪造货币罪与变造货币罪的区别：变造货币是指对真货币采用剪贴、挖补、揭层、涂改、移位、重印等方法加工处理，改变真币形态、价值的行为。

同时采用伪造和变造手段，制造真伪拼凑货币的行为，以伪造货币罪定罪处罚。

3. 本罪与《刑法》第171条出售、购买、运输假币罪的区别。行为人伪造货币并出售或者运输伪造的货币的，以伪造货币罪从重处罚，不另成立出售、运输假币罪。这种情况下，出售假币或运输假币的行为可以看作伪造货币行为的必然延伸或当然结果，属于吸收犯，从一重罪论处。但这仅限于行为人出售、运输自己伪造的假币的情形。如果行为人既伪造货币，又出售或运输他人伪造的货币，则应以伪造货币罪和出售或运输假币罪数罪并罚。

二、持有、使用假币罪（第172条）

《刑法》第172条　明知是伪造的货币而持有、使用，数额较大的，处3年以下有期徒刑或者拘役，并处或单处1万元以上10万元以下罚金；数额特别巨大的，处10年以上有期徒刑，并处5万元以上50万元以下罚金或者没收财产。

（一）概念、构成要件

本罪是指明知是伪造的货币而持有、使用，数额较大的行为。

"持有"（假币），是指拥有或占有假币。拥有，不以本人实际占有假币为必要，如委托他人保管。不以本人拥有假币的为必要，如代他人保管假币。

"使用"（假币），是指将假币当作真币利用，其实质是使假币如同真币一样地进入流通领域。常见用于购物、偿债等的消费、支付，赠与、存储假币而有可能进入流通的，也属于使用。用于非法活动的，如赌博、行贿，也属于使用。

如果利用假币而不会使假币进入流通领域的，不是使用假币行为，如以假币示人，显示经济能力的，不是使用假币而是持有假币。

本罪的"假币"仅限于伪造的货币而不包括变造的货币。

"数额较大"是指明知是假币而持有、使用，总面额达到4000元以上或者币量在400张（枚）以上。

（二）认定与处罚

1. 使用假币罪与持有假币罪的关系。使用假币必然持有假币，因此，行为人只有持有行为而没有使用行为的，认定为持有假币罪；如果行为人仅仅使用假币的，认定为使用假币罪；如果行为人既有持有假币行为也有使用假币行为的，如使用5000元，手中尚持有1万元，认定为持有、使用假币罪。

2. 使用假币罪与出售假币罪的界限。使用假币的特点是以假（币）冒充真（币），使其在市场上流通，隐瞒假币的真相，表现为直接按照假币票面金额使用，而收取假币一方不知情。出售假币罪是"以假售假"，对于买方不隐瞒假币的真相，没有欺骗买方，表现为买卖双方按折扣价格交易，如100元假币卖30元真币。这在用假币还债、赌博等的认定上具有重要的作用，假如行为人掩盖假币真相，按票面金额抵债、赌博的，属于使用假币的行为；假如行为人不掩盖假币真相，按市场假币的价格"打折"抵债、赌博，属于出售假币行为，对方（收方）往往具有购买假币的性质，双方实质上是一种变相买卖（交易）假币的行为。"买方"知情的，买方构成购买假币罪，二者（出售假币和购买假币）具有"对合犯罪"的关系，通常不按照共犯定罪处罚。

3. 使用假币罪与诈骗罪。使用假币时以假（币）充真（币），具有欺骗性，与诈骗罪是法条竞合关系。适用特别规定排斥一般规定（诈骗罪）的规则。

4. 持有假币罪与其他涉假币犯罪的关系。持有假币罪在惩治涉假币犯罪法律体系中是对事实证据要求最低的罪名，也是处罚最轻的罪名，无需证明所持假币的来源、用途，只要证实持有的事实即可定罪。因此，能够证实行为人因实施其他假币犯罪而持有假币，如因出售、购买、运输假币而持有的，就应当"择重"以出售、购买、运输假币罪论处，不应以持有假币罪定罪处刑。例如，行为人出售假币时被抓获，现场查获的假币应认定为出售假币的数额，现场之外在行为人住所或者其他藏匿地查获的假币，一般也认定为出售假币的犯罪数额。如指导案例"张顺发持有、使用假币案"：

被告人张顺发购得总面额一万余元的假人民币，并伙同其他3人用之购买商品以换取真币。他们先购买红梅香烟一包，获取真币95元，在继续购买挂面时被识破并抓获，4人携带在身上、丢弃在地上的面额100元的假币总计108张。检察院以持有、使用假币罪起诉，法院以购买假币罪定罪，对张顺发从重处罚。

行为人出售、运输假币构成犯罪，同时有使用假币行为的，以出售、运输假币罪和使用假币罪，实行数罪并罚。

5. 根据司法解释，行为人购买假币后使用，构成犯罪的，以购买假币罪定罪，从重处罚。

6. 在ATM机存假币取真币的，对于如何定罪处罚主要有2种观点：①存入假币构成使用假币罪，取出所获余额构成盗窃罪，应当数罪并罚；[1] ②存入假币获取账户余额成立盗窃罪，取款是盗窃

---

[1] 张明楷："使用假币罪与相关犯罪的关系"，载《政治与法律》2012年第6期。

之事后不可罚行为,仅成立盗窃罪。[1]

三、妨害信用卡管理罪(第177条之一)

《刑法》第177条之一 有下列情形之一,妨害信用卡管理的,处3年以下有期徒刑或者拘役,并处或者单处1万元以上10万元以下罚金;数量巨大或者有其他严重情节的,处3年以上10年以下有期徒刑,并处2万元以上20万元以下罚金:

(一)明知是伪造的信用卡而持有、运输的,或者明知是伪造的空白信用卡而持有、运输,数量较大的;

(二)非法持有他人信用卡,数量较大的;

(三)使用虚假的身份证明骗领信用卡的;

(四)出售、购买、为他人提供伪造的信用卡或者以虚假的身份证明骗领的信用卡的。

窃取、收买或者非法提供他人信用卡信息资料的,依照前款规定处罚。

银行或者其他金融机构的工作人员利用职务上的便利,犯第2款罪的,从重处罚。

(一)构成要件

《刑法》第177条之一第1款第1项之"数量较大",根据《办理信用卡刑案解释》(2009)的规定,是指10张以上。

《刑法》第177条之一第1款第2项之"数量较大",根据《办理信用卡刑案解释》(2009)的规定,是指5张以上。

"使用虚假的身份证明骗领信用卡的",是指违背他人意愿,使用其居民身份证、军官证、士兵证、港澳地区居民往来内地通行证、台湾地区居民来往大陆通行证、护照等身份证明申领信用卡的,或者使用伪造、变造的身份证明申领信用卡的。

(二)认定与处罚

1. 本罪与《刑法》第177条之伪造、变造金融票证罪的区别。信用卡是金融票证的一种,伪造信用卡的,成立伪造金融票证罪。伪造信用卡,根据司法解释包括:①复制他人信用卡;②将他人信用卡信息资料写入磁条介质、芯片;③伪造空白信用卡。

2. 本罪与窃取、收买、非法提供信用卡信息罪的区别:对象

---

[1] 陈兴良:"在ATM机上存假币取真币的行为构成盗窃罪",载《中国审判》2009年第6期。

不同。妨害信用卡管理罪的对象是"信用卡";窃取、收买、非法提供信用卡信息罪的对象是"信用卡信息"。

四、信用卡诈骗罪（第196条）

《刑法》第196条 有下列情形之一，进行信用卡诈骗活动，数额较大的，处5年以下有期徒刑或者拘役，并处2万元以上20万元以下罚金；数额巨大或者有其他严重情节的，处5年以上10年以下有期徒刑，并处5万元以上50万元以下罚金；数额特别巨大或者有其他特别严重情节的，处10年以上有期徒刑或者无期徒刑，并处5万元以上50万以下罚金或者没收财产：

（一）使用伪造的信用卡，或者使用以虚假的身份证明骗领的信用卡的；

（二）使用作废的信用卡的；

（三）冒用他人信用卡的；

（四）恶意透支的。

前款所称恶意透支，是指持卡人以非法占有为目的，超过规定限额或者规定期限透支，并且经发卡银行催收后仍不归还的行为。

盗窃信用卡并使用的，依照本法第264条的规定定罪处罚。

（一）概念、构成要件

信用卡诈骗罪，是指以非法占有为目的，利用信用卡进行诈骗活动，数额较大的行为。

根据全国人大常委会2004年12月29日《信用卡的解释》，《刑法》规定的"信用卡"，是指由商业银行或者其他金融机构发行的具有消费支付、信用贷款、转账结算、存取现金等全部功能或者部分功能的电子支付卡。

"伪造的信用卡"，是指仿照信用卡的质地、版式、外观以及真信用卡所记载的有关资料，非法制作信用卡的行为。

"使用以虚假的身份证明骗领的信用卡"，是指所持有、使用的信用卡并非伪造，而是发卡银行所发行的，但是行为人领取信用卡时是以虚假的身份证明骗领的。

"作废的信用卡"，是指因法定原因失去效用的信用卡。具体包括以下几种情形：①由于超过有效使用期限而失效；②在信用卡有效期内中途停止使用，由于办理退卡手续而失效；③由于挂失而失效。

"冒用他人信用卡",是指非持卡人擅自以持卡人的名义使用持卡人的信用卡,包括以下情形:①拾得他人信用卡并使用的;②骗取他人信用卡并使用的;③窃取、收买、骗取或者以其他非法方式获取他人信用卡信息资料,并通过互联网、通讯终端等使用的;④其他冒用他人信用卡的情形。

"恶意透支",是指持卡人以非法占有为目的,超过规定限额或者规定期限透支,并且经发卡银行2次催收后超过3个月仍不归还的。对于善意透支的,不能认定为本罪。善意透支与恶意透支的区别在于行为人是否具有"非法占有的目的"。

根据《办理信用卡刑案解释》(2009)第6条,有以下情形之一的,应当认定为"以非法占有为目的":①明知没有还款能力而大量透支,无法归还的;②肆意挥霍透支的资金,无法归还的;③透支后逃匿、改变联系方式,逃避银行催收的;④抽逃、转移资金,隐匿财产,逃避还款的;⑤使用透支的资金进行违法犯罪活动的;⑥其他非法占有资金,拒不归还的行为。"恶意透支"有两种表现形式:一是超过规定限额透支;二是超过规定期限透支。此外,其还有一个限制条件,即"经发卡银行催收后超过3个月仍不归还"。如果行为人透支但发卡银行没有催收的,或者经发卡银行催收后归还的,无论持卡人主观上是否有非法占有的目的,都不能认定为恶意透支,不成立信用卡诈骗罪。

根据《办理信用卡刑案解释》(2009)第5、6条,"数额较大",是指信用卡诈骗数额在5000元以上不满5万元的。在恶意透支的情况下,认定"数额较大"的标准是在1万元以上不满10万元。恶意透支的数额,是指构成恶意透支的情况下,持卡人拒不归还的数额或者尚未归还的数额。不包括复利、滞纳金、手续费等发卡银行收取的费用。持卡人在银行交纳保证金的,其恶意透支数额以超出保证金的数额计算。

根据《办理信用卡刑案解释》(2009)第5、6条,"数额巨大",是指信用卡诈骗数额在5万元以上不满50万元的。恶意透支的"数额巨大"的标准为10万元以上不满100万元。

"数额特别巨大",是指信用卡诈骗数额在50万元以上的。恶意透支的"数额特别巨大"的标准为100万元以上。

(二)认定与处罚

1. "盗窃信用卡并使用",这里的信用卡指的是真实有效的信用卡，如果盗窃的是无效的信用卡，即伪造的或者作废的信用卡并使用的，该使用行为应认定为信用卡诈骗罪。另根据指导案例王立军等信用卡诈骗案的裁判要旨："窃取他人开卡邮件后，激活信用卡并使用的，应当以信用卡诈骗罪定罪。未被激活的信用卡不属于'盗窃信用卡并使用'的调整范围，因为盗窃未被激活的信用卡后并不能无条件地获取财物，还需实施冒名激活、冒名使用的欺诈行为。"无论窃取的是"真卡"还是"假卡"，因为卡本身的价值微不足道，如未使用的，一般没有定罪的必要。盗窃信用卡并使用的，以盗窃罪论处，不问是对人使用还是对自动取款机使用。此外，应将使用金额作为盗窃金额。

2. 捡拾、骗取他人信用卡后使用的，是信用卡诈骗罪。根据《最高人民检察院关于拾得他人信用卡并在自动柜员机（ATM 机）上使用的行为如何定性问题的批复》（高检发释字［2008］1 号）的规定，在 ATM 机器上使用和在柜台对人使用，性质相同。司法考试现以该司法解释为准。

3. 根据《办理信用卡刑案解释》（2009）第 7 条，违反国家规定，通过使用销售点终端机具（POS 机）等方法，以虚构交易、虚开价格、现金退货等方式向信用卡持卡人直接支付现金，情节严重的，应当依据《刑法》第 225 条的规定，以非法经营罪定罪处罚。持卡人以非法占有为目的，采用上述方式恶意透支，应当追究刑事责任的，依照《刑法》第 196 条的规定，以信用卡诈骗罪定罪处罚。

4. 行为人先伪造了信用卡，然后用之进行诈骗的，手段行为构成《刑法》第 177 条规定的伪造金融票证罪，目的行为又触犯了信用卡诈骗罪，如果诈骗所得"数额较大"的，构成牵连犯，从一重罪从重处罚。如果诈骗所得未达到"数额较大"，仅以伪造金融票证罪论处。实施信用卡诈骗行为必须骗得数额较大的财产才成立本罪，而实施了伪造信用卡的行为，无论是否发生危害结果，都构成伪造金融票证罪。另外，信用卡诈骗罪的主体限于自然人，个人和单位均可构成伪造金融票证罪的主体。

五、内幕交易、泄露内幕信息罪，利用未公开信息交易罪（第 180 条）

《刑法》第 180 条 证券、期货交易内幕信息的知情人员或者非法获取证券、期货交易内幕信息的人员，在涉及证券的发行，证券、期货交易或者其他对证券、期货交易价格有重大影响的信息尚未公开前，买入或者卖出该证券，或者从事与该内幕信息有关的期货交易，或者泄露该信息，或者明示、暗示他人从事上述交易活动，情节严重的，处5年以下有期徒刑或者拘役，并处或者单处违法所得1倍以上5倍以下罚金；情节特别严重的，处5年以上10年以下有期徒刑，并处违法所得1倍以上5倍以下罚金。

单位犯前款罪的，对单位判处罚金，并对其直接负责的主管人员和其他直接责任人员，处5年以下有期徒刑或者拘役。

内幕信息知情人员的范围，依照法律、行政法规的规定确定。

证券交易所、期货交易所、证券公司、期货经纪公司、基金管理公司、商业银行、保险公司等金融机构的从业人员以及有关监管部门或者行业协会的工作人员，利用因职务便利获取的内幕信息以外的其他未公开的信息，违反规定，从事与该信息相关的证券、期货交易活动，或者明示、暗示他人从事相关交易活动，情节严重的，依照第1款的规定处罚。

（一）内幕交易、泄露内幕信息罪

1. 概念、构成要件。本罪是指，证券、期货交易内幕信息的知情人员或者非法获取证券、期货交易内幕信息的人员，在涉及证券的发行，证券、期货交易或其他对证券、期货交易的价格有重大影响的信息尚未公开之前，买入或者卖出该证券，或者从事与该内幕信息有关的期货交易，或者泄露该信息，情节严重的行为。

（1）"证券、期货交易内幕信息的知情人员"，根据《办理内幕信息刑案解释》（2012）第1条的规定，是指下列人员：其一，《证券法》第74条规定的人员，即内幕人员有如下几种：①发行人的董事、监事、高级管理人员；②持有公司5%以上股份的股东及其董事、监事、高级管理人员，公司的实际控制人及其董事、监事、高级管理人员；③发行人控股的公司及其董事、监事、高级管理人员；④由于所任公司职务可以获取公司有关内幕信息的人员；⑤证券监督管理机构工作人员以及由于法定职责对证券的发行、交易进行管理的其他人员；⑥保荐人、承销的证券公司、证券交易所、证券登记结算机构、证券交易服务机构的有关人员；⑦国务院证券监督管理机构规定的其他人。内幕信息知情本身并不区分合法途径和非法途径，前述"由于所任公司职务可以获取公司有关内幕信息的人员"，包括通过下属所汇报的材料，并结合自己的专业知识准确判断出被重组对象的人员。其二,《期货交易管理条例》第81条第12项规定的人员,即由于其管理地位、监督地位或者职业地位,或者作为雇员、专业顾问履行职务,能够接触或者获得内幕信息的人员,包括:①期货交易所的管理人员以及其他由于任职可获取内幕信息的从业人员;②国务院期货监督管理机构和其他有关部门的工作人员,以及国务院期货监督管理机构规定的其他人员。

(2) 根据《办理内幕信息刑案解释》(2012) 第2条"非法获取证券、期货交易内幕信息的人员"是指除上述内幕人员以外,通过各种非法方法获取证券、期货交易内幕信息的人员。具体是指具有下列行为的人员:①利用窃取、骗取、套取、窃听、利诱、刺探或者私下交易等手段获取内幕信息的;②内幕信息知情人员的近亲属或者其他与内幕信息知情人员关系密切的人员,在内幕信息敏感期内,从事或者明示、暗示他人从事,或者泄露内幕信息导致他人从事与该内幕信息有关的证券、期货交易,相关交易行为明显异常,且无正当理由或者正当信息来源的。"与内幕信息知情人员关系密切的人员",如与内幕信息知情人员具有某种经济利益合作的大学同学。前述人员即便是被动获悉内幕信息,也应当依法认定为非法获取内幕信息的人员;③在内幕信息敏感期内,与内幕信息知情人员联络、接触,从事或者明示、暗示他人从事,或者泄露内幕信息导致他人从事与该内幕信息有关的证券、期货交易,相关交易行为明显异常,且无正当理由或者正当信息来源的。《办理内幕信息刑案解释》(2012) 第3条规定,第2条中所称"相关交易行为明显异常",要综合以下情形,从时间吻合程度、交易背离程度和利益关联程度等方面予以认定:①开户、销户、激活资金账户或者指定交易(托管)、撤销指定交易(转托管)的时间与该内幕信息形成、变化、公开时间基本一致的;②资金变化与该内幕信息形成、变化、公开时间基本一致的;③买入或者卖出与内幕信息有关的证券、期货合约时间与内幕信息的形成、变化和公开时间基本一致的;④买入或者卖出与内幕信息有关的证券、期货合约时间与获悉内幕信息的时间基本一致的;⑤买入或者卖出证券、期货合约行为明显与平时交易习惯不同的;⑥买入或者卖出证券、期货合约行为,或者集中持有证券、期货合约行为与该证券、期货公开信息反映的基本面明显背离的;⑦账户交易资金进出与该内幕信息知情人员或者非法获取人员有关联或者利害关系的;⑧其他交易行为明显异常情形。

(3) "内幕信息",是指在证券、期货交易活动中,涉及公司的经营、财务或者对该公司证券的市场价格、期货交易的价格有重大影响的尚未公开的信息,包括持有公司5%以上股份的股东或者实际控制人,其持有的股份或者控制公司的情况发生较大变化、公司股权结构的重大变化等重大事件信息。内幕信息的判断可根据《证券法》第67条第2款和第75条第2款的规定予以确定。

《办理内幕信息刑案解释》(2012)第4条规定,具有下列情形之一的,不属于《刑法》第180条第1款规定的从事与内幕信息有关的证券、期货交易:①持有或者通过协议、其他安排与他人共同持有上市公司5%以上股份的自然人、法人或者其他组织收购该上市公司股份的;②按照事先订立的书面合同、指令、计划从事相关证券、期货交易的;③依据已被他人披露的信息而交易的;④交易具有其他正当理由或者正当信息来源的。

(4) "对交易价格有重大影响的信息尚未公开前",是指内幕信息敏感期,即内幕信息自形成至公开的期间。《证券法》第67条第2款所列"重大事件"的发生时间,第75条规定的"计划""方案"以及《期货交易管理条例》第81条第11项规定的"政策""决定"等的形成时间,应当认定为内幕信息的形成之时。影响内幕信息形成的动议、筹划、决策或者执行人员,其动议、筹划、决策或者执行初始时间,应当认定为内幕信息的形成之时。内幕信息的公开,是指内幕信息在国务院证券、期货监督管理机构指定的报刊、网站等媒体上披露。但如果交易人是从内幕信息知情人员处获取了内幕信息,即使该信息在被获取时仅发布在非指定报刊、媒体,也不可作为抗辩事由,因为促使交易决策作出的最主要的原因在于交易人对内幕信息知情人员这种身份的信赖。

(5) 根据《立案标准(二)》(2010)第36条,"情节严重",是指个人或单位内幕交易、泄露内幕信息涉嫌下列情形之一:①证券交易成交额累计在50万元以上的;②期货交易占用保证金数额累计在30万元以上的;③获利或者避免损失数额累计在15万元以上的;④多次进行内幕交易、泄露内幕信息的;⑤其他情节严重的情形。

《办理内幕信息刑案解释》(2010)第6条规定,在内幕信息敏感期内从事或者明示、暗示他人从事或者泄露内幕信息导致他人从事与该内幕信息有关的证券、期货交易，具有下列情形之一的，应当认定为《刑法》第180条第1款规定的"情节严重"：①证券交易成交额在50万元以上的；②期货交易占用保证金数额在30万元以上的；③获利或者避免损失数额在15万元以上的；④3次以上的；⑤具有其他严重情节的。

（6）"违法所得"，是指通过内幕交易行为所获利益或者避免的损失。

内幕信息的泄露人员或者内幕交易的明示、暗示人员未实际从事内幕交易的，其罚金数额按照因泄露而获悉内幕信息的人员或者被明示、暗示的人员从事内幕交易的违法所得计算。

2. 认定与处罚。

（1）本罪与编造并传播证券、期货交易虚假信息罪及操纵证券、期货市场罪的界限。内幕信息应当相对真实，所泄露的信息应当与指定报刊、媒体发布的消息基本一致。如果不一致，则泄露者不能构成本罪，而可能构成编造并传播证券、期货交易虚假信息罪或操纵证券、期货市场罪；如果泄露的信息根本不可能影响证券、期货交易价格，则属于绝对不能犯，不能构成犯罪，即与刑法理论中的对象错误、相对不能犯应当进行区别。对于因谈判失败等原因而最终未公开或者故意违规不予披露的信息，泄露的信息是否真实，应当根据所泄露的信息与实践中发生的事实是否基本一致进行判断。

（2）本罪与洗钱罪的关联。明知是内幕交易犯罪所得而予以掩饰、隐瞒的，应以洗钱罪论处。

（3）本罪之"自动投案"和"如实供述主要罪行"的认定。只要行为人主动向基层组织或者证券监管部门如实反映自身涉案情况，并自愿等候有关部门处理的，均可以认定为自动投案。行为人的如实供述内容应当包括：行为人的主体身份；所购买的相关股票名称、数量；行为人获悉内幕信息等相关情况。在行为人如实供述内幕交易犯罪事实的前提下，其所作出的其主要是基于专业判断而买卖相关股票的辩解不影响对其如实供述罪行的认定。

（4）特殊情形下违法所得的数额计算。在未获取股票预期价格信息的前提下，对利好型内幕信息公开后继续持股未卖，且公开当日股票价格未出现涨停的，内幕交易的违法所得应当以复牌日的收盘价计算。

（5）建议人与被建议人行为的定性。①如果建议人建议他人从事内幕交易时拒绝透露任何与内幕信息有关的信息，只是建议他人买卖具体证券、期货的，建议人构成内幕交易罪的间接正犯，被建议人不构成内幕交易罪；②如果建议人建议他人买卖证券、期货时，为增加被建议人的确信，同时泄露内幕信息的，建议人与被建议人除了构成内幕交易罪的共犯，建议人还单独构成泄露内幕信息罪，但不并罚；③如果建议人仅暗示内幕信息的内容，却无明确建议意见的，此种情形下的建议实际是名不副实的建议，建议人仅构成泄露内幕信息罪，被建议人构成内幕交易罪。建议人是否实际参与买卖、是否以获利为目的，不影响定罪。

（6）对于内幕信息多级传递的认定。如果属于明知是内幕信息而予以传递的，即表明行为人在传递时具有主观故意，无论是第几手传递内幕信息，都是泄露内幕信息行为。

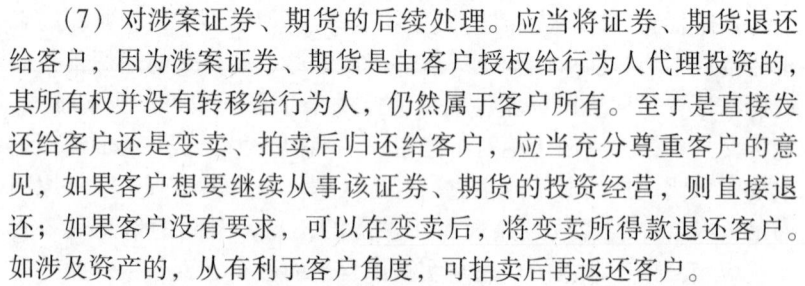

（7）对涉案证券、期货的后续处理。应当将证券、期货退还给客户，因为涉案证券、期货是由客户授权给行为人代理投资的，其所有权并没有转移给行为人，仍然属于客户所有。至于是直接发还给客户还是变卖、拍卖后归还给客户，应当充分尊重客户的意见，如果客户想要继续从事该证券、期货的投资经营，则直接退还；如果客户没有要求，可以在变卖后，将变卖所得款退还客户。如涉及资产的，从有利于客户角度，可拍卖后再返还客户。

李某等三人内幕交易案〔1〕

（二）利用未公开信息交易罪

本罪是指，证券交易所、期货交易所、证券公司、期货经纪公司、基金管理公司、商业银行、保险公司等金融机构的从业人员以及有关监管部门或者行业协会的工作人员，利用因职务便利获取的内幕信息以外的其他未公开的信息，违反规定，从事与该信息相关的证券、期货交易活动，或者明示、暗示他人从事相关交易活动，情节严重的行为。

1. "其他未公开的信息"，是指内幕信息以外的与证券交易活动有关的，涉及公司的经营、财务或者对该公司证券的市场供求有重大影响的信息。社会公众获得该信息后，会对证券交易活动产生重大影响。构成本罪不以"先买先卖"同时具备为要件。"先买先

---

〔1〕《最高人民检察院发布6起依法查处金融犯罪典型案例》，载最高人民检察院官网，访问日期：2015年9月23日。

卖"是典型"老鼠仓"的特征，具体是指：基金公司、证券、期货、保险公司等资产管理机构的从业人员（主要是机构经理、操盘手），在用客户资金买入证券或者其衍生品、期货或者期权合约等金融产品前，以自己名义或假借他人名义，或者告知其亲属、朋友、关系户，先行低价买入证券、期货等金融产品，然后用客户资金拉升到高位后自己率先卖出获利，使个人以相对较低的成本牟取暴利。就本罪而言，只要行为人利用因职务便利获取的未公开信息，违反规定从事与该信息相关的证券、期货交易活动，达到"情节严重"的程度即可。例如：①利用所任职基金公司未公开利好信息先行或者同期买入某一股票，在所任职基金公司卖出相关股票后，行为人基于个人判断或者其他原因继续持有该股票；②行为人在所任职基金公司买入相关股票后再买入同样股票，在获悉所任职基金公司的未公开利好信息后，先于基金卖出相同股票；③在担任基金经理期间，违反规定，利用掌握的未公开的信息从事与该信息相关的证券交易活动，先于或同步多次买入、卖出相同个股。

2. 根据《立案标准（二）》（2010）第 36 条，"情节严重"，是指与内幕交易、泄露内幕信息的标准相同的情形。应注意的是：本罪有"情节严重""情节特别严重"两种情形和两个量刑档次。本罪罪状中的"情节严重"是入罪条款，并不兼具量刑条款的性质。刑法条文中虽然大量存在"情节严重"兼具定罪条款及量刑条款性质的情形，但均在其后列明了具体的法定刑。而本罪在"情节严重"之后，并未列明具体的法定刑，而是参照内幕交易、泄露内幕信息罪的法定刑。因此，本罪罪状虽然没有明确表述"情节特别严重"，但应当包含"情节特别严重"的情形和量刑档次。

六、骗取贷款、票据承兑、金融票证罪，贷款诈骗罪（第 175 条之一、第 193 条）

（一）骗取贷款、票据承兑、金融票证罪

《刑法》第 175 条之一 以欺骗手段取得银行或者其他金融机构贷款、票据承兑、信用证、保函等，给银行或者其他金融机构造成重大损失或者有其他严重情节的，处 3 年以下有期徒刑或者拘役，并处或者单处罚金；给银行或者其他金融机构造成特别重大损失或者有其他特别严重情节的，处 3 年以上 7 年以下有期徒刑，并处罚金。

单位犯前款罪的，对单位判处罚金，并对其直接负责的主管人员和其他直接责任人员，依照前款的规定处罚。

"给银行或者其他金融机构遭受重大损失，或者有其他严重情节"，根据《立案标准（二）》（2010）第27条，是指下列情形之一：①以欺骗手段取得贷款、票据承兑、信用证、保函等，数额在100万元以上的；②以欺骗手段取得贷款、票据承兑、信用证、保函等，给银行或者其他金融机构造成直接经济损失数额在20万元以上的；③虽未达到上述数额标准，但多次以欺骗手段取得贷款、票据承兑、信用证、保函等的；④其他给银行或者其他金融机构造成重大损失或者有其他严重情节的情形。

（二）贷款诈骗罪

《刑法》第193条 以非法占有为目的，诈骗银行或者其他金融机构的贷款，数额较大的，处5年以下有期徒刑或者拘役，并处2万元以上20万元以下罚金；数额巨大或者有其他严重情节的，处5年以上10年以下有期徒刑，并处5万元以上50万元以下罚金；数额特别巨大或者有其他特别严重情节的，处10年以上有期徒刑或者无期徒刑，并处5万元以上50万元以下罚金或者没收财产：

（一）编造引进资金、项目等虚假理由的；

（二）使用虚假的经济合同的；

（三）使用虚假的证明文件的；

（四）使用虚假的产权证明作担保或者超出抵押物价值重复担保的；

（五）以其他方法诈骗贷款的。

"数额较大"根据《立案标准（二）》（2010）第50条，是指诈骗贷款2万元以上。

"数额巨大"，参照《审理诈骗案解释》（1996，现已失效），应为10万元以上。

"数额特别巨大"，参照《审理诈骗案解释》（1996，现已失效），应为50万元以上。

"其他严重情节"，是指：①为骗取贷款，向银行或者其他金融机构工作人员行贿，数额较大的；②挥霍贷款，或者利用贷款进行违法活动，致使贷款到期不能偿还的；③隐匿贷款去向，贷款期限届满后，拒不偿还的；④提供虚假的担保申请贷款，贷款期限届满后，拒不偿还的；⑤假冒他人名义申请贷款，贷款期限届满后，拒不偿还的。

贷款诈骗罪无罪判例

"其他特别严重情节",是指:①为骗取贷款,向银行或其他金融机构工作人员行贿,数额巨大的;②携带贷款逃跑的;③使用贷款进行犯罪活动的。

(三)贷款诈骗罪与骗取贷款罪的区别

贷款诈骗罪与骗取贷款罪的区别在于:是否具有"非法占有目的"。根据司法实践,对于行为人通过诈骗的方法非法获取资金,造成数额较大资金不能归还,并具有下列情形之一的,可以认定为具有非法占有的目的:①明知没有归还能力而大量骗取资金的;②非法获取资金后逃跑的;③肆意挥霍骗取资金的;④使用骗取的资金进行违法犯罪活动的;⑤抽逃、转移资金、隐匿财产,以逃避返还资金的;⑥隐匿、销毁账目,或者搞假破产、假倒闭,以逃避返还资金的;⑦其他非法占有资金、拒不返还的行为。但是,在处理具体案件的时候,对于有证据证明行为人不具有非法占有目的的,不能单纯以财产不能归还就按金融诈骗罪处罚。

七、非法吸收公众存款罪,集资诈骗罪(第176条、第192条)

(一)非法吸收公众存款罪

《刑法》第176条 非法吸收公众存款或者变相吸收公众存款,扰乱金融秩序的,处3年以下有期徒刑或者拘役,并处或者单处2万元以上20万元以下罚金;数额巨大或者有其他严重情节的,处3年以上10年以下有期徒刑,并处5万元以上50万元以下罚金。

单位犯前款罪的,对单位判处罚金,并对其直接负责的主管人员和其他直接责任人员,依照前款的规定处罚。

"非法吸收公众存款或者变相吸收公众存款",根据《审理非法集资刑案解释》(2010)第1条,该行为具有4个要素:

1. 未经有关部门依法批准或者借用合法经营的形式吸收资金。

2. 向公众推介,通过媒体、推介会、传单、手机短信等途径向社会公开宣传。《办理非法集资刑案意见》(2014)第2条规定,"向社会公开宣传",包括以各种途径向社会公众传播吸收资金的信息,以及明知吸收资金的信息向社会公众扩散而予以放任等情形。未向社会公开宣传,在亲友或者单位内部针对特定对象吸收资金的,不属于非法吸收公众存款。

3. 承诺在一定期限内以货币、实物、股权等方式还本付息或者给付回报。

4. 向社会公众即社会不特定对象吸收资金。根据《办理非法集资刑案意见》(2014) 第 3 条,以下两种情形也应当认定为向社会公众吸收资金:其一,在向亲友或者单位内部人员吸收资金的过程中,明知亲友或者单位内部人员向不特定对象吸收资金而予以放任的;其二,以吸收资金为目的,将社会人员吸收为单位内部人员,并向其吸收资金的。

非法吸收公众存款罪的定罪数量标准:①个人非法吸收公众存款在 20 万元以上、单位在 100 万元以上的;②个人非法吸收公众存款对象在 30 人以上、单位在 150 人以上的;③造成恶劣社会影响或其他严重后果的。

(二) 集资诈骗罪

《刑法》第 192 条 以非法占有为目的,使用诈骗方法非法集资,数额较大的,处 5 年以下有期徒刑或者拘役,并处 2 万元以上 20 万元以下罚金;数额巨大或者有其他严重情节的,处 5 万元以上 50 万元以下罚金;数额特别巨大或者有其他特别严重情节的,处 10 年以上有期徒刑或者无期徒刑,并处 5 万元以上 50 万元以下罚金或者没收财产。

"非法集资",是指未经有关机关批准向社会募集资金的行为。"数额较大",根据《审理非法集资刑案解释》(2010) 第 5 条,是指个人进行集资诈骗,数额在 10 万元以上的,单位进行集资诈骗,数额在 50 万元以上的。

集资诈骗的数额以行为人实际骗取的数额计算,案发前已归还的数额应予扣除。行为人为实施集资诈骗活动而支付的广告费、中介费、手续费、回扣,或者用于行贿、赠与等费用,不予扣除。行为人为实施集资诈骗活动而支付的利息,除本金未归还可折抵本金以外,应当计入诈骗数额。

(三) 集资诈骗罪与非法吸收公众存款罪的区别

二者的区别在于:是否具有非法占有的目的。根据司法解释,使用诈骗方法非法集资,具有下列情形之一的,可以认定为"以非法占有为目的":①集资后不用于生产经营活动或者用于生产经营活动与筹集资金规模明显不成比例,致使集资款不能返还的;②肆意挥霍集资款,致使集资款不能返还的;③携带集资款逃匿的;④将集资款用于违法犯罪活动的;⑤抽逃、转移资金、隐匿财产,逃避返还资金的;⑥隐匿、销毁账目,或者搞假破产、假倒闭,逃避返还资金的;⑦拒不交代资金去向,逃避返还资金的;⑧其他可以认定非法占有目的的情形。

集资诈骗罪中的非法占有目的,应当区分情形进行具体认定。行为人部分非法集资行为具有非法占有目的的,对该部分非法集资行为所涉集资款以集资诈骗罪定罪处罚;非法集资共同犯罪中部分行为人具有非法占有目的,其他行为人没有非法占有集资款的共同故意和行为的,对具有非法占有目的的行为人以集资诈骗罪定罪处罚。

使用欺诈方式非法吸收公众存款,尚不足以认定具有非法占有目的,可认定为非法吸收公众存款罪。

八、保险诈骗罪(第198条)

《刑法》第198条 有下列情形之一,进行保险诈骗活动,数额较大的,处5年以下有期徒刑或者拘役,并处1万元以上10万元以下罚金;数额巨大或者有其他严重情节的,处5年以上10年以下有期徒刑,并处2万元以上20万元以下罚金;数额特别巨大或者有其他特别严重情节的,处10年以上有期徒刑,并处2万元以上20万元以下罚金或者没收财产:

(一)投保人故意虚构保险标的,骗取保险金的;

(二)投保人、被保险人或者受益人对发生的保险事故编造虚假的原因或者夸大损失的程度,骗取保险金的;

(三)投保人、被保险人或者受益人编造未曾发生的保险事故,骗取保险金的;

(四)投保人、被保险人故意造成财产损失的保险事故,骗取保险金的;

(五)投保人、受益人故意造成被保险人死亡、伤残或者疾病,骗取保险金的。

有前款第4项、第5项所列行为,同时构成其他犯罪的,依照数罪并罚的规定处罚。

单位犯第1款罪的,对单位判处罚金,并对其直接负责的主管人员和其他直接责任人员,处5年以下有期徒刑或者拘役;数额巨大或者有其他严重情节的,处5年以上10年以下有期徒刑;数额特别巨大或者有其他特别严重情节的,处10年以上有期徒刑。

保险事故的鉴定人、证明人、财产评估人故意提供虚假的证明文件，为他人诈骗提供条件的，以保险诈骗的共犯论处。

（一）概念、构成要件

"数额较大"，根据《立案标准（二）》（2010）第56条，是指个人进行保险诈骗，数额在1万元以上，单位数额在5万元以上的。

"虚构保险标的"，是指投保人为骗取保险金，虚构根本不存在或不真实的保险标的与保险人订立保险合同。

"编造虚假原因"，是指所发生的保险事故本来是保险责任以外的原因导致的，但投保人、被保险人或者受益人谎称是由于保险责任范围内的原因所致，向保险人骗取保险金。

"夸大损失的程度"，是指保险事故发生后，投保人、被保险人或者受益人故意夸大保险标的损失的程度，骗取超出应得赔偿数额的保险金。

"故意造成财产损失的保险事故"，是指投保人、被保险人在保险合同的有效期内，故意人为地制造保险标的损失的保险事故，骗取保险金的行为。例如，为了骗取保险金，故意放火烧毁已经投保的房屋，进而骗取保险金的。

"数额巨大"，是指个人进行保险诈骗数额在5万元以上，单位进行保险诈骗数额在25万元以上。

"数额特别巨大"，是指个人进行保险诈骗数额在20万元以上，单位进行保险诈骗数额在100万元以上的。

（二）认定与处罚

行为人开始向保险机构提出保险理赔的，为保险诈骗罪的"着手"，通过欺骗使保险机构陷入错误并取得其支付的保险理赔金的，为保险诈骗罪的既遂。行为人在着手前，虚构保险标的或恶意制造保险事故的行为，是保险诈骗的预备行为。该预备行为构成其他罪的，如故意杀人罪、放火罪等，单独评价处罚。如果因为涉嫌杀人或放火被司法机关控制，尚未开始保险索赔，意味保险诈骗行为尚未着手实行，不成立保险诈骗罪，只能追究故意杀人罪或放火罪的刑事责任。如果已经提出保险理赔的，成立数罪。《刑法》第198条第2款规定，投保人、被保险人故意造成财产损失的保险事故，投保人、受益人故意造成被保险人死亡、伤残或者疾病，骗取保险金，同时构成其他犯罪的，依照数罪并罚的规定处罚。

本罪是结果犯，既遂的标准为保险机构是否因行为人的诈骗行为陷入认识错误，从而对被保险人或受益人进行了理赔。

根据《刑法》第 198 条第 4 款的规定，保险事故的鉴定人、证明人、财产评估人故意提供虚假的证明文件，为他人诈骗提供条件的，以保险诈骗罪的共犯论处。如果这里的鉴定人、证明人、财产评估人属于《刑法》第 229 条规定的承担资产评估、验资、验证、会计、审计、法律服务等职责的中介组织人员，则其行为（要求情节严重）同时触犯保险诈骗罪（帮助犯）和故意提供虚假证明文件罪，属想象竞合犯，应从一重罪论处。

第五节 危害税收征管罪

一、逃税罪（第 201 条）

《刑法》第 201 条 纳税人采取欺骗、隐瞒手段进行虚假纳税申报或者不申报，逃避缴纳税款数额较大并且占应纳税额 10% 以上的，处 3 年以下有期徒刑或者拘役，并处罚金；数额巨大并且占应纳税额 30% 以上的，处 3 年以上 7 年以下有期徒刑，并处罚金。

扣缴义务人采取前款所列手段，不缴或者少缴已扣、已收税款，数额较大的，依照前款的规定处罚。

对多次实施前两款行为，未经处理的，按照累计数额计算。

有第 1 款行为，经税务机关依法下达追缴通知后，补缴应纳税款，缴纳滞纳金，已受行政处罚的，不予追究刑事责任；但是，5 年内因逃避缴纳税款受过刑事处罚或者被税务机关给予 2 次以上行政处罚的除外。

（一）概念、构成要件

逃税罪，是指纳税人采取欺骗、隐瞒手段进行虚假纳税申报或者不申报，逃避缴纳税款数额较大或者因逃税受到两次行政处罚又逃税的行为。

"逃避缴纳税款数额较大并且占应纳税额的 10% 以上的"，根据《立案标准（二）》（2010）第 57 条，是指下列情形之一：①逃避缴纳税款数额在 5 万元以上并且占各税种应纳税总额 10% 以上，经税务机关依法下达追缴通知后，不补缴应纳税款、不缴纳滞纳金或者不接受行政处罚的；②纳税人 5 年内因逃避缴纳税款受过刑事处罚或者被税务机关给予2次以上行政处罚，又逃避缴纳税款，数额在5万元以上并且占各税种应纳税总额10%以上的；③扣缴义务人采取欺骗、隐瞒手段，不缴或者少缴已扣、已收税款，数额在5万元以上的。

"逃税数额"，是指在确定的纳税期间，不缴或者少缴各税种税款的总额。"占应纳税额的10%以上"，是指一个纳税年度中的各税种逃税总额与该纳税年度应纳税总额的比例为10%。不按纳税年度确定纳税期的其他纳税人，逃税数额占应纳税额的百分比，按照行为人最后一次逃税行为发生之日前一年中各税种逃税总额与该年纳税总额的比例确定。纳税义务存续期间不足一个纳税年度的，逃税数额占应纳税额的百分比，按照各税种逃税总额与实际发生纳税义务期间应当缴纳税款总额的比例确定。逃税行为跨越若干个纳税年度，只要其中一个纳税年度的逃税数额及百分比达到《刑法》第201条第1款规定的情节严重的标准，即构成逃税罪。各纳税年度的逃税数额应当累计计算，逃税百分比应当按照最高的百分比确定。需要注意的是，这个数额标准与比例标准必须同时具备。如果逃避纳税数额不够较大或所占比例不足应纳税税额的10%以上的，属于一般违法行为。

对多次犯有逃税行为，未经处理的，按照累计数额计算。未经处理，是指纳税人或者扣缴义务人在5年内多次实施逃税行为，但每次逃税数额均未达到构成逃税罪的数额标准，且未受行政处罚的情形。

(二) 认定与处罚

1. 对"初犯"的宽大规定。本条主要是为了维护税收征管秩序，保证国家的税收收入。对于初犯，经税务机关指出后积极补缴税款和滞纳金，履行了纳税义务，接受行政处罚的，可不再作为犯罪追究刑事责任，这样的处理可以较好地体现宽严相济的刑事政策。但是，对于5年内因逃避缴纳税款受过刑事处罚或者被税务机关给予2次以上行政处罚的，不适用此项宽大规定。

2. 明确逃税罪与漏税的界限。逃税与漏税虽然都是少缴纳税款，但是性质完全不同。漏税，是指纳税单位或个人，由于不了解、不熟悉税法规定和财务制度或因工作粗心大意，错用税率，漏报应税项目，不计应税数量、销售金额和经营利润等原因，非故意地发生漏缴或少缴税款的行为。漏税属于一般的违法行为，其与逃税的区别在于：①逃税行为是故意实施的，并且具有不缴或少缴税款的目的，而漏税是无意识实施的，不具有不缴或少缴税款的目的。②逃税行为表现为采取欺骗、隐瞒等非法手段不缴或少缴税款，而漏税行为客观上并不存在弄虚作假等非法手段，行为也不具有欺骗性和逃避性的特点。

3. 逃税罪与欠税的界限。欠税，是指在法律规定的纳税期限内，纳税人因无力缴纳税款而拖欠税款的行为。逃税与欠税的区别在于：逃税具有不缴或少缴税款的故意，并且采取非法手段偷逃税款，而欠税只是因客观原因没有按时缴纳税款，并无偷逃税款的故意，也未使用非法手段。

4. 逃税罪与避税的界限。避税，是指利用税法的漏洞、缺陷或模糊之处，选择有利于自己的计税方法，规避或者减轻纳税义务的行为。逃税和避税的区别在于：逃税是采用违法手段，而避税虽然是利用法律的漏洞，但并非"手段非法"，其手段不属于法律明文规定允许的范围，也不属于法律明文规定禁止的范围，是由于立法疏忽而未纳入法律调整的范围，只能日后通过完善税法来解决。

5. 使用伪造、变造、盗窃的武装部队车辆号牌，不缴或者少缴应纳的车辆购置税、车辆使用税等税款，逃税数额占应纳税额10%以上，且逃税数额较大的，以逃税罪定罪处罚。

6. 税务人员利用职务上的便利，索取纳税人（自然人、法人）财物的，或者非法收受纳税人财物而为纳税人谋取利益的，以受贿罪论处；非法所得虽未达到追究受贿罪的数额标准，但情节较重的，也应以受贿罪论处。税务人员与纳税人相互勾结，共同实施逃税行为，情节严重的，以逃税罪共犯论处，从重处罚。

7. 逃税罪与《刑法》第202条抗税罪的区别：行为方式不同。抗税罪指纳税人或者扣缴义务人以暴力、威胁方法拒不缴纳税款的行为。实施暴力，是抗税罪的题中应有之义，所以因抗税故意致人轻伤的，是抗税罪的情节加重犯，不需数罪并罚；致人重伤、死亡，构成故意伤害罪、故意杀人罪的，分别依照《刑法》第234条第2款（故意伤害罪致人重伤或死亡）、第232条（故意杀人罪）的规定定罪处罚，也不数罪并罚。此外，妨害公务是抗税罪的题中应有之义，所以，因抗税而妨害公务的，也不需数罪并罚。

8. 逃税罪与虚开增值税专用发票罪的界限：主要看是否采取"虚开"增值税发票的方式逃税。"虚开"的要点是开具无真实交易活动的发票，或者开具的金额与实际交易的金额不符。逃税罪与虚开增值税专用发票罪虽然本质上都是危害税收征管、逃避税收，但属于性质不同的犯罪。这体现在二者的处罚有明显的差异，逃税罪的法定最高刑为 7 年有期徒刑，而虚开增值税专用发票或其他可用于抵扣税款的发票，其法定最高刑为死刑。二者本质上均属于偷逃税收的犯罪，但法定最高刑差别如此悬殊，反映出立法者对二者危害性的不同评价，因此应当严格区分。

二者区别的关键在于是否通过"抵扣税款"来骗取税款，而不在于是否逃税和是否使用增值税发票。这需要对增值税的抵扣规定有一个了解。所谓增值税，顾名思义是指因提供产品或劳务等产生增值而缴纳的税种，而一个企业提供产品（或劳务）的增值部分实际受付出部分的制约。如果付出越大，则增值越小，相反，付出越小，则增值越大，因此而影响缴纳增值税额的多少。当一个企业既是卖方又是买方时，不仅作为卖方负担增值税，而且作为买方也负担了对方（另一卖方的）加在产品中的增值税。让企业承担这种双重税赋显然不合理，所以增值税条例中规定了"抵扣"制度：一个企业缴纳的增值税额仅仅是其当期销项（卖出）税额减去当期进项（买进）税额的余额部分（或差额部分），即允许企业以当期进项（因买进而承担的）增值税额抵扣其（因卖出产品）增值而应缴纳的增值税额。

"虚开"是指为他人虚开、为自己虚开、让他人为自己虚开、介绍他人虚开行为之一的。

9. 本罪与《刑法》第 205 条之虚开发票罪的关联。虚开发票罪是指虚开发票数额较大的行为。虚开发票逃税的，属于牵连行为。

二、骗取出口退税罪（第 204 条）

《刑法》第 204 条　以假报出口或者其他欺骗手段，骗取国家出口退税款，数额较大的，处 5 年以下有期徒刑或者拘役，并处骗取税款 1 倍以上 5 倍以下罚金；数额巨大或者有其他严重情节的，处 5 年以上 10 年以下有期徒刑，并处骗取税款 1 倍以上 5 倍以下罚金；数额特别巨大或者有其他特别严重情节的；处 10 年以上有期徒刑或者无期徒刑，并处骗取税款 1 倍以上 5 倍以下罚金或者没收财产。

纳税人缴纳税款后，采取前款规定的欺骗方法，骗取所缴纳的税款的，依照本法第201条的规定定罪处罚；骗取税款超过所缴纳的税款部分，依照前款的规定处罚。

（一）概念、构成要件

"假报出口"，是指以虚构已税货物出口事实为目的，具有下列情形之一的行为：①伪造或者签订虚假的买卖合同；②以伪造、变造或者其他非法手段取得出口货物报关单、出口收汇核销单、出口货物专用缴款书等有关出口退税单据、凭证；③虚开、伪造、非法购买增值税专用发票或者其他可以用于出口退税的发票；④其他虚构已税货物出口事实的行为。

"其他欺骗手段"，是指以下情形之一：①骗取出口货物退税资格的；②将未纳税或者免税货物作为已税货物出口的；③虽有货物出口，但虚构该出口货物的品名、数量、单价等要素，骗取未实际纳税部分出口退税款的；④以其他手段骗取出口退税款的。

"数额较大"，是指骗取国家出口退税款5万元以上。

（二）认定与处罚

骗取出口退税罪与逃税罪的区别在于：纳税人是否已经缴纳了税款。如果行为人根本没有纳税，骗取出口退税的，成立本罪；如果行为人缴纳税款后，又采取假报出口等欺骗手段骗回所缴纳的税款的，成立逃税罪。对于骗取税款超出所缴纳的税款部分，成立本罪，与逃税罪实行数罪并罚。

对于有进出口经营权的公司、企业，明知他人意欲骗取国家出口退税款，仍违反国家有关进出口经营的规定，允许他人自带客户、自带货源、自带汇票并自行报关，骗取国家出口退税款的，以本罪定罪处罚。

骗取出口退税罪的认定（试题）

第六节　侵犯知识产权罪

一、假冒注册商标罪（第213条）

《刑法》第213条　未经注册商标所有人许可，在同一种商品上使用与其注册商标相同的商标，情节严重的，处3年以下有期徒刑或者拘役，并处或者单处罚金；情节特别严重的，处3年以上7年以下有期徒刑，并处罚金。

(一) 概念、构成要件

本罪是指，未经注册商标所有人许可，在同一种商品上使用与其注册商标相同的商标，情节严重的行为。

《商标法》第40条规定："商标注册人可以通过签订商标使用许可合同，许可他人使用其注册商标。"所以，未经商标所有人许可使用其注册商标的，即为"未经注册商标所有人许可"，侵犯了注册商标所有人的注册商标专用权。

"同一种商品"，是指同一品种的商品或者完全相同的商品。对同种商品的认定，应以国家有关部门颁发的商品分类为标准，不能以人们的习惯分类为标准。名称相同的商品以及名称不同但指同一事物的商品，可以认定为"同一种商品"。"名称"，是指国家工商行政管理总局商标局在商标注册工作中对商品使用的名称，通常为《商标注册用商品和服务国际分类》中规定的商品名称。"名称不同但指同一事物的商品"，是指在功能、用途、主要原料、消费对象、销售渠道等方面相同或者基本相同，相关公众一般认为是同一种事物的商品。认定"同一种商品"，应当在权利人注册商标核定使用的商品和行为人实际生产销售的商品之间进行比较。

根据司法解释，"与其注册商标相同的商标"，是指与被假冒的注册商标完全相同，或者与被假冒的注册商标在视觉上基本无差别、足以对公众产生误导的商标。《办理知识产权刑案意见》（2011）第6条进一步具体明确，具有下列情形之一，可以认定为"与其注册商标相同的商标"：①改变注册商标的字体、字母大小写或者文字横竖排列，与注册商标之间仅有细微差别的；②改变注册商标的文字、字母、数字等之间的间距，不影响体现注册商标显著特征的；③改变注册商标颜色的；④其他与注册商标在视觉上无差别、足以对公众产生误导的商标。

"使用"，是指将注册商标或者假冒的注册商标用于商品、商品包装或者容器以及产品说明书、商品交易文书，或者将注册商标或者假冒的注册商标用于广告宣传、展览以及其他商业活动等行为。在类似的商品上使用与他人注册商标相同或者相似的商标，以及在同一种商品上使用与他人注册商标相似的商标的，不成立本罪。

"情节严重"，根据《立案标准（二）》（2010）第69条，是指假冒注册商标涉嫌下列情形之一：①非法经营数额在 5 万元以上或者违法所得数额在 3 万元以上的；②假冒两种以上注册商标，非法经营数额在 3 万元以上或者违法所得数额在 2 万元以上的。

"情节特别严重"，根据《办理知识产权刑案意见》（2011），是指具有下列情形之一：①非法经营数额在 25 万元以上或者违法所得数额在 15 万元以上的；②假冒两种以上注册商标，非法经营数额在 15 万元以上或者违法所得数额在 10 万元以上的。

（二）认定与处罚

1. 商标与商品装潢不同。商标一般附着于装潢之上，有些企业虽然不制作假冒其他企业的注册商标，但是却制造该产品的装潢，以达到使消费者混淆、欺骗消费者的目的。有学者认为假冒他人商品装潢的，应视同假冒他人商标，但这不是通说。通说认为，只要商标不同，即使擅自制造、使用了他人商品的独特装潢，也不成立本罪。反之，如果使用了与他人注册商标相同的商标，即使没有使用他人商品的装潢，也可能成立本罪。

2. 生产、销售伪劣商品同时假冒他人注册商标的，两个行为若存在竞合或牵连关系的，择一重罪处罚，不需要数罪并罚。

3. 销售假冒注册商标的商品，销售金额数额较大（5 万元以上）的，成立《刑法》第 214 条之销售假冒注册商标的商品罪。销售行为同时触犯销售伪劣产品罪，属于想象竞合犯，从一重罪论处。

4. 伪造、擅自制造他人注册商标标识，或者销售伪造、擅自制造的注册商标标识，情节严重的，成立《刑法》第 215 条之非法制造、销售非法制造的注册商标标识罪。

二、侵犯著作权罪（第 217 条）

《刑法》第 217 条 以营利为目的，有下列侵犯著作权情形之一，违法所得数额较大或者有其他严重情节的，处 3 年以下有期徒刑或者拘役，并处或者单处罚金；违法所得数额巨大或者有其他特别严重情节的，处 3 年以上 7 年以下有期徒刑，并处罚金：

（一）未经著作权人许可，复制发行其文字作品、音乐、电影、电视、录像作品、计算机软件及其他作品的；

（二）出版他人享有专有出版权的图书的；

（三）未经录音录像制作者许可，复制发行其制作的录音录

像的;

(四)制作、出售假冒他人署名的美术作品的。

(一)概念、构成要件

本罪是指,以营利为目的,违反著作权法的规定,侵犯他人著作权,违法所得数额较大或者有其他严重情节的行为。

根据《办理知识产权刑案解释(二)》(2007)第2条,"复制发行",是指包括复制、发行或者既复制又发行的行为。"发行",是指通过出售、出租等方式向公众提供一定数量的作品复制件的行为。侵权产品的持有人通过广告征订等方式推销侵权产品的,属于"发行"。

此外,"发行"还包括总发行、批发、零售、通过信息网络传播以及出租、展销等活动。通过信息网络向公众传播他人文字作品、音乐、电影、电视、录像作品、计算机软件及其他作品的行为,应当视为"复制发行"。

根据《办理知识产权案解释》(2004)第5条,"违法所得数额较大",是指违法所得数额在3万元以上的。

"有其他严重情节",是指具有下列情形之一的:①非法经营数额在5万元以上的;②复制品数量合计在500张(份)以上的;③其他严重情节的情形。单位实施上述行为的,按照该司法解释规定的相应个人犯罪的定罪量刑标准的3倍定罪量刑。

通过信息网络传播侵权作品,具有下列情形之一的,也属于"其他严重情节":①非法经营数额在5万元以上的;②传播他人作品的数量合计在500件(部)以上的;③传播他人作品的实际被点击数达到50 000次以上的;④以会员制方式传播他人作品,注册会员达到1000人以上的;⑤数额或者数量虽未达到第①项至第④项规定标准,但分别达到其中2项以上标准一半以上的。

"违法所得数额巨大",是指违法所得数额在15万元以上的情形。

"有其他特别严重情节",是指具有下列情形之一的:①非法经营数额在25万元以上的;②复制品数量在2500张(份)以上的;③其他特别严重情节的情形。

销售侵权物品即具有营利目的,此外,具有下列情形之一的,可认定为"以营利为目的":①以在他人作品中刊登收费广告、捆绑第三方作品等方式直接或者间接收取费用的;②通过信息网络传播他人作品，或者利用他人上传的侵权作品，在网站或者网页上提供刊登收费广告服务，直接或者间接收取费用的；③以会员制方式通过信息网络传播他人作品，收取会员注册费或者其他费用的；④其他利用他人作品牟利的情形。

（二）定罪与处罚

1. 非法出版、复制、发行他人作品，侵犯著作权构成犯罪的，按照侵犯著作权罪定罪处罚，排斥适用非法经营罪。有关判例如葛权卫侵犯著作权案。

2. 侵犯著作权（盗版）而后该销售侵权复制品（盗版品），销售是盗版的当然结果行为，只定侵犯著作权罪一罪。有关判例如王佳豪侵犯著作权案。

第七节　扰乱市场秩序罪

一、非法经营罪（第 225 条）

《刑法》第 225 条　违反国家规定，有下列非法经营行为之一，扰乱市场秩序，情节严重的，处 5 年以下有期徒刑或者拘役，并处或者单处违法所得 1 倍以上 5 倍以下的罚金；情节特别严重的，处 5 年以上有期徒刑，并处违法所得 1 倍以上 5 倍以下罚金或者没收财产：

（一）未经许可经营法律、行政法规规定的专营、专卖物品或者其他限制买卖的物品的；

（二）买卖进出口许可证、进出口原产地证明以及其他法律、行政法规规定的经营许可证或者批准文件的；

（三）未经国家有关主管部门批准非法经营证券、期货、保险业务的，或者非法从事资金支付结算业务的；

（四）其他严重扰乱市场秩序的非法经营行为。

（一）概念、构成要件

本罪是指，违反国家规定，从事非法经营活动，扰乱市场秩序，情节严重的行为。

1. 根据《刑法》第 96 条，"违反国家规定"，是指违反全国人民代表大会及其常务委员会制定的法律和决定，国务院制定的行政法规、规定的行政措施、发布的决定和命令。不包括地方法规和中央各部委的规章。根据《关于国家规定的通知》(2011),其中,"国务院规定的行政措施"应当由国务院决定,通常以行政法规或者国务院制发文件的形式加以规定。以国务院办公厅名义制发的文件,符合以下条件的,亦应视为《刑法》中的"国家规定":①有明确的法律依据或者同相关行政法规不相抵触;②经国务院常务会议讨论通过或者经国务院批准;③在国务院公报上公开发布。

《关于国家规定的通知》特别指出:各级人民法院在刑事审判工作中,对有关案件所涉及的"违反国家规定"的认定,要依照相关法律、行政法规及司法解释的规定准确把握。对于规定不明确的,要按照本通知的要求审慎认定。对于违反地方性法规、部门规章的行为,不得认定为"违反国家规定"。对被告人的行为是否"违反国家规定"存在争议的,应当作为法律适用问题,逐级向最高人民法院请示。

2. "情节严重"的立案标准。从事非法经营活动具有下列情形之一的,应予立案追诉:①个人非法经营数额在5万元以上,或者违法所得数额在1万元以上的;②单位非法经营数额在50万元以上,或者违法所得数额在10万元以上的;③虽未达到上述数额标准,但2年内因同种非法经营行为受过2次以上行政处罚,又进行同种非法经营行为的;④其他情节严重的情形。

3. 根据《立案标准(二)》(2010),非法经营案涉嫌下列情形之一的,应予立案追诉:

(1) 无专营专卖许可证经营烟草专卖品,具有下列情形之一的:①非法经营额5万元以上,或者违法所得额2万元以上的;②非法经营卷烟20万支以上的;③曾因非法经营烟草专卖品3年内受过2次以上行政处罚,又非法经营烟草专卖品且数额在3万元以上的。

(2) 买卖进出口许可证、进出口原产地证明以及其他法律、行政法规规定的经营许可证或者批准文件的。

(3) 未经国家有关主管部门批准,非法经营证券、期货、保险业务或者非法从事资金支付结算业务。根据《立案标准(二)》(2010) 第79条的规定,涉嫌下列情形之一的,应予立案追诉:①非法经营证券、期货、保险业务,数额在30万元以上的;②非法从事资金支付结算业务,数额在200万元以上的;③违反国家规定，使用销售点终端机具（POS 机）等方法，以虚构交易、虚开价格、现金退货等方式向信用卡持卡人直接支付现金，数额在 100 万元以上的，或者造成金融机构资金 20 万元以上逾期未还的，或者造成金融机构经济损失 10 万元以上的；④违法所得额 5 万元以上的。

（4）其他严重扰乱市场秩序的非法经营行为。《刑法》第 225 条（非法经营罪）虽然采取了列举规定非法经营行为的方式，但最后还是需要采取"其他扰乱市场秩序行为"的概括立法模式，使其构成要件具有开放性，成为惩治经济犯罪的"兜底"条款。对于"兜底条款"通常采取"同类解释"规则，即与《刑法》第 225 条前 3 项列举的行为性质相当的扰乱市场秩序行为。同时也产生了严格解释、适用的要求。《关于国家规定的通知》特别指出："各级人民法院审理非法经营犯罪案件，要依法严格把握《刑法》第 225 条第 4 项的适用范围。对被告人的行为是否属于《刑法》第 225 条第 4 项规定的'其它严重扰乱市场秩序的非法经营行为'，有关司法解释未作明确规定的，应当作为法律适用问题，逐级向最高人民法院请示。"据此，"其他扰乱市场秩序"的扩张适用，必须遵循司法解释、指导判例。在没有司法解释、判例的情况下，其扩张适用权限在最高人民法院。

（二）认定与处罚

有关"其他严重扰乱市场秩序的非法经营行为"的司法解释和判例：

1. 非法买卖、为他人骗购外汇，情节严重的［《惩治外汇犯罪的决定》（1998）第 4 条］。

2. 出版、印刷、复制、发行严重危害社会秩序和扰乱市场秩序的非法出版物，或者非法从事出版物的出版、印刷、复制、发行业务，严重扰乱市场秩序［《立案标准（二）》（2010）第 79 条］。

3. 擅自经营国际或台港澳电信业务情节严重［《审理电信市场案解释》（2000）第 1 条］；同时构成非法经营罪和《刑法》第 288 条规定的扰乱无线电通讯管理秩序罪的，依照处罚较重的规定定罪处罚［《立案标准（二）》（2010）第 79 条］。

4. 在生产、销售的饲料中添加盐酸克仑特罗等禁止在饲料和动物饮用水中使用的药品，或者销售明知是添加有该类药品的饲料，情节严重的［《办理药品刑案解释》（2002）第 2 条］。

5. 违反国家在预防、控制突发传染病疫情等灾害期间有关市场经营、价格管理等规定,哄抬物价、牟取暴利,严重扰乱市场秩序的[《办理传染病刑案解释》(2003)第6条]。

6. 擅自设立互联网上网服务营业场所,或者擅自从事互联网上网服务经营活动情节严重的[《打击色情网站通知》(2004)]。

7. 擅自发行、销售彩票情节严重的[《办理赌博刑案解释》(2005)第6条]。

8. 非法制售赌博机具案[《办理开设赌场案意见》(2014)第4条]。

9. 非法制售伪基站案。非法生产、销售"伪基站"设备,经鉴定为专用间谍器材的,以非法生产、销售间谍专用器材罪追究刑事责任;同时构成非法经营罪的,以非法经营罪追究刑事责任。明知他人实施非法生产、销售"伪基站"设备,为其提供资金、场所、技术、设备等帮助的,以共同犯罪论处[《办理伪基站案意见》(2014)]。

10. 出于医疗目的,非法贩卖国家规定管制的能够使人形成毒瘾的麻醉药品或者精神药品情节严重的[《毒品犯罪纪要》(2015)]。

11. 有偿提供删除、发布信息服务[《办理网络诽谤等刑案解释》(2013)第7条]。

12. 中介机构非法代理买卖非上市公司股票[《整治非法证券活动通知》(2008)]。

13. 以提供给他人生产、销售食品为目的,违反国家规定,生产、销售国家禁止用于食品生产、销售的非食品原料,情节严重的[《办理危害食品安全刑案解释》(2013)第11条]。

14. 违反国家规定,生产、销售国家禁止生产、销售、使用的农药、兽药,饲料、饲料添加剂,或者饲料原料、饲料添加剂原料,情节严重的。同时又构成生产、销售伪劣产品罪,生产、销售伪劣农药、兽药罪等其他犯罪的,依照处罚较重的规定定罪处罚[《办理危害食品安全刑案解释》(2013)第11条]。

15. 私设生猪屠宰厂(场),从事生猪屠宰、销售等经营活动,情节严重的。同时又构成生产、销售不符合安全标准的食品罪,生产、销售有毒、有害食品罪等其他犯罪的,择一重罪定罪处罚[《办理危害食品安全刑案解释》(2013)第12条]。

16. 非法买卖麻黄碱类复方制剂或者运输、携带、寄递麻黄碱类复方制剂进出境，没有证据证明系用于制造毒品或者走私、非法买卖制毒物品，或者未达到走私制毒物品罪、非法买卖制毒物品罪的定罪数量标准，构成非法经营罪、走私普通货物、物品罪等其他犯罪的，依法定罪处罚［《走私、非法买卖麻黄碱类复方制剂意见》（2012）第1条］。

17. 违反国家规定采挖、销售、收购麻黄草，没有证据证明以制造毒品或者走私、非法买卖制毒物品为目的，情节严重的［《打击非法买卖麻黄草通知》（2013）］。

18. 擅自制作网游外挂出售牟利，侵犯了计算机软件著作权的修改权［《审理非法出版物刑案解释》（1998）］。

19. 以介绍现货黄金投资为名义，未经批准招揽国内客户参与境外市场的黄金合约买卖，属于组织变相期货交易活动，情节严重的，可以构成非法经营罪。

20. 未经许可，经营现货黄金延期交收业务，属于实质上的变相黄金期货交易。

21. 不具备证券从业资格的公司与具备资格的公司合作开展证券咨询业务，情节严重的。

22. 没有贩卖、制造毒品的故意，仅有生产、销售假药的故意，而其生产、销售国家管制的精神药品的行为同时又构成非法经营罪的，生产、销售假药罪与非法经营罪发生竞合，应择一重罪论处。

二、合同诈骗罪（第224条）

《刑法》第224条　有下列情形之一，以非法占有为目的，在签订、履行合同过程中，骗取对方当事人财物，数额较大的，处3年以下有期徒刑或者拘役，并处或者单处罚金；数额巨大或者有其他严重情节的，处3年以上10年以下有期徒刑，并处罚金；数额特别巨大或者有其他特别严重情节的，处10年以上有期徒刑或者无期徒刑，并处罚金或者没收财产：

（一）以虚构的单位或者冒用他人名义签订合同的；

（二）以伪造、变造、作废的票据或者其他虚假的产权证明作担保的；

（三）没有实际履行能力，以先履行小额合同或者部分履行合同的方法，诱骗对方当事人继续签订和履行合同的；

（四）收受对方当事人给付的货物、货款、预付款或者担保财产后逃匿的；

（五）以其他方法骗取对方当事人财物的。

(一) 概念、构成要件

合同诈骗罪，是指以非法占有为目的，在签订、履行合同的过程中，使用欺诈手段，骗取对方当事人财物，数额较大的行为。

"以非法占有为目的"，可从两个方面认定：①行为人是否采用了合同诈骗罪所列举的欺诈手段。使用法定欺诈手段骗取了财物且不归还的，一般可认定为具有非法占有他人财物的目的。②综合签订合同前后的各种表现及各种因素认定行为人是否具有非法占有目的。例如，行为人在签订合同时有无履约能力；在签订合同后有无履行合同的实际行动；未能履行合同的原因；骗取钱款的去向、用途；有无逃匿行为。

"在签订、履行合同的过程中"，是指当事人在从事市场经济活动过程中通过签订、履行合同，实现商品、服务交易的经济目的。

"合同"，是指在市场经济领域内，人们借以发生关系的，签订与履行活动均受市场秩序制约的合同。合同包括书面和口头的合同，不包括与市场秩序无关以及主要不受市场调整的各种"合同""协议"，例如，不具有交易性质的赠与合同，婚姻、监护、收养、抚养等有关身份关系的协议，以及主要受劳动法、行政法调整的劳务合同、行政合同。

根据《立案标准（二）》（2010）第77条的规定，以非法占有为目的，在签订、履行合同过程中，骗取对方当事人财物，数额在2万元以上的，应予立案追诉。单位合同诈骗在5万元至20万元以上的，应予立案。

(二) 认定与处罚

1. 本罪与诈骗罪的界限。区分本罪与诈骗罪，不能简单地以有无合同为标准。诈骗罪也可能以签订、履行合同的方式实施，合同诈骗罪也可能不以书面合同的存在为必要。区别二者的关键在于：合同诈骗罪中的"合同"，首先必须能够体现一定的市场秩序，考察其行为是否符合扰乱市场秩序的特征。其次，行为人非法占有的财物应当是与合同签订、履行有关的财物，如合同标的物、定金、预付款、担保财产、货款等。如果行为人在与他人签订或履行合同的过程中，以其他与合同无关的事由为借口骗取他人钱财的，则不是合同诈骗。

2. 本罪与金融诈骗罪的界限。刑法上规定的各种金融诈骗罪，都可能利用合同的形式来实施，例如，利用贷款合同诈骗贷款，利用保险合同诈骗保险金。在这种情况下，属于法条竞合，既然刑法对金融诈骗罪作了特别规定，特别法优先，以金融诈骗罪论处。但由于单位不能构成贷款诈骗罪，因此，当单位以贷款合同的形式诈骗贷款时，不成立贷款诈骗罪，以合同诈骗罪论处。

3. 骗取他人担保以申请贷款，无偿还能力后致使担保人承担担保责任的，一般应以合同诈骗罪论处。如果行为人提供虚假担保或者重复担保，骗取银行或者其他金融机构贷款的，应以贷款诈骗罪论处。[1]

4. 业务员冒用公司名义，采用欺骗的方式使合同相对方误以为由于合同标的系非法获取而价格较低进而同意签署购销合同，出具盖有失效的公司印章或者盖有未经授权的公司印章收据，收取货款的行为，不成立表见代理，构成合同诈骗罪。[2]

5. 承运人预谋非法占有被承运货物，在履行承运合同过程中偷偷将承运货物调包的行为，构成合同诈骗罪。类似地，挂靠轮船公司的个体船主，在履行承运合同过程中采用以次充好的方式骗取收货方收货并向货主足额支付货款及运费的行为，构成合同诈骗罪。[3]

6. 通过信息网络骗取卖家二手车的行为构成合同诈骗罪。被骗车辆已过户但未交付的应认为为犯罪未遂。私车牌照的竞买价格

---

[1] 指导判例［第352号］秦文虚报注册资本、合同诈骗案——骗取他人担保申请贷款诈骗还是合同诈骗？"载中华人民共和国最高人民法院刑事审判第一、二、三、四、五庭主办：《刑事审判参考（2005年第4辑·总第45集）》，法律出版社2006年版。

[2] 指导判例［第577号］谭某合同诈骗案——业务员冒用公司名义与他人签订合同违规收取货款的行为如何定性？"载中华人民共和国最高人民法院刑事审判第一、二、三、四、五庭主办：《刑事审判参考（2009年第5辑·总第70集）》，法律出版社2010年版。

[3] 指导判例［第808号］吴某合同诈骗案——挂靠轮船公司的个体船主，在履行承运合同过程中采用以次充好的方式骗取收货方收货并向货主足额支付货款及运费的，该行为如何定性？"载中华人民共和国最高人民法院刑事审判第一、二、三、四、五庭主办：《刑事审判参考（2012年第6辑·总第89集）》，法律出版社2013年版。

不应计入犯罪数额。[1]

7. 行为人利用合同陷阱收取对方当事人违约金的行为，不宜认定为本罪。例如，甲以某公司经销处名义，先后与 30 家企业签订购销合同。其明知对方公司没有取得质量体系认证，却在合同中设置了对方需随货附质量体系认证的条款。对方因没有仔细审查就签了合同，致使最终无法履约而导致双倍返还定金。一方面，订立合同的双方都应认真审查、慎重行事，倘因自己的行为过错导致义务的加重，则应由其自己承担；另一方面，基于刑法的谦抑性，对于合同陷阱，受损方完全可以通过民事的、经济的途径加以解决。因此，对于利用"合同陷阱"条款追究对方当事人违约责任而骗取对方当事人财物的行为，因其是以合法形式实现了非法目的，其占有对方财物的行为因对方的承诺而正当化，故不宜按犯罪追究刑事责任。[2]

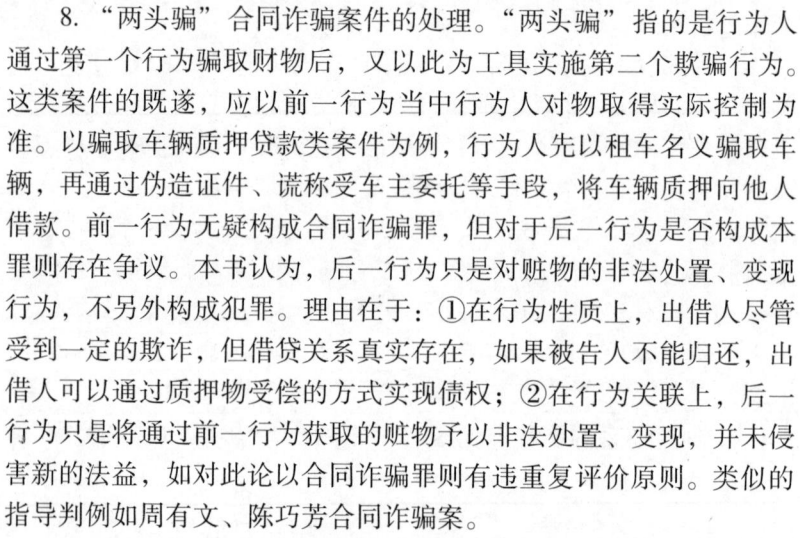

8. "两头骗"合同诈骗案件的处理。"两头骗"指的是行为人通过第一个行为骗取财物后，又以此为工具实施第二个欺骗行为。这类案件的既遂，应以前一行为当中行为人对物取得实际控制为准。以骗取车辆质押贷款类案件为例，行为人先以租车名义骗取车辆，再通过伪造证件、谎称受车主委托等手段，将车辆质押向他人借款。前一行为无疑构成合同诈骗罪，但对于后一行为是否构成本罪则存在争议。本书认为，后一行为只是对赃物的非法处置、变现行为，不另外构成犯罪。理由在于：①在行为性质上，出借人尽管受到一定的欺诈，但借贷关系真实存在，如果被告人不能归还，出借人可以通过质押物受偿的方式实现债权；②在行为关联上，后一行为只是将通过前一行为获取的赃物予以非法处置、变现，并未侵害新的法益，如对此论以合同诈骗罪则有违重复评价原则。类似的指导判例如周有文、陈巧芳合同诈骗案。

三、组织、领导传销活动罪（第 224 条之一）

《刑法》第 224 条之一　组织、领导以推销商品、提供服务等经营活动为名，要求参加者以缴纳费用或者购买商品、服务等方式

---

〔1〕　指导判例［第 875 号］郭松飞合同诈骗案——通过网络交易平台诱骗二手车卖家过户车辆并出具收款凭据的行为如何定性？载中华人民共和国最高人民法院刑事审判第一、二、三、四、五庭主办：《刑事审判参考（2013 年第 4 辑·总第 93 集）》，法律出版社 2014 年版。

〔2〕　耿景仪："合同诈骗罪三大疑难问题解析"，载《中国刑法学年会文集》（2016）。

获得加入资格,并按照一定顺序组成层级,直接或者间接以发展人员的数量作为计酬或者返利依据,引诱、胁迫参加者继续发展他人参加,骗取财物,扰乱经济社会秩序的传销活动的,处5年以下有期徒刑或者拘役,并处罚金;情节严重的,处5年以上有期徒刑,并处罚金。

(一)构成要件

"传销活动",是指以下情形:①需交相当高的费用以取得参加资格。传销活动往往以推销产品、服务等经营活动为名,要求参加者交纳一定的费用以获取参加的资格,即所谓的"入门费"。通常的方式是要求参加者高价购买商品,如用数千元买进成本不过百元的产品。也有的直接以"入会费""会员费"的名义收取费用。②以参加者缴纳的入门费作为"营利"的来源,形成依靠不断吸收新参加者并收取入门费的营利模式,即所谓的"拉人头"。③设置吸引他人参加和鼓励已参加者吸收新参加者的计酬机制。这种计酬机制通常从两个途径使参加者获利:一是从本人吸收的新参加者缴纳的入门费中直接获利;二是从"下线"吸收的新参加者缴纳的入门费中提成获利。本人吸收的参加者是本人的"下线",本人成为其"上线";"下线"吸收的成员成为本人的"下下线",由此形成"金字塔式"提成级层。"上线"可以从下线、下线的下线……提成获利。这种计酬方式产生一个激励机制,即不断吸收新成员并从中牟利。吸收的成员越多,收入越高;本人下线吸收的成员越多,本人的级别越高,从而提成的范围越大;最初启动某项传销活动的人,几乎能够直接或间接地从全体参加者的入门费中获利。努力成为上线并坐收暴利,同时也成为诱惑他人加入传销的诱饵组织。④传销活动具有严重的社会危害性。首先,它具有欺骗性。正常的经营活动需通过提供商品、服务满足客户来营利,而传销活动完全依靠吸收参加者并收取入门费来获利和维持传销组织运转,没有营利的内容势必不能维持久远,每一个加入者其实都是上当受骗者。其次,组织领导者通过宣扬可以成为众多人上线坐收暴利的梦想,诱骗他人加入,同时刺激成员不择手段地诱骗他人加入,引发诸多社会不稳定因素。

"组织、领导",是指在传销活动中实施组织、领导行为,对传销活动起到重要或关键作用,如传销活动的发起、决策、操纵、策划、指挥、布置、协调等行为,或者在传销活动实施中起到关键作用。实施这种组织、领导行为的人，通常被称为传销活动的组织者、领导者。鉴于被诱骗参加传销的人众多，他们本身也是受害者，所以刑法只把组织、领导非法传销的行为规定为犯罪。参加传销的行为不认为是犯罪。

本罪的立案标准：组织、领导的传销活动人员在 30 人以上且层级在 3 级以上的，对组织者、领导者，应予立案追诉。

（二）认定与处罚

1. "团队计酬"及其定性。关于"团队计酬"，《办理传销案意见》(2013) 第 1 条指出：传销活动的组织者或者领导者通过发展人员，要求传销活动的被发展人员发展其他人员加入，形成上下线关系，并以下线的销售业绩为依据计算和给付上线报酬，牟取非法利益的，是"团队计酬"式传销活动。是否构成犯罪，关键在于是依据"销售商品数"还是"发展人头数"计酬。如果有实质意义的商品销售，为鼓励扩大销售队伍进而促进商品销售而从其发展的下线提成，不构成犯罪。如果没有商品销售的实质内容，仅仅"以发展人员的数量作为计酬或者返利依据"的，应当依照《刑法》第 224 条之一的规定，以组织、领导传销活动罪定罪处罚。

2. 《办理传销案意见》(2013) 第 3 条指出：以非法占有为目的，组织、领导传销活动，同时构成组织、领导传销活动罪和集资诈骗罪的，依照处罚较重的规定定罪处罚。犯组织、领导传销活动罪，并实施故意伤害、非法拘禁、敲诈勒索、妨害公务、聚众扰乱社会秩序、聚众冲击国家机关、聚众扰乱公共场所秩序、交通秩序等行为，构成犯罪的，依照数罪并罚的规定处罚。

3. 与非法经营罪的区别。因为《刑法修正案（七）》已经专门将组织、领导传销活动的行为单独规定为犯罪，故其不适用非法经营罪。也有学者认为，组织、领导传销活动罪必须具备"骗取财物"的要素，不具备"骗取财物"的仍然成立非法经营罪，如果具有骗取财物要素，同时构成诈骗犯罪的，应当按照想象竞合犯，从一重罪论处。参与传销活动者，可能承担非法经营、集资诈骗等犯罪的刑事责任。不过，指导案例"曾国坚等涉嫌非法经营无罪案"裁判要旨指出："对组织、领导传销活动的行为，如未达到组织、领导传销活动罪的追诉标准，行为人不构成组织、领导传销活动罪，亦不宜再以非法经营罪追究刑事责任。"

组织、领导传销活动罪相关判例

第三章思考题

1. 论破坏社会主义市场经济秩序罪的概念与特征。
2. 论生产、销售伪劣产品罪的概念与特征。
3. 论走私普通货物、物品罪的概念与特征。
4. 论伪造货币罪的概念与特征。
5. 论逃税罪的概念与特征。
6. 论合同诈骗罪的概念与特征。
7. 论非法经营罪的概念与特征。

第三章思考题
参考答案

第四章 侵犯公民人身权利、民主权利罪

本章知识结构图

```
                        ┌ 侵害生命、健康的犯罪 ┤ 故意杀人罪
                        │                      │ 故意伤害罪
                        │                      │ 过失致人死亡罪
                        │                      └ 遗弃罪
                        │
侵犯公民人身权利、      │ 侵犯他人人身权利、   ┤ 非法拘禁罪
民主权利罪             ┤ 自由和人格尊严的犯罪 │ 绑架罪
                        │                      └ 拐卖妇女儿童罪
                        │
                        │ 侵犯妇女、儿童性权利、┤ 强奸罪
                        │ 人格尊严的犯罪       │ 强制猥亵、侮辱罪
                        │                      └ 猥亵儿童罪
                        │
                        └ 其他侵犯公民人身权利、民主权利的犯罪
```

第一节 侵害生命、健康的犯罪

一、故意杀人罪（第232条）

《刑法》第232条 故意杀人的，处死刑、无期徒刑或者10年以上有期徒刑；情节较轻的，处3年以上10年以下有期徒刑。

（一）概念、构成要件

故意杀人罪，是指故意非法剥夺他人生命的行为。

1. "杀人"，是指非法剥夺他人生命，包括一切非法的足以致人死亡的行为。在现代刑法广泛惩罚不能犯未遂的背景下，所谓足以造成死亡，是指在"常识"意义上能够造成死亡结果，不以实际能够造成死亡为必要。例如，甲意图用毒药谋杀乙，因毒药失效在该场合实际上不可能致乙死亡的，也是杀人行为。因为毒药能致人死亡是常识。判例如：M为杀其夫B，将杀虫剂"德特莫尔"从一个喷雾罐里喷到B的午后点心上，喷两次各约一秒。B咬了一

第四章　侵犯公民人身权利、民主权利罪

口，因味苦吐了，没再吃。法庭查明：喷雾罐中化螟松的有效成分共 0.85 毫升，而致死量需 40 克。德国最高法院认定行为人成立杀人未遂。[1]作为对极端主义、恐怖主义的反应，刑事立法注重防患于未然，将惩罚限度提前，杀人危险的认定应相应提前到抽象危险，不以有具体危险为必要。如果使用在"常识"上不可能造成死亡的方式，如用诅咒、巫蛊之类的方式"杀人"，则不是杀人行为。因为这是超自然或违背常识的方法，不可能致人死亡。

不作为致人死亡在与作为致人死亡"相当"时，可认定为不作为杀人行为。例如，某夫妇生下畸形儿，不想让他留在人间，但又不忍心下手杀害（如果亲自把孩子溺死或者掐死则属于作为犯），于是就把孩子放在家中，不予照料喂养，任其饥渴而死。该夫妇不喂养的行为（不作为），与溺死或者掐死的（作为）杀害方式相当，构成故意杀人罪。若不作为不具有"相当性"的，不成立故意杀人罪。如果该夫妇将婴儿放到医院、救助站公园门口或显眼处，希望有人抱走且很可能被人发现并抱走，但长时间内没有被人抱走而死亡的，该不作为（不履行抚养义务）与作为的杀人行为不相当，不能认定为故意杀人行为。但不排除该不作为成立《刑法》第 261 条之遗弃罪。

2. "人"，是指有生命的自然人。生命的起始时间有多种观点，如阵痛说、部分露出说、全部露出说、断带说、发声说、独立呼吸说等。在我国，独立呼吸说是通说。独立呼吸说以胎儿脱离母体能够独立呼吸作为生命起始的标志。因此，堕胎不具有杀人的性质，非法堕胎属于非法进行节育手术的犯罪行为。其他故意造成孕妇流产、胎儿死亡的行为，也不具有杀人的性质，只能作为对孕妇的损害结果加以考虑。如对孕妇实施伤害、强奸等犯罪而导致胎儿流产死亡的，作为伤害、强奸孕妇的加重结果或者情节。生命结束的时间，原则上以人的生命已经不可逆转为标准。传统观点以心脏停止跳动或呼吸停止为标志。也就是说，心跳或呼吸不可逆转地停止，标志着人的生命已经不可逆转地结束了，即死亡。这也是我国的通说。随着医学技术和医学伦理观念的发展，出现了脑死亡说，该说以大脑不可逆转地丧失生命为死亡的标准。

---

[1] [德] 克劳斯·罗克辛著，何庆仁、蔡桂生译：《德国最高法院判例刑法总论》，中国人民大学出版社 2012 年版。

3. 杀人"故意",是指明知自己实施足以剥夺他人生命的行为并且希望或者放任他人死亡结果的发生。杀人故意的内容是针对"杀人行为"和"致人死亡结果"的故意,而杀人行为必须是在希望或放任他人死亡的意志支配下实施的具有足以致人死亡的物理能量的行为。引起或导致死亡结果的"举止",未必都具有足以致人死亡的物理力量,即未必都是杀人行为;对该举止的故意,也不是杀人的故意。

杀人故意的内容对于认定故意杀人罪具有重要的意义:①本身不足以致人死亡的举止,如推搡、撕扯、拳打、脚踢、掌掴等,偶然与其他因素遭遇,如被害人跌倒磕碰致死,或者被害人患有高血压、心脏病,因肢体冲突而致病发死亡,不能证实行为人有意利用有关因素或对"致人死亡"明知的,不具有杀人故意。②即使故意实施足以致人死伤的行为致人死亡的,如暴力刀刺、棒击、砖砸、连续拳打脚踢等,若不能证实对"致人死亡"明知的,仍然不是故意杀人。如"王兴佰、韩涛、王永央故意伤害案"。[1]

根据法定符合说,行为人认识到杀害对象是"人"即可成立杀人故意,不必精准到杀害何人。因此,甲本欲杀害张三,却把李四误认作张三而杀害了李四,甲对李四之死具有杀人的故意。

(二) 认定和处罚

1. "杀人"的着手,是指开始剥夺他人生命、对生命具有紧迫危险的行为。认定"着手",要结合行为人的杀人方式。在刀杀、棒杀时,举刀要砍、刺他人,或者举棒要击打他人之际是着手;在枪杀时,正要扣动扳机射击他人之际是着手;在毒杀时,投放毒药后被害人将要饮用有毒食物而产生紧迫生命危险之际是着手。因为前述行为能够直接剥夺他人生命。而在此之前,行为人准备刀枪等犯罪工具,持械接近、尾随他人,在特定的地点守候他人等,都是杀人准备行为。

2. 本罪是典型的结果犯,必须发生"死亡"结果才成立既遂。即使杀人行为实施完毕,但没有发生死亡结果的,也不是既遂。例如,甲把仇人乙击昏、掩埋后满意而归,但乙数小时后从土里活着爬出并报警。甲成立故意杀人罪未遂,属于实行终了的未遂。

---

[1] 参见中华人民共和国最高人民法院刑事审判第一、二、三、四、五庭主办:《刑事审判参考(2006年第5集·总第52集)》,法律出版社2006年版,第5页。

3. "杀人"不包括自杀。"人"是指"他人",即杀人者以外的一切有生命的自然人。自杀在伦理上不可取,但在法律上不是犯罪。

在诱骗、教唆、帮助、逼迫他人"自杀"的定性上,有一些似是而非的观念,这些观念可能产生于对自杀、他杀的模糊认识。自杀的基本特征之一是:自杀者按照自己的意志决定结束自己的生命并清楚地认识到自己行为的意义。故意杀人罪是一种杀害他人的犯罪,行为人必须有杀害他人的故意和行为。从这个意义上讲,只有他杀可以构成故意杀人罪。在诱骗、教唆、帮助、逼迫他人"自杀"的场合,只有当案件具有他杀的实质而徒有"自杀"表象的情况下,才可能构成故意杀人罪。如出于杀人的目的,将毒药冒充治病的药物欺骗被害人服用的,或者杀害前实行折磨迫使被害人"选择"自尽的,或者将有自杀念头但缺乏自杀勇气的人从高处推下摔死的等,就属于具有自杀表象而实为杀人的情况。在这个意义上的"自杀"案件中,存在故意杀人罪成立与否的问题。

施行"安乐死"是非法剥夺他人生命行为。医生为了减缓病人的痛苦而给予适量麻醉、镇静药物的,或者对于抢救无望的病人停止抢救的,或者给脑死亡的病人撤除维持装置的,虽然可能加快了病人的死亡进程,但这属于符合医疗常规的行为,不属于施行"安乐死"。

4. 根据《邪教组织解释》(2017),用邪教组织,制造、散布迷信邪说,组织、策划、煽动、胁迫、教唆、帮助其成员或者他人实施自杀、自伤的,以故意杀人罪或者故意伤害罪定罪处罚。

5. 对于刑法特别规定的故意杀人行为,依照特别规定定罪处罚。①放火、决水、爆炸、投毒、以其他方法危害公共安全致人死亡的,虽然也是故意杀人,依照《刑法》第114、115条定罪处罚。②犯强奸罪,抢劫罪,拐卖妇女、儿童罪的过程中暴力致被害人死亡的,有的虽然也符合故意杀人罪的要件,但只能以前述犯罪的结果加重犯处罚。绑架中杀害被绑架人的,是绑架罪的结果加重犯。

二、故意伤害罪(第234条)

《刑法》第234条 故意伤害他人身体的,处3年以下有期徒刑、拘役或者管制。

犯前款罪,致人重伤的,处3年以上10年以下有期徒刑;致人死亡或者以特别残忍手段致人重伤造成严重残疾的,处10年以上有期徒刑、无期徒刑或者死刑。本法另有规定的,依照规定。

（一）概念、构成要件

故意伤害罪，是指故意非法破坏他人身体组织的完整或器官功能，造成轻伤以上结果的行为。

1. "伤害他人身体"，是指以物理、化学、生物等各种外界因素作用于他人人体，使组织、器官结构遭到一定程度的损害或者部分功能障碍的行为。强迫卖血、超量抽取血液损害人体健康的，也是伤害身体。

自伤、自残的，不成立本罪。《刑法》第434条规定，现役军人"战时自伤身体，逃避军事义务的"，成立战时自伤罪。

2. 伤害达到"轻伤"程度，是司法机关立案的主要标准。根据《人体损伤程度鉴定标准》（2013），使人肢体或者容貌损害，听觉、视觉或者其他器官功能部分障碍或者其他对于人身健康有中度伤害的损伤，包括轻伤一级和轻伤二级。"轻伤"不轻，如颅脑轻伤一级包括：①头皮创口或者瘢痕长度累计20.0cm以上；②颅骨凹陷性或者粉碎性骨折；③颅底骨折伴脑脊液漏等。颅脑轻伤二级包括：①头皮创口或者瘢痕长度累计8.0cm以上；②颅骨骨折；③外伤性蛛网膜下腔出血等。再如，手部轻伤一级包括：①一手拇指离断或者缺失未超过指间关节；②一手除拇指外的食指和中指离断或者缺失均超过远侧指间关节。轻伤二级包括：①除拇指外的一个指节离断或者缺失；②两节指骨线性骨折或者一节指骨粉碎性骨折（不含第2~5指末节）等。

3. 伤害故意，是指明知自己实施足以损害他人健康的行为并且希望或者放任他人伤害结果的发生。故意伤害罪之下还有治安违法的殴打和伤害，因此伤害罪之故意，应是指对他人身体造成相当严重程度损害的故意。故意实施推搡、撕扯、殴打行为，仅有治安违法性质，不足以评价为故意伤害罪的伤害行为和伤害故意。

（二）加重犯

《量刑指导意见》（2014）规定了故意伤害罪的量刑起点：①致一人轻伤的，可在2年以下有期徒刑、拘役幅度内确定；②致一人重伤的，可以在3年至5年有期徒刑幅度内确定；③以特别残忍手段致一人重伤，造成六级严重残疾的，可以在10年至13年有期徒刑幅度内确定，依法应当判处无期徒刑以上刑罚的除外。

（三）认定与处罚

1. 根据合法的伤情鉴定认定轻伤、重伤。伤情鉴定结果，对

第四章　侵犯公民人身权利、民主权利罪

定罪量刑具有重要影响。

(1) 鉴定原则。遵循实事求是的原则，坚持以致伤因素对人体直接造成的原发性损伤及由损伤引起的并发症或者后遗症为依据，全面分析，综合鉴定。对于以原发性损伤及其并发症作为鉴定依据的，鉴定时应以"损伤当时伤情"为主，损伤的后果为辅，综合鉴定。对于以容貌损害或者组织器官功能障碍作为鉴定依据的，鉴定时应以"损伤的后果"为主，损伤当时的伤情为辅，综合鉴定。

(2) 鉴定时机。以原发性损伤为主要鉴定依据的，伤后即可进行鉴定；以损伤所致的并发症为主要鉴定依据的，在伤情稳定后进行鉴定。以容貌损害或者组织器官功能障碍为主要鉴定依据的，在损伤90日后进行鉴定；在特殊情况下可以根据原发性损伤及其并发症出具鉴定意见，但须对有可能出现的后遗症加以说明，必要时应进行复检并予以补充鉴定。疑难、复杂的损伤，在临床治疗终结或者伤情稳定后进行鉴定。

(3) 鉴定依据。具体损伤程度的分级，依据《人体损伤程度鉴定标准》确定。

2. 故意伤害罪与违反治安法的殴打伤害行为的区分。《治安管理处罚法》第43条规定："殴打他人的，或者故意伤害他人身体的，处5日以上10日以下拘留，并处200元以上500元以下罚款；情节较轻的，处5日以下拘留或者500元以下罚款。有下列情形之一的，处10日以上15日以下拘留，并处500元以上1000元以下罚款：①结伙殴打、伤害他人的；②殴打、伤害残疾人、孕妇、不满14周岁的人或者60周岁以上的人的；③多次殴打、伤害他人或者一次殴打、伤害多人的。"由此产生了违反治安法的殴打伤害行为与故意伤害罪的区分。比如，甲殴打乙，首先由公安机关受理，需要甄别其行为是构成需移送检察机关起诉的故意伤害罪，还是依照《治安管理处罚法》第43条自行处罚。为了客观、严格予以界分，防止警察选择执法等情况，司法实务是看有没有"轻伤"结果，暴力攻击他人，经鉴定造成轻伤以上结果的，认定构成犯罪；没有造成轻伤结果的，认定构成治安违法行为，由公安自行处罚。这种界分源自于治安违法与刑事犯罪的二分法律结构，也成为公安机关与检察院、法院职权的区分。

"轻伤"与"轻微伤"的意义。轻伤的构成犯罪；轻微伤的不构成犯罪，但需给予治安处罚；连"轻微伤"结果都没有的，一般不处罚。《人体损伤程度鉴定标准》（2013）规定，轻微伤，是指各种致伤因素所导致的原发性损伤，造成组织器官结构轻微损害或者轻微功能障碍，如轻微伤包括：①头部外伤后伴有神经症状；②头皮擦伤面积 $5.0cm^2$ 以上；头皮挫伤；头皮下血肿；③肢体创口或者瘢痕长度 1.0cm 以上；④足骨骨折；⑤腕骨、掌骨或者指骨骨折；⑥牙齿脱落或者缺损；等等。可见"轻微伤"不轻微。轻微伤与轻伤程度上的差异，常人很难凭经验判断，所以不得不根据"伤情鉴定"来认定。

3. 轻伤的刑事和解。故意致人轻伤构成犯罪的，被告人可以在起诉、审判阶段给予被害人合理的补偿并达成和解协议。这样就不必起诉或者不定罪处罚。

4. 故意伤害罪和故意杀人罪的区分。①故意伤害他人身体"致人死亡"的，是《刑法》第 234 条故意伤害罪之结果加重犯。这是伤害性质的行为"非故意"致人死亡。如果使用足以致命的方法"故意"致人死亡的，则应适用《刑法》第 232 条故意杀人罪。②在突发性案件中，行为人动机不明时，一般运用《刑法》第 14 条间接故意的原理来认定行为人对"致人死亡"结果的心态。如果使用匕首一类致命凶器打击致命部位致人死亡的，可认定行为人对"致人死亡"持放任心态，成立故意杀人罪。这也是间接故意适用的常型。

例如 甲、乙酒后在歌厅门口与素不相识的丙相撞，由争吵发展到打斗，甲拔出随身携带的管制刀具朝丙胸腹部刺数刀，刺破丙的心脏导致其死亡。甲使用致命的工具，打击致命部位，致人死亡，可认定甲对"致丙死亡"具有明知且放任的心态（间接故意），成立故意杀人罪。

再如，陈卫国、余建华故意杀人案。[1]

如果打击非致命部位，如腿部、臀部，因刺破血管造成被害人失血过多致命，鉴于行为人事先不存在杀人动机（直接故意），打击非要害部位且行为有所节制，不足以认定其对"致人死亡"存在故意，应退而求其轻，认定为故意伤害罪。

---

[1] 中华人民共和国最高人民法院刑事审判第一、二、三、四、五庭主办：《刑事审判参考（2006年第 5 集·总第 52 集）》，法律出版社 2006 年版，第 1~4 页。

第四章　侵犯公民人身权利、民主权利罪

5. "本法另有规定的，依照规定"。这是指刑法另有规定的故意伤害情形，不适用故意伤害罪的规定。该规定是关于故意伤害行为之法条竞合的规定。例如，《刑法》第347条规定之刑讯逼供、暴力取证致人轻伤的，第292、293条聚众斗殴、寻衅滋事致人轻伤的，第240条拐卖妇女、儿童罪、第236条强奸罪、第263条抢劫罪致人重伤、死亡的，第115条放火、爆炸、投放危险物质、以危险方法危害公共安全致人重伤或者死亡的；等等。这类情形虽然也具有故意伤害致人重伤或者死亡的性质，但应当按照有关刑法条文的规定定罪量刑，不按故意伤害罪定罪处罚。

6. 本罪与组织出卖人体器官罪区分。经营人体器官买卖或使他人出卖其人体器官的，是组织他人出卖人体器官罪。其间可能涉及摘取活体器官损害他人健康之行为的定性。从活体摘取器官移植给仅限于近亲属或基于抚养扶助关系形成的亲属，且以获得合法有效同意为前提。《刑法》第234条之一规定，未经本人同意摘取其器官，或者摘取不满18周岁的人的器官，或者强迫、欺骗他人捐献器官的，依照故意伤害罪、故意杀人罪的规定定罪处罚。得到被害人合法有效同意出卖其器官的，阻却故意杀人罪、故意伤害罪，成立非法出卖人体器官罪。

7. 本罪与虐待罪区分。虐待家庭成员，情节恶劣的，是虐待罪。《办理家暴案意见》（2015）第17条指出，准确区分虐待犯罪致人重伤、死亡与故意伤害、故意杀人犯罪致人重伤、死亡的界限。"对于被告人主观上不具有侵害被害人健康或者剥夺被害人生命的故意，而是出于追求被害人肉体和精神上的痛苦，长期或者多次实施虐待行为，逐渐造成被害人身体损害，过失导致被害人重伤或者死亡的，或者因虐待致使被害人不堪忍受而自残、自杀，导致重伤或者死亡的，属于《刑法》第260条第2款规定的虐待'致使被害人重伤、死亡'，应当以虐待罪定罪处罚。对于被告人虽然实施家庭暴力并呈现出经常性、持续性、反复性的特点，但其主观上具有希望或者放任被害人重伤或者死亡的故意，持凶器实施暴力，暴力手段残忍，暴力程度较强，直接或者立即造成被害人重伤或者死亡的，应当以故意伤害罪或者故意杀人罪定罪处罚。"

8. 本罪与虐待被监护、看护人罪的区分。《刑法》第260条之一规定，对未成年人、老年人、患病的人、残疾人等负有监护、看护职责的人虐待被监护、看护的人，情节恶劣的，成立虐待被监护、看护人罪。如幼儿园、学校教职员虐待学童；养老院看护员虐待其看护的老人；家庭保姆虐待其看护的儿童、老人。邻居受托或自愿代人照顾老人、儿童，也具有看护职责，其虐待行为也可构成本罪。[1]

因虐待行为造成被监护、看护人重伤、死亡，具有故意伤害、故意杀人性质的，依照处罚较重的规定定罪处罚。

三、过失致人死亡罪（第233条）

《刑法》第233条 过失致人死亡的，处3年以上7年以下有期徒刑；情节较轻的，处3年以下有期徒刑。本法另有规定的，依照规定。

（一）概念、构成要件

过失致人死亡罪，是指因为疏忽大意或过于自信而造成他人死亡的行为。

"过失"致人死亡，是指对自己的行为造成他人死亡的结果，应当预见而没有预见，或者已经预见但轻信能够避免。因不可抗拒、不可预见的原因致人死亡的，不认为是犯罪。

"致人死亡"，是指死亡结果客观上可归属于该过失行为。

过失行为，是指"制造不可容忍的风险"的行为。违反法规范、工作规范、社会常规的行为，通常具有制造不被允许的危险的性质。因为法规范如交通法规禁止的行为，就是"抽象"危险行为，如超速、闯红灯、酒驾等一般而言容易肇事。反之，社会认可的行为，如比赛、急救等，可被容忍的风险较高。

"有良知、审慎的人在所属生活领域、具体情况下，应有的表现"是社会常规行为。不违背社会常规的行为，没有逾越允许的风险；违背社会常规的行为则逾越了允许的危险。在遇到风险且难以评估时，应努力打探情况；打探之后仍不测的，应注意回避。遇到风险，有所不知不打探，有所不能不放弃，存在不当冒险行为，造成死亡结果的，应归属于该制造不当风险的行为。

下列情形发生死亡结果的，不能归责：

1. 遵守信赖原则。信赖原则，是指在生产工作和社会生活中，

---

[1] 郎胜主编：《〈中华人民共和国刑法〉的理解与适用》，中国民主与法制出版社2015年版，第470页。

当某人根据共同的准则、规则行事时，只要不存在特殊的情况，就可以信赖其他相关的人也会根据共同的准则和规则行事。相关人没有根据规则行事，打破信赖，招致损害后果的，责任自负。

2. 自杀行为、自冒风险行为，自己负责，不归责于他人。例如，甲向乙要来毒品后吸食过量而死，或甲饮酒后找乙比试车技死于竞技，乙对甲的死亡不负刑事责任。

3. 没有制造不被允许的危险的行为，不属于刑法上的犯罪行为。如甲赠送乙一辆超级跑车，乙因超速驾驶而死于车祸，甲不成立任何犯罪。

（二）认定和处罚

1. "本法另有规定的，依照规定"。《刑法》中包含大量的过失致人死亡的内容条款或罪名，可分为两类：

（1）另有规定的过失犯罪，如医疗事故罪、交通肇事罪、重大责任事故罪、失火罪、过失爆炸罪、过失投放危险物质罪、玩忽职守罪。因上述过失罪致人死亡的，排斥适用过失致人死亡罪。不过过失致人死亡罪的法定刑略重于另有规定的过失犯罪，这一般规定处罚重于特别规定的"倒挂"现象，导致产生特别规定扩张适用、一般规定收缩适用的趋向。

（2）故意犯罪的结果加重犯，如故意伤害罪致人死亡，非法拘禁致人死亡，抢劫罪、强奸罪、绑架致人死亡等。因过失致人死亡作为有关故意犯罪之加重结果，不适用过失致人死亡罪。

2. 本罪与故意伤害罪致人死亡的区分。

（1）故意伤害行为过失造成死亡结果的，定故意伤害罪而不定过失致人死亡罪。在故意伤害罪中，把过失致人死亡作为故意伤害罪之加重结果。因此，具有故意伤害性质的行为过失（或非故意地）导致死亡结果的，应当认定为故意伤害罪。如果行为本身不具有伤害性质，而是由于日常生活、工作中粗心轻率的行为不慎造成死亡结果的，是过失致人死亡。简言之，有意伤害过失致死的，成立故意伤害罪；无心伤害过失致死的，属于过失致人死亡罪。

司考真题 张某和赵某长期一起赌博。某日两人在工地发生争执，张某推了赵某一把，赵某倒地后后脑勺正好碰到石头上，导致颅脑损伤，经抢救无效死亡。张某的行为成立？

A. 故意杀人罪

B. 过失致人死亡罪

C. 故意伤害罪

D. 意外事件。

答案：B。

（2）如果故意伤害行为"致人死亡"且不能证明行为人对"致人死亡"存在故意的，成立故意伤害罪。

例如 甲、乙在单位财务室发生争执、继而演变为厮打，甲一拳击中乙面部，导致乙头部撞击到财务室防盗铁门上。经法医鉴定，乙是因头部撞击铁门而颅内出血死亡的，同时，乙面部遭甲拳击的部位发生骨折，为轻伤。甲的行为应当是故意伤害罪致人死亡。因为甲拳击乙的行为达到了致人轻伤的程度，行为具有故意伤害的性质。

（3）如果行为本身不具有伤害性质，而是由于日常生活、工作中粗心轻率的行为不慎造成死亡结果的，如驾驶车辆、爆破作业等不慎致人死亡，是过失致人死亡。例如，杨春致人死亡案。[1]

3. 本罪与故意杀人罪区分。过失致人死亡罪与故意杀人罪的区分要点在于，行为人对死亡结果的心态不同。对死亡结果具有故意的，应以故意杀人罪论处。

四、遗弃罪（第261条）

《刑法》第261条 对于年老、年幼、患病或者其他没有独立生活能力的人，负有扶养义务而拒绝扶养，情节恶劣的，处5年以下有期徒刑、拘役或者管制。

（一）概念、构成要件

遗弃罪，是指对于没有独立生活能力的人拒绝履行扶养义务、情节恶劣的行为。

1. "年老、年幼、患病或者其他没有独立生活能力的人"，是指下列人员之一：①丧失劳力，无生活来源而需要他人经济上予以供给的；②有经济收入，但生活不能自理需要他人照顾的；③因年幼无独立生活能力的人。

2. "负有抚养义务"，是指对没有独立生活能力的人所具有的

---

[1] 参见中华人民共和国最高人民法院刑事审判第一、二、三、四、五庭主办：《刑事审判参考（2010年第4集·总第75集）》，法律出版社2011年版。

抚养义务。义务来源包括：①婚姻法确定的抚养义务；②先行行为产生的抚养义务，如将他人遗弃婴儿抱回所产生的抚养义务。

3. "拒绝扶养"，是指不履行抚养义务。本罪是不作为犯罪，其情形包括：①不给被害人必要的生活照料或躲避抚养义务；②将被害人遗弃到其他场所躲避履行抚养义务。

4. "情节恶劣"，主要是指因遗弃而使被害人重伤、死亡，或因生活无着流离失所，走投无路中自杀；在遗弃中又有打骂、虐待被害人情形的；遗弃者屡教不改的；遗弃动机十分卑鄙的；等等。

（二）认定和处罚

遗弃罪与故意杀人罪的区别。不履行抚养义务，情节恶劣，通常成立遗弃罪。例如，甲得知儿子乙患先天食道肠道错位，需手术费数万元，且存活率很低。甲将乙抱离医院，放到某公共汽车站牌下，并将乙的病历也放在褓褓中。路人发现乙后即报警，警察招来救护车将乙带走。甲一直在远处观察，见乙被带上救护车后方离去。乙3天后死亡。乙主要是死于疾病，甲对乙不抚养、不就医的行为与杀害乙的行为不相当，甲仅构成遗弃罪。如果不履行抚养义务的行为致人死亡，与以作为方式杀害他人相当的，应成立故意杀人罪。

遗弃罪与虐待罪的区别

第二节 侵犯他人人身权利、自由和人格尊严的犯罪

一、非法拘禁罪（第238条）

《刑法》第238条 非法拘禁他人或者以其他方法非法剥夺他人人身自由的，处3年以下有期徒刑、拘役、管制或者剥夺政治权利。具有殴打、侮辱情节的，从重处罚。

犯前款罪，致人重伤的，处3年以上10年以下有期徒刑；致人死亡的，处10年以上有期徒刑。使用暴力致人伤残、死亡的，依照本法第234条、第232条的规定定罪处罚。

为索取债务非法扣押、拘禁他人的，依照前两款的规定处罚。

国家机关工作人员利用职权犯前3款罪的，依照前3款的规定从重处罚。

(一) 概念、构成要件

非法拘禁罪,是指故意非法侵犯他人人身自由的行为。

1. "人身自由",是指人按照自己的意志行动的自由,即在法律允许的范围内按照自己的意志决定自己的身体活动。

2. "非法拘禁",是指违背他人意志,非法剥夺他人人身自由的行为,包括使用暴力约束他人和使他人不能离开一定场所,从而使他人失去行动自由。人身自由是按照本人意志行动的自由,所以构成本罪以他人按照自己意志行动的自由受到干涉、妨害为必要。欺骗他人使其行动或不行动,尽管不符合他人的真实意思,但是没有干涉他人按照自己的意志行动的自由,不属于侵犯他人自由的行为。与此关联,成立本罪通常以他人认识到身体自由受到剥夺为前提。假如行为人实施"剥夺他人自由的行为",而他人根本未意识到行动自由受限,则不认为该行为是非法拘禁行为。例如,甲趁乙熟睡之机将其反锁于室内,乙一直未曾觉察,则应认定为甲对乙尚未实行非法拘禁行为。假如乙发现自己被反锁,意识到行动自由被剥夺,则甲属于实施了非法拘禁行为。再如,甲男在一次晚间宴会上与乙女初次相识,谎称开车送乙女回家,乙女上车后即打起瞌睡,甲男不怀好意将车往自己的住处开,乙女觉察到方向不对,即提出下车但遭到甲男的拒绝。甲男从何时着手实行非法拘禁行为?对此,应认定为甲男拒绝乙女下车请求时。因为,其从此时开始实施违背他人意志而使他人身体自由受限制的行为。

3. "非法",是指在没有履行法律手续或者经过正当的法律程序的情况下,任何剥夺他人人身自由的行为都是非法的。即使是经法律授权实施拘留、逮捕的强制措施的公安、司法机关,在履行拘留、逮捕职责时,如果违反法定程序剥夺他人人身自由的,也具有非法性。不具有非法性的拘禁行为,不构成犯罪。依法采取的逮捕、拘留措施,公民扭送现行的犯罪人,精神病院医生对精神病人采取的管束措施等,属于合法行为。司法机关在履行职责时出现一些手续上的瑕疵的,不认为具有非法性。宾馆、饭店为了避免遭受难以挽回的损失,对于拒绝或者不能付费的顾客不得已进行滞留行为的,属于一种紧急情况下的自救行为,排除非法性。

（二）结果加重犯

"致人重伤""致人死亡"，是指在使用暴力手段非法拘禁他人的过程中过失致被拘禁人重伤、死亡，如捆绑过紧或是关押、照顾不周，过失造成被拘禁人重伤、死亡的结果。这种情况仍然认定为非法拘禁罪，重伤、死亡结果作为非法拘禁罪的法定加重结果。有关判例如：田某等为索取债务而绑架他人并致人死亡案。

田某等绑架案

（三）故意伤害、杀害被拘禁人

"使用暴力致人伤残、死亡的"，是指在非法拘禁他人的过程中，故意对被拘禁人实施伤害或者杀害行为并直接导致伤残或者死亡的结果，行为人又构成了故意伤害罪或者故意杀人罪。对这种情况，不定非法拘禁罪，转定故意伤害罪、故意杀人罪。对此，可以认为是故意伤害罪（重伤）、故意杀人罪的重行为吸收了非法拘禁罪的轻行为。

（四）为索债扣留人质

"为索取债务非法扣押、拘禁他人的"，包括为索取赌债、高利贷等不受法律保护的债而非法拘禁他人的情形。这属于"拟制规定"，即这种情形不以绑架罪论处，仍以非法拘禁罪论处。

为索债而扣押债务人的子女作为人质的，一般仍以非法拘禁罪论处，不定绑架罪，也不定拐骗儿童罪。这主要是因为，无论是拟制规定还是司法习惯，都是这么处理这种情形的。此外，因为行为人具有非常明确的索债目的，为达此目的而暂时使儿童脱离家庭，没有使其永久脱离家庭的意思，因此未必符合拐骗儿童罪的条件。

（五）不真正身份犯

"国家机关工作人员利用职权犯前3款罪的，依照前3款的规定从重处罚。"这属于"不真正身份犯"的规定，仅涉及国家机关工作人员利用职权犯本罪时，"从重处罚"情节的适用。不具有此身份者即使与国家机关工作人员共同犯非法拘禁罪，也不得适用此从重处罚规定。

（六）立案标准

成立本罪一般要求拘禁持续一定的时间，如 8 小时或者 12 小时以上，或者拘禁时间虽短，但是手段比较恶劣，如使用暴力绑架的手段、偷盗婴幼儿的方式，或者对被拘禁人有比较严重的殴打、侮辱情节，或者造成了较为严重的后果等。根据《渎职侵权案立案标准》（2006）的规定，国家机关工作人员涉嫌利用职权非法拘禁他人，具有下列情形之一的，应予立案：①非法剥夺他人人身自由24小时以上的；②非法剥夺他人人身自由，并使用械具或者捆绑等恶劣手段，或者实施殴打、侮辱、虐待行为的；③非法拘禁，造成被拘禁人轻伤、重伤、死亡的；④非法拘禁，情节严重，导致被拘禁人自杀、自残造成重伤、死亡，或者精神失常的；⑤非法拘禁3人次以上的；⑥司法工作人员对明知是没有违法犯罪事实的人而非法拘禁的；⑦其他非法拘禁应予追究刑事责任的情形。这一立案标准虽然是特别针对国家机关工作人员的非法拘禁行为规定的，但是对于理解非法拘禁罪之罪与非罪的尺度具有参考价值。如果非法剥夺他人人身自由的时间很短，也没有恶劣的情节或严重后果的，不定罪，属于治安违法行为。

（七）构成要件类型

本罪属于继续犯，即着手实行犯罪直至犯罪既遂后，非法拘禁他人的行为与他人人身自由法益遭受侵害的状态仍同时且持续存在着。这是单纯的一罪，不要当成数罪。把同一个人关了很长时间、转移了很多地方，仍是一罪。犯罪既遂与法益已经遭受侵害，不意味着犯罪行为的结束，只有当不法状态（他人被剥夺自由）解除，犯罪行为才结束。

二、绑架罪（第239条）

《刑法》第239条 以勒索财物为目的绑架他人的，或者绑架他人作为人质的，处10年以上有期徒刑或者无期徒刑，并处罚金或者没收财产；情节较轻的，处5年以上10年以下有期徒刑，并处罚金。

犯前款罪，杀害被绑架人的，或者故意伤害被绑架人，致人重伤、死亡的，处无期徒刑或者死刑，并处没收财产。

以勒索财物为目的偷盗婴幼儿的，依照前两款的规定处罚。

（一）概念、构成要件

绑架罪，是指以勒索财物为目的绑架他人或者绑架他人作为人质的行为。

1. "以勒索财物为目的绑架他人"，是指使用暴力、胁迫或者麻醉等方法劫持他人作为人质，以加害人质相威胁或者以释放人质为条件，向第三人索要财物的行为。这是绑架罪常见的类型，即"绑架勒赎金"。

2. "绑架他人作为人质",是指绑架他人作为人质并向第三人索要财物之外的重大不法利益,如绑架政府官员或者外交官并要求释放在押罪犯、割让领土、分裂民族等。绑架人质以作为谈判筹码(例如,劫匪抢劫银行时被警察包围,遂绑架人质与警方讨价还价),也具有绑架人质获取重大不法利益的性质。

3. 绑架罪,是指将人质置于自己实力支配下而向第三人索要赎金以及其他不法利益,侵犯到被绑架人人身自由和第三人的自决权的一种犯罪行为。例如,甲持刀将乙逼入山中,通知"乙母"送20万赎人,乙母交给甲20万。这是典型的绑架罪。成立本罪不必是本人直接通知(勒索)第三人,通过人质之口通知(勒索)第三人亦可,如甲令乙通知乙母拿20万赎人,同样侵犯了第三人(乙母)的自决权。

(1) 对被害人施加暴力,迫使在场第三人交付财物的,因为没有达到将被害人置于实力支配的程度,也没有索要赎金的性质,因此是抢劫不是绑架。例如,甲持西瓜刀冲入某银行储蓄所,将刀架在储蓄所保安乙的脖子上,喝令储蓄所职员丙交出现金1万元,储户丁拿出1万元扔给甲。甲成立抢劫罪,因为抢劫的暴力不限于施加于财物占有人或交付人,也可以通过施加于第三人实行抢劫。

(2) 劫持被害人并获取被害人所控制的财物的,因为没有向第三人索要赎金而不涉及第三人自决权,因此该行为是抢劫而不是绑架。例如,甲、乙某晚将老板丙从工厂绑架至市郊一空房内,将丙的双手铐在窗户铁栏杆上,强迫丙答应交付3万元的要求。约2小时后,甲、乙强行将丙带回工厂,丙从保险柜取出仅有的2万元交给甲、乙。本案中,甲、乙构成抢劫罪。

(二) 绑架罪加重犯

1. "杀害被绑架人的",是指绑架罪并故意杀害人质,行为具有故意杀人罪的性质。成立该情形不以人质实际被杀死为必要,杀害人质未遂的也是加重犯,可以参照犯罪未遂的规定酌情从轻处罚。有关判例如王建平绑架案。

王建平
绑架案

2. "故意伤害被绑架人,致人重伤、死亡的",这里是把故意伤害罪致人重伤、死亡的情形作为绑架罪的加重犯。

3. 《刑法》第239条第2款的适用范围,是指为索取重大不法利益而绑架人质时起至释放人质时止的全过程,包括:①为勒索财物绑架人质,杀害人质后隐瞒事实真相向第三人勒索赎金或不法要求的。例如，甲、乙为勒索财物绑架邻居 5 岁儿童丙，因为丙哭闹带在身边不方便，就将丙杀害掩埋。之后打电话给丙的父亲，声称绑架丙，索要 10 万元赎金。本案属于绑架罪中的"杀害被绑架人"。如果不是在绑架的过程中而是因其他缘故杀害他人后，临时起意谎称绑架被害人并勒索财物的，不是绑架罪的加重犯。如甲与乙因借款发生纠纷，争执中甲将乙打死。甲又给乙妻打电话，谎称将乙绑架并索要 10 万元赎金。甲的行为构成故意杀人罪和敲诈勒索罪。②因勒索条件未得满足或报复人质亲友报警而杀害人质的。③勒索到赎金后为灭口而杀人质的。比如，人质家人支付赎金 100 万元满足了绑匪的要求，绑匪不仅不如约释放人质，而且将人质杀害。本案仍应认定为绑架罪的加重犯。

4. 加重犯是特别保护被绑架人的规定，犯绑架罪杀伤被绑架人的，虽然也构成故意杀人罪、故意伤害罪，但无需数罪并罚，而是优先适用《刑法》第 239 条第 2 款定罪处罚。鉴于这是特别保护被绑架人的规定，因此量刑应重于故意杀人罪和故意伤害罪。

犯绑架罪杀害或伤害人质之外的人的，不是本罪的加重犯。应当另定故意杀人罪、故意伤害罪。

5. 绑架过程中过失致人质死亡的，仅具有过失致人死亡的性质，不具有故意杀人罪、故意伤害罪的性质，不属于绑架罪的加重犯。

（三）认定和处罚

1. 扣押人质索要微不足道的钱财或不法利益的，不是绑架罪。刑法对绑架罪处罚严厉，与此相应，绑架人质勒索巨额赎金或者重大不法利益的，才能定绑架罪。只有索要巨额赎金才能使第三人在是否支付赎金解救人质上面临艰难选择，也使人质安全面临险境。如果索要微不足道的利益，如数百元或数千元的赎金，第三人对答应其条件不会感到为难，人质也不至于有什么危险，其危害性仅相当于非法拘禁罪或敲诈勒索罪，不必以绑架罪定罪处罚。如果情节显著轻微，危害不大的，不认为是犯罪，比如，借岳母造访之机，扣住岳母，要求妻子早日从娘家返回。

2. 绑架罪与非法拘禁罪的区别。绑架罪是非法拘禁和敲诈勒索两种行为结合而成。为勒索财物而扣押人质（非法拘禁）的，是绑架罪。但是，为索债而扣押人质，因法律拟制不成立绑架罪而仅成立非法拘禁罪。索要财物数额如果远远超出债务，严重不成比例的，索债是非法勒索财物的借口，应当认定为绑架罪。例如，乙欠甲 2 万元，甲将乙绑架，以杀伤乙威胁乙的妻子，并向其索要数十万元甚至数百万元的，则甲成立绑架罪。

3. 故意伤害被绑架人致其轻伤，或者强奸、猥亵被绑架人等构成其他罪的，需数罪并罚。例如，甲绑架乙后将乙殴打致轻伤，甲成立绑架罪和故意伤害罪，需数罪并罚。如果殴打被绑架人致其重伤，符合加重犯条件的，成立绑架罪（加重犯），不用数罪并罚。

4. 绑架人质过程中，将人质随身携带财物非法占有的，成立抢劫罪。如甲绑架乙，将其现金、手表、金饰甚至驾驶的汽车非法占有，构成抢劫罪。甲之后向乙家人索要 200 万元赎金，成立绑架罪。对此是否数罪并罚存在分歧。《审理抢劫抢夺刑案意见》（2005）指出，绑架同时劫取人质携带的财物的，择一重罪处罚，不数罪并罚。司法机关一般照此意见办理。

三、拐卖妇女、儿童罪（第 240 条）

《刑法》第 240 条　拐卖妇女、儿童的，处 5 年以上 10 年以下有期徒刑，并处罚金；有下列情形之一的，处 10 年以上有期徒刑或者无期徒刑，并处罚金或者没收财产；情节特别严重的，处死刑，并处没收财产：

（一）拐卖妇女、儿童集团的首要分子；

（二）拐卖妇女、儿童 3 人以上的；

（三）奸淫被拐卖的妇女的；

（四）诱骗、强迫被拐卖的妇女卖淫或者将被拐卖的妇女卖给他人迫使其卖淫的；

（五）以出卖为目的，使用暴力、胁迫或者麻醉方法绑架妇女、儿童的；

（六）以出卖为目的，偷盗婴幼儿的；

（七）造成被拐卖的妇女、儿童或者其亲属重伤、死亡或者其他严重后果的；

（八）将妇女、儿童卖往境外的。

拐卖妇女、儿童是指以出卖为目的，有拐骗、绑架、收买、贩卖、接送、中转妇女、儿童的行为之一的。

（一）概念、构成要件

拐卖妇女、儿童罪，是指以出卖为目的，拐骗、绑架、收买、贩卖、接送、中转妇女、儿童的行为。

1. "以出卖为目的",是指意图用妇女、儿童交换金钱财物。只有在"以出卖为目的"的支配下,实施的"拐骗、绑架、收买、贩卖、接送、中转妇女、儿童"的行为,才是"拐卖"妇女、儿童性质的行为。如甲于某日早晨在路边捡回一名弃婴,抚养了3个月后,声称是自己的亲生儿子,以3万元卖给乙,甲构成拐卖儿童罪。本罪的核心是惩处"出卖"妇女、儿童行为。有出卖行为,不问来源,无论是捡来的、买来的、收养来的,还是亲生的,均构成本罪。

不以出卖为目的,拐骗儿童脱离家庭、监护人的,是拐骗儿童罪。不以出卖为目的收买妇女、儿童的,是收买被拐卖的妇女、儿童罪。以勒索财物为目的,诱拐妇女、儿童的,是绑架罪。

"拐骗",是指以暴力、威胁、欺骗等手段控制妇女,或者诱骗儿童脱离家庭、监护人,或者将儿童从监护人那里骗走等行为。

2. "妇女、儿童"是本罪的行为对象。"妇女",既包括具有中国国籍的妇女,也包括具有外国国籍和无国籍的妇女。被拐卖的外国妇女没有身份证明的,不影响对犯罪分子的定罪处罚。"儿童",是指不满14周岁的人,包括男童和女童。其中,不满1周岁的为婴儿,1周岁以上不满6周岁的为幼儿。

3. 本罪虽然"以出卖为目的",但其既遂不以实际卖出为必要。一般而言,行为人实施了拐骗、绑架、收买、贩卖、接送、中转妇女、儿童的行为之一的,就是既遂犯。

(二)加重犯

1. "奸淫被拐卖的妇女的",是指拐卖妇女的犯罪分子在拐卖过程中,与被害妇女发生性交的行为。不论行为人是否使用了暴力或者胁迫手段,也不论被害妇女是否有反抗行为。

2. "偷盗婴、幼儿的",是指违背监护人的意志非法从监护人的支配下带走婴、幼儿的行为。婴儿指不满1周岁的人;幼儿指1周岁以上不满6周岁的人。《拐卖妇女儿童刑案解释》(2016)指出,对婴幼儿采取欺骗、利诱等手段使其脱离监护人或者看护人的,视为《刑法》第240条第1款第6项规定的"偷盗婴幼儿"。

3. "造成被拐卖的妇女、儿童或者其亲属重伤、死亡或者其他严重后果的",是指由于犯罪分子拐卖妇女儿童的行为,直接、间接造成被拐卖的妇女、儿童或者其亲属重伤、死亡或者其他严重后果。例如,由于犯罪分子采取拘禁、捆绑、虐待等手段致使被害人重伤、死亡或者其他严重后果的；由于犯罪分子的拐卖行为以及在拐卖中的侮辱、殴打等行为引起被害人或者其亲属自杀、精神失常或其他严重后果的；等等。例如，甲欲绑架女大学生乙卖往外地，乙强烈反抗，甲将乙打成重伤，并多次对乙实施强制猥亵行为。甲尚未将乙卖出便被公安人员抓获。甲构成拐卖妇女罪、强制猥亵妇女罪，实行并罚。对"甲将乙打成重伤"，适用《刑法》第240条第7项的规定。

4. 拐卖妇女、儿童罪是严重侵犯人权的犯罪，因此，凡是拐卖妇女、儿童的，不论在哪个环节，只要以出卖为目的，有拐骗、绑架、收买、贩卖、接送、中转妇女、儿童行为之一的，均应以拐卖妇女、儿童罪立案侦查；也不论拐卖人数多少，是否获利，只要实施了拐卖妇女、儿童行为的，均应当以拐卖妇女、儿童罪立案侦查。

（三）认定和处罚

1. 出卖与送养的界限。关于出卖亲生子女的处罚尺度，有一个从宽大到严厉的变化过程。最初，卖亲生或收养子女的可不作为犯罪处理。"对于出卖子女确属情节恶劣的，可按遗弃罪处罚。"[1]后来，对以营利为目的，出卖不满14周岁子女，情节恶劣的，以拐卖儿童罪论处。[2]再后来，《严惩拐卖犯罪意见》（2010）去掉"情节恶劣"条件，以拐卖儿童罪论处。《严惩拐卖犯罪的意见》（2010）第17条规定："要严格分区借送养之名出卖亲生子女与民间送养行为的界限。区分的关键在于行为人是否具有非法获利的目的。应当通过审查将子女'送'人的背景和原因、有无收取钱财及收取钱财的多少、对方是否具有抚养目的及有无抚养能力等事实，综合判断行为人是否具有非法获利的目的。具有下列情形之一的，可以认定属于出卖亲生子女，应当以拐卖妇女、儿童罪论处：①将生育作为非法获利手段，生育后即出卖子女的；②明知对方不具有抚养目的，或者根本不考虑对方是否具有抚养目的，为收取钱财将子女"送"给他人的；③为收取明显不属于'营养费''感谢费'的巨额钱财将子女'送'给他人的；④其他足以反映行为人

---

[1] 1999年10月27日中华人民共和国最高人民法院《维护农村稳定座谈会纪要》。

[2] 2000年3月20日中华人民共和国最高人民法院、最高人民检察院、公安部等六部门《拐卖妇女儿童案通知》。

具有非法获利目的的'送养'行为的。不是出于非法获利目的，而是迫于生活困难，或者受重男轻女思想影响，私自将没有独立生活能力的子女送给他人抚养，包括收取少量'营养费''感谢费'的，属于民间送养行为，不能以拐卖妇女、儿童罪论处。对私自送养导致子女身心健康受到严重损害，或者具有其他恶劣情节，符合遗弃罪特征的，可以遗弃罪论处；情节显著轻微危害不大的，可由公安机关依法予以行政处罚。"

2. "放飞鸽"。这种情况是指妇女与他人事先通谋，假装被卖，收取买方钱财以后伺机逃离收买人家。这种情况，貌似拐卖妇女的案件，实属诈骗行为。《拐卖妇女儿童刑案解释》（2016）指出，以介绍婚姻为名，与被介绍妇女串通骗取他人钱财，数额较大的，应当以诈骗罪追究刑事责任。

3. 与绑架罪界限。本罪以出卖为目的，绑架罪以勒索财物或其他不法利益为目的。

4. 正犯、共犯与事后帮助的定性。①本罪的实行行为包括"接送、中转"，因此，对于以"接送、中转"方式帮助拐卖妇女、儿童的行为，是"实行犯"（正犯），直接依据本罪定罪处罚。②明知是拐卖妇女、儿童的犯罪分子而事先通谋，为其拐卖行为提供资助或者其他便利条件的，或教唆他人实施拐卖妇女、儿童犯罪的，以拐卖妇女、儿童罪的共犯论处。③明知是拐卖妇女、儿童的犯罪分子，在其实施犯罪后为其提供隐藏处所或帮其藏匿财物，或帮助其逃匿或者作假证明包庇的，以窝藏、包庇罪论处。

5. 本罪与收买被拐卖的妇女、儿童罪区分。《刑法》第241条专门规定有收买被拐卖的妇女、儿童罪，法定最高刑为3年有期徒刑，是轻罪。"拐卖"与"收买"的区别在于是否有出卖的意图和行为，以出卖为目的收买的，或者有出卖行为的，是"拐卖"。收买被拐卖的妇女、儿童又出卖的，是拐卖妇女、儿童罪。排除出卖目的和行为的收买行为，才定性为收买被拐卖的妇女、儿童罪。

"拐卖"与"收买"，一方卖、另一方买，是典型的"对向犯"。因为对象行为如卖与买互为前提，如果刑法把双向行为都规定为犯罪，则分别定罪，不认定为共犯。因此，即使收买者与拐卖者事先通谋，收买者不成立拐卖者（人贩子）拐卖妇女、儿童罪的共犯。例如，甲听说乙有小孩卖，便与乙联系，约定交易时间、地点，然后以6万元买下该男婴。甲、乙不是共犯，各定其罪。即

第四章 侵犯公民人身权利、民主权利罪

使甲向乙预约、求购，也不构成共犯。

如果为了自己收养，而唆使本无拐卖儿童意思的人从外地收买婴儿转卖给自己的，可成立拐卖儿童罪的教唆犯，因为其实施了引起"拐卖"意图的行为。如果为了自己收养而帮助人贩子接送被贩运的儿童的，可成立拐卖儿童罪的共犯，因为对拐卖实施了帮助行为。

6. 与拐骗儿童罪的区分。《刑法》第 262 条规定，拐骗不满 14 周岁的未成年人，脱离家庭或者监护人的，是拐骗儿童罪。拐骗儿童罪不以具有出卖目的为要件，是比较轻的犯罪；拐卖儿童罪以具有出卖目的为要件，是较为严重的犯罪。拐骗不满 14 岁的人脱离家庭、监护人且不能证实有出卖目的的，是拐骗儿童罪。以出卖为目的拐骗儿童的，是拐卖儿童罪。为收养而拐骗或收买儿童，后来又出卖的，因事实上有出卖儿童的行为，以拐卖儿童罪论处。

7. 根据《拐卖妇女儿童解释》（2016）的规定，具有下列情形之一的，以本罪追究刑事责任：①医疗机构、社会福利机构等单位的工作人员以非法获利为目的，将所诊疗、护理、抚养的儿童出卖给他人的，以拐卖儿童罪论处；②介绍婚姻为名，采取非法扣押身份证件、限制人身自由等方式，或者利用妇女人地生疏、语言不通、孤立无援等境况，违背妇女意志，将其出卖给他人的，应当以拐卖妇女罪追究刑事责任；③出于结婚目的收买被拐卖的妇女，或者出于抚养目的收买被拐卖的儿童，涉及多名家庭成员、亲友参与的，对其中起主要作用的人员应当依法追究刑事责任。

第三节 侵犯妇女、儿童性权利、人格尊严的犯罪

一、强奸罪（第 236 条）

《刑法》第 236 条 以暴力、胁迫或者其他手段强奸妇女的，处 3 年以上 10 年以下有期徒刑。

奸淫不满 14 周岁的幼女的，以强奸论，从重处罚。

强奸妇女、奸淫幼女，有下列情形之一的，处 10 年以上有期徒刑、无期徒刑或者死刑：

（一）强奸妇女、奸淫幼女情节恶劣的；

（二）强奸妇女、奸淫幼女多人的；

（三）在公共场所当众强奸妇女的；

（四）2人以上轮奸的；

（五）致使被害人重伤、死亡或者造成其他严重后果的。

（一）概念和构成要件

强奸罪，是指以暴力、胁迫或者其他手段，违背妇女意志，强行与其性交或者奸淫幼女的行为。

1."妇女"是指一切女性，包括妇女和幼女。本罪对象不包括男人。妇女的尸体，不是本罪的对象，即"奸尸"行为不是强奸，有判例以侮辱尸体罪论处。

2."暴力"是指对被害妇女的人身非法施加有形强制力，足以压制其反抗（从而实施强奸）。

3."胁迫"是指犯罪分子对被害妇女暴力威胁、恫吓，达到精神上的强制的手段。

4."其他手段"是指使用暴力、胁迫以外的足以压制被害妇女反抗（从而实施强奸）的手段。例如，用药物麻醉妇女或将妇女灌醉而使其不知反抗；利用妇女患重病、熟睡而不知反抗之机；利用或者假冒给妇女治病而使其不知反抗；以行凶报复、揭发隐私、加害亲属等相威胁而迫使妇女不敢反抗；利用教养关系、从属关系、职权以及孤立无援的环境条件挟制妇女从而实施强奸；组织和利用会道门、邪教组织或者利用迷信恐吓、欺骗妇女从而实施强奸。《刑法》第259条第2款规定："利用职权、从属关系，以胁迫手段奸淫现役军人的妻子的，依照本法第236条的规定定罪处罚。"

5."奸淫不满14周岁的幼女"是指与幼女性交。成立本情形，不问行为人是否使用了暴力、胁迫手段，也不问幼女是否同意，成立强奸罪。

（二）加重犯

1."情节恶劣"，是指强奸妇女手段残酷的，或在公共场所劫持妇女强奸的，或因强奸妇女引起被害人自杀、精神失常的等。

2."二人以上轮奸的"，是指2个以上男性同时强奸同一女性。"同时"是指相对短暂的一段时间内或一个犯罪过程中，可以是几小时内，如果是同一犯罪过程，可以是几天之内。轮奸不以发生在同一场所为必要。轮奸是强奸罪的情节加重犯，不是独立罪名。对参与轮奸的犯罪分子，还应按共同犯罪的原则区分责任，进行处罚。

3. "致使被害人重伤、死亡或者造成其他严重后果的",是指因强奸妇女、奸淫幼女导致被害人性器官严重损伤,或者造成其他严重伤害,甚至当场死亡或者经治疗无效死亡的。对于强奸犯出于报复、灭口等动机,在实施强奸的过程中,杀死或者伤害被害妇女、幼女的,应分别定为强奸罪、故意杀人罪或者故意伤害罪,按数罪并罚惩处。

(三) 认定和处罚

1. 丈夫对妻子不构成强奸罪。女性自愿与男性结婚之后,表明同意与其丈夫发生性行为,即使丈夫对妻子强行性交的,也只能问责其暴力行为。涉嫌伤害、侮辱、非法拘禁的,以有关罪名追究刑事责任。收买被拐卖的妇女并强行与其发生性行为的,或通过欺骗手段与幼女登记"结婚"后发生性关系的,构成强奸罪。

2. 奸淫精神病妇女,不管采取什么手段都应以强奸罪论处。与间歇性精神病患者在未发病期间发生性行为,妇女本人同意的,不构成强奸罪。

3. 通常采取插入说或者结合说。强奸妇女并达到插入程度的,是既遂。在奸淫幼女时,采取接触说,即只要双方发生性器官接触,即应视为奸淫既遂。不过,这与猥亵儿童罪很难界分。因此至少要达到足以证明行为人具有奸淫意图的程度。

4. 已满14周岁不满16周岁的人偶尔与幼女发生性行为,情节轻微,未造成严重后果的,不认为是犯罪。但情节严重或者后果严重的,应当以强奸罪追究刑事责任。所谓情节严重,一般是指使用一些具有强制性手段的,或者奸淫多名幼女的,等等。后果严重,一般是指造成幼女怀孕或严重影响身心健康的,或者造成幼女自杀的,等等。

5. 强奸与和奸的界限。和奸是指没有夫妻关系的男女之间自愿性交的行为,和奸属于不道德的行为,不具有刑事犯罪的性质。强奸与和奸的难点是如何处理控告男友强奸这一问题。如果控告男友强奸查证属实的,尽管双方曾有过和奸,可成立强奸罪。甲、乙原本有和奸关系,甲女提出断绝来往,乙男继续纠缠进而暴力强奸的,如果甲女及时报案,查证属实的,可以认定乙男强奸。相反,如果女方因为和奸关系暴露,为了表示清白或者在家人压力下,把和奸说成强奸,不能仅凭女方的一面之词认定为强奸罪。有关判例如陈某涉嫌强奸无罪案。

陈某涉嫌
强奸无罪案

如果女方控告男方对其曾经实施过强奸，但在指控的强奸事实发生之后，与男方又发生和奸行为，保持和奸关系的，一般不采信女方的指控。因为后来发生的和奸行为，保持的和奸关系，以及案发当时没有及时控告，实际否定了女方的强奸指控。

在男方说女方愿意而女方说不愿意的"一对一"案件中，妇女报案时间的早晚是相当关键的。妇女报案及时，首先，多少能印证妇女对刚刚发生的性关系不愿意；其次，能够取得一些暴力痕迹的证据，如衣裳遭撕扯的痕迹，暴力压制与反抗中在身体上形成的痕迹，案发现场凌乱的状况等；最后，妇女刚刚遭到性侵，其心情尚未平复状态下的陈述显得较真实、可信。相反，数天之后才报案，妇女的控告失去了上述优势，成为双方各执一词的"一对一"案件，往往因证据不足而不能立案。

6. 使用暴力、胁迫手段与"陪酒女"发生性行为的，照样成立强奸罪。没有使用暴力、胁迫手段但遭到陪酒女事后举报，声称当时处于醉态的，不排除成立强奸罪的可能性。

不过，在歌厅、酒吧等娱乐场所，常有陪酒女陪酒陪唱，其中还有兼职"出台"卖淫的。其间发生指控男方利用女方醉酒强奸、轮奸的案件，需要女方有清晰明确的"不同意"性关系的表示才能认定男方有强奸认识。因为陪酒陪唱到深夜，之后还随客人去"开房"或"上门"，足以使男方以为女方有意卖淫。女方没有明确清晰的不同意性关系的表示，也没有醉酒到不能表达意思的程度，不能认定男方有强奸故意。另外，有长期陪酒陪唱经历的女性，一般了解自己的酒量，也有自我保护、应酬客人的能力。认定被告人利用被害人陷入醉态强奸，应当要求女方因醉酒达到不能或不知拒绝性关系的程度。

类似的网络"约会"的情形，男女网友约会开房，双方通常会理解为有意"一夜情"。女方应清晰明确地表示"不同意"发生性关系，才能认定男方有强奸故意。

7. 利用教养关系、从属关系和职权与妇女发生性行为的，不能都视为强奸。行为人利用其与被害妇女之间特定的关系，迫使妇女就范，例如，养（生）父以虐待、克扣生活费迫使养（生）女容忍其奸淫的；行为人利用职权，乘人之危，奸淫妇女的，都构成强奸罪。行为人利用职权引诱女方，女方基于互相利用的意思与之发生性行为的，不定为强奸罪。

8. 拐卖妇女罪的加重犯。拐卖妇女过程中奸淫被害妇女的，作为拐卖妇女罪的加重犯定罪处罚，不实行数罪并罚。

9. 强奸妇女过程中，利用强奸的暴力威势拿取被害妇女财物的，另成立抢劫罪，应数罪并罚。

二、强制猥亵、侮辱罪·猥亵儿童罪（第 237 条）

《刑法》第 237 条　以暴力、胁迫或者其他方法强制猥亵他人或者侮辱妇女的，处 5 年以下有期徒刑或者拘役。

聚众或者在公共场所当众犯前款罪的，或者有其他恶劣情节的，处 5 年以上有期徒刑。

猥亵儿童的，依照前两款的规定从重处罚。

（一）强制猥亵、侮辱罪

1. 概念、构成要件。强制猥亵、侮辱罪，是指以暴力、胁迫或者其他方法强制猥亵他人、侮辱妇女的行为。

"他人"是指除本人之外的已满 14 周岁的人，包括女人和男人。

"妇女"是指已满 14 周岁的女人。

《刑法》第 237 条第 3 款专门规定了猥亵儿童罪，猥亵儿童的不适用强制猥亵、侮辱罪。

"强制猥亵他人"，是指以暴力、胁迫或者其他方法，违背他人意志对他人实施具有性意义的行为，即"性侵犯"，如抠摸、亲吻、搂抱、剥衣、鸡奸、口交等。其他方法，是指除暴力、胁迫以外的足以违背他人意志对他人实施威胁的方法，如使用麻醉、灌醉酒的方法，或假借治病施展巫医骗术的方法，以及趁他人重病昏迷之际或者熟睡之际实施猥亵。猥亵包括发生于异性和同性之间的猥亵。

"猥亵"是指有以下情形之一的：强迫被害人容忍第三人对之猥亵；迫使被害人对行为人或者第三者实施猥亵；迫使被害人自施猥亵；强迫被害人观看他人的猥亵；等等。为猥亵行为时，不以有第三者在场为必要。

本罪之"猥亵他人"与"侮辱妇女"的区分。行为人出于满足性刺激动机对妇女强制实施性意义行为的，是"猥亵"，定强制猥亵罪。行为人不以满足性刺激为动机强制侵害妇女性尊严的，是"侮辱"，定强制侮辱罪。如丈夫当众剥光"出轨"妻子的衣服，或妻子当众剥光"小三"的衣服，对被害妇女有性羞辱意义，但行为人却没有性刺激动机。如果对妇女既有强制猥亵又有强制侮辱的，定强制猥亵、侮辱罪。如当众强制猥亵、羞辱妇女的。

2. 加重犯。

(1) "聚众或者在公共场所当众"。聚众，是指纠集3人以上。"在公共场所当众"，其中的"公共场所"，一般是指"公众自由出入的场所，如广场、公共汽车、公园等场所"。[1]"当众"，一般解释为"当着众人面""当着多人面"。"'当众'，即当着众人的面"。[2]"当众"实施性侵害犯罪虽不要求其他在场的人实际看到，但基于"当众"概念的一般语义及具有"当众"情节即升格法定刑幅度的严厉性，其他在场的人一般要在行为人实施犯罪的地点视力所及的范围之内。也就是说，性侵害行为处于其他在场的人员随时可能发现、可以发现的状况。[3]"在公共场所"当众猥亵妇女，是指在车站、码头、公园、影剧院、歌舞厅等公共场所当着第三人或多人的面对妇女进行猥亵的行为。[4]

(2) "其他恶劣情节"，是指"聚众或者在公共场所当众"猥亵之外的恶劣情节。参照强奸罪加重犯的规定和猥亵罪行为人的人格特点，一般是指：①猥亵多人或多次猥亵；②强制性侵入严重损害被害人身心健康的情形，如强制鸡奸、口交、使用器物性侵入。

3. 认定与处罚。

(1) 强制猥亵、侮辱罪与强奸罪未遂。关键在于是否能够证实行为人具有强行性交的意图。不能证实强行性交意图的，不能认定强奸未遂。符合强制猥亵要件的可认定为强制猥亵、侮辱罪。

(2) 强制侮辱罪与侮辱罪。二者的主要区别在于：是否具有性侵犯的性质。具有性侵犯性质的应认定为强制侮辱罪。

(3) 罪与非罪的界限。《治安管理处罚法》第44条规定："猥亵他人的，或者在公共场所故意裸露身体，情节恶劣的，处5日以上10日以下拘留……"其中包含强制猥亵行为，因此，强制猥亵他人、侮辱妇女的行为，情节显著轻微，危害不大的，是治安违法

---

[1] 李淳、王尚新主编：《中国刑法修订的背景与适用》，法律出版社1998年版，第304页。
[2] 李淳、王尚新主编：《中国刑法修订的背景与适用》，法律出版社1998年版，第304页。
[3] 中华人民共和国最高人民法院刑事审判第一庭、第二庭编：《刑事审判参考（2014年第3辑·总第3集）》，法律出版社2014年版。
[4] 陈兴良主编：《罪名指南（上册）》，中国政法大学出版社2000年版，第666页。

行为而不是犯罪,如在公共场所或者公共汽车上借人多拥挤之机,偶尔摸捏妇女("咸猪手"),主观恶性不深,并且尚未造成严重后果的,就不能认定为犯罪。强制猥亵行为达到了值得使用刑罚惩罚的程度的,以强制猥亵、侮辱罪处罚。

(二)猥亵儿童罪

1. 概念、构成要件。猥亵儿童罪,是指故意对不满14周岁的儿童以奸淫幼女之外的方式进行性侵犯的行为。

"儿童"是指不满14周岁的人,包括男童和女童。

"猥亵"是指对儿童实施性意义的行为。儿童的性生理和性心理尚未成熟,需特别保护。因此,社会为了特别保护儿童的身心健康而形成儿童性禁忌规范,违反性禁忌规范对儿童实施性意义行为的,即认为是猥亵。成立本罪不问行为人是否使用暴力、胁迫手段,不问儿童是否同意,不问行为人与被害人是异性还是同性。"猥亵"包含性交,如妇女与男童性交。

2. 加重犯。为了加强对未成年人的保护,严惩性侵未成年人的犯罪,《惩治性侵未成年意见》(2013)第23条对"在公共场所当众"猥亵儿童作了扩大解释:"在校园、游泳馆、儿童游乐场等公共场所对未成年人实施强奸、猥亵犯罪,只要有其他多人在场,不论在场人员是否实际看到,均可以依照《刑法》第236条第3款、第237条的规定,认定为在公共场所'当众'强奸妇女,强制猥亵、侮辱妇女,猥亵儿童。"根据这个解释,"当众"不以在场人员看见为必要。

3. 认定与处罚。

(1)强制猥亵、侮辱罪与猥亵儿童罪的区别:①行为对象不同。猥亵儿童罪的对象限于不满14周岁的儿童,包括幼女和男童。②行为方式不同,猥亵儿童罪不以"强制"为必要。

(2)罪与非罪的界限。猥亵儿童的行为,在我国现行法律体制下既是犯罪行为也是治安违法行为,因此需要从程度上划分出治安违法与犯罪的界限。猥亵儿童的行为尚未达到依法追究刑事责任程度的,可以适用《治安管理处罚法》第44条的规定予以处罚:"……猥亵智力残疾人、精神病人、不满14周岁的人或者有其他严重情节的,处10日以上15日以下拘留。"对于下列猥亵儿童的行为,应当定罪处罚:①对儿童实施性侵入行为,包括抠摸儿童生殖器、肛门、口腔或其他以身体一部或物体进入儿童生殖器、肛门、口腔的。因为这类性侵儿童的行为与奸淫幼女的危害性相近。②使儿童裸露性器官或裸露性敏感部位并进行猥亵的。③行为人以自己的生殖器直接接触儿童身体,令被害儿童反感或不安的。④强制猥亵儿童的。⑤以搂抱、亲吻、抚摸等方式猥亵儿童 2 次以上的。⑥对儿童负有特殊职责的人猥亵儿童的。

第四节 其他侵犯公民人身权利、民主权利罪

一、侮辱罪,诽谤罪(第 246 条)

《刑法》第 246 条 以暴力或者其他方法公然侮辱他人或者捏造事实诽谤他人,情节严重的,处 3 年以下有期徒刑、拘役、管制或者剥夺政治权利。

前款罪,告诉的才处理,但是严重危害社会秩序和国家利益的除外。

通过信息网络实施第 1 款规定的行为,被害人向人民法院告诉,但提供证据确有困难的,人民法院可以要求公安机关提供协助。

(一)侮辱罪的概念、构成要件

侮辱罪,是指使用暴力或者其他方法,公然侮辱他人,情节严重的行为。

"侮辱"是指损害他人名誉、人格尊严的行为。

"暴力"是指对人身施加物理强制力,如当众打耳光,逼迫他人爬行以及做其他有辱人格的动作,如强制在面部刺字、在身体上涂画,强制涂抹污秽物等。这种暴力侮辱类似于外国刑法中的暴行罪,但在我国因为没有轻伤结果不成立伤害罪,但因有辱人格尊严可成立侮辱罪。

"其他方法",是指以暴力以外的方法损害他人名誉、人格尊严,如使用语言、身体动作、文字、图画等方式辱骂、嘲弄、丑化他人等。

"公然"是指侮辱行为足以被第三人所闻所见,但不以实际被第三人所闻所见为必要,也不以被害人在场为必要。被害人的名誉是否实际遭受损害不影响成立本罪。

"他人"是指行为人之外特定的人。侮辱的内容能使人知道其

针对某特定人即可，不必指名道姓。

"情节严重"，在暴力侮辱他人的场合，主要是指暴力较为严重地使他人尊严遭到严重侵害，例如，殴打并逼迫他人做难堪动作的，殴打并游街示众的，强行往身体涂抹污秽物的，等等；在以其他方法侮辱他人的场合，主要是指影响恶劣或者后果严重的，如严重损害公共利益或伤害公众的感情，从而引起公愤的，或引起被害人自杀或者精神失常的等。

（二）诽谤罪的概念、构成要件

诽谤罪，是指故意捏造事实诽谤他人，情节严重的行为。

"捏造事实"，是指虚构事实，如果散布、传播的是某种事实，则不是诽谤，但不排除构成侮辱。"诽谤他人"，是指散布、传播足以损害他人人格和名誉的虚假事情，包括书面和口头形式。诽谤行为要点是，散布虚假事实损害他人名誉，且所散布之诽谤事实不以本人捏造为必要。《办理网络诽谤等刑案解释》（2013）规定，具有下列情形之一的，应当认定为刑法"捏造事实诽谤他人"：①捏造损害他人名誉的事实，在信息网络上散布，或者组织、指使人员在信息网络上散布的；即"捏造并散布"诽谤。②将信息网络上涉及他人的原始信息内容篡改为损害他人名誉的事实，在信息网络上散布，或者组织、指使人员在信息网络上散布的，即"篡改并散布"诽谤，如网络原帖称B与异性酒店共进晚餐，甲恶意将原帖篡改为B与情妇酒店过夜。篡改后有虚假内容且损害了B的名誉，因此是诽谤行为。[1]③明知是捏造的损害他人名誉的事实，在信息网络上散布，情节恶劣的，以"捏造事实诽谤他人"论，即"明知虚假事实而散布"诽谤。

"情节严重"，主要是指手段恶劣或者后果严重，如引起被害人自杀、精神失常的，或造成恶劣的社会影响或政治影响的。《办理网络诽谤等刑案解释》（2013）规定，利用信息网络诽谤他人，具有下列情形之一的，应当认定为"情节严重"：①同一诽谤信息实际被点击、浏览次数达到5000次以上，或者被转发次数达到500次以上的；②造成被害人或者其近亲属精神失常、自残、自杀等严重后果的；③2年内曾因诽谤受过行政处罚，又诽谤他人的；④其他情节严重的情形。此处的"信息网络"，包括以计算机、电视

---

[1] 李少平：《解读最高人民法院司法解释、指导案例》，人民法院出版社2014年版，第507页。

机、固定电话机、移动电话机等电子设备为终端的计算机互联网、广播电视网、固定通信网、移动通信网等信息网络,以及向公众开放的局域网络。

(三) 认定与处罚

1. 认定侮辱罪、诽谤罪时,必须注意保障公民的知情权、批评权和行使舆论监督的权利。如果是为了公共利益,披露的事项关系到公共利益并且内容真实的,即使有损他人的形象、名誉,也不能认为是犯罪。例如,为了公共利益,在新闻报道或者评论文章中就事关公共利益的问题进行报道、评论,内容真实或者基本属实的,不能认为是侮辱或诽谤行为。

2. 诽谤罪与侮辱罪的界限。"诽谤",是指行为人通过传播所捏造的"事实内容"毁损他人名誉。其特点是:①以"有鼻子有眼"的事实损毁他人名誉。②该事实是虚构的。"侮辱"则是指行为人通过暴力羞辱或谩骂、图文丑化的方式毁损他人的名誉。成立诽谤以事实虚假为必要;而成立侮辱不以事实内容具体为必要,也不以事实虚假为必要。行为人公然揭发的事实为真,损毁他人名誉的,虽然不能排除成立侮辱罪,但是如果关系公共利益的,可以不追究刑事责任。

二、诬告陷害罪(第243条)

《**刑法**》**第243条** 捏造事实诬告陷害他人,意图使他人受刑事追究,情节严重的,处3年以下有期徒刑、拘役或者管制;造成严重后果的,处3年以上10年以下有期徒刑。

国家机关工作人员犯前款罪的,从重处罚。

不是有意诬陷,而是错告,或者检举失实的,不适用前2款的规定。

(一) 概念、构成要件

诬告陷害罪,是指捏造犯罪事实,向司法机关或有关单位告发,意图使他人受刑事追究,情节严重的行为。

"捏造事实",是指虚构他人犯罪的事实。犯罪事实,是指依据刑法规定,应当或者足以引起刑事追诉的事实,例如贪污、受贿、强奸、诈骗、盗窃等刑法明文规定的犯罪事实。不包括不足以引起刑事追诉的一般违法事实,如违反治安管理法规的卖淫嫖娼的事实。

"诬告陷害他人",是指将捏造的他人犯罪的事实向司法机关或有关单位告发。告发的机关通常是公安或司法机关,向其他足以引起刑事追究的机关、机构或者组织告发的,也可以构成本罪。例如,向监察、纪检部门告发他人有贪污、受贿、挪用公款的犯罪事实,意图通过这种途径转交公安、司法机关追究他人刑事责任的。

"他人",是指行为人以外的特定的人。诬告他人需要是诬告"特定的人"。如果通过告发的事实可以看出所诬陷的对象是谁,即使没有指名道姓的,也认为是诬陷特定的人。

捏造犯罪事实向有关单位告发,但并未指明具体犯罪人的,属于虚报案情,不构成本罪。自己诬陷自己的,不成立本罪。因为本罪侵犯的法益是公民的个人权利。虚报案情或自己告发自己虽然妨害司法活动,但不侵犯个人权利。

"情节严重",是指诬陷他人造成后果严重,或者捏造他人犯有严重罪行,或者诬告手段恶劣等。

"意图使他人受刑事追究",是指希望司法机关对被诬告的人追究刑事责任。被诬告的人是否实际受到刑事追究,不影响犯罪成立。

(二)认定与处罚

1. 诬告与错告的区别。"错告""检举失实",是指告发他人犯罪虽然与事实不符,但没有诬陷恶意。

2. "国家机关工作人员犯前款罪的,从重处罚"。本罪是"不真正身份犯"之犯罪。"从重处罚"只适用于具有国家机关工作人员身份的人犯诬告陷害罪,而不适用于不具有此身份的人,包括不具有此身份的共同犯罪人。

三、刑讯逼供罪(第247条)

《刑法》第247条 司法工作人员对犯罪嫌疑人、被告人实行刑讯逼供或者使用暴力逼取证人证言的,处3年以下有期徒刑或者拘役。致人伤残、死亡的,依照本法第234条、第232条的规定定罪从重处罚。

(一)概念、构成要件

刑讯逼供罪,是指司法工作人员对犯罪嫌疑人、被告人使用肉刑或者变相肉刑,逼取口供的行为。

"犯罪嫌疑人、被告人",是指在刑事诉讼中被指控有犯罪行为而被司法机关依法追究刑事责任的人,包括立案侦查阶段的犯罪嫌疑人或起诉、审判阶段的刑事被告人。正在服刑的罪犯,如果又因为涉嫌其他犯罪而被立案侦查、起诉和审判的,他们又处于犯罪嫌疑人、刑事被告人的地位。正在服刑的罪犯不属于本罪的行为对象。

"司法工作人员",是指具有侦查、检察、审判、监管职责的工作人员。不具有司法工作人员身份的人,如治安联防队员、单位聘用的保安人员以及其他干部群众,不属于本罪的主体。

"刑讯逼供",是指对犯罪嫌疑人、被告人使用肉刑或者变相肉刑,逼取口供的行为。

(二)认定与处罚

1. 根据《渎职侵权案立案标准》(2006)的规定,刑讯逼供涉嫌下列情形之一的,应予立案:①以殴打、捆绑、违法使用械具等恶劣手段逼取口供的;②以较长时间冻、饿、晒、烤等手段逼取口供,严重损害犯罪嫌疑人、被告人身体健康的;③刑讯逼供造成犯罪嫌疑人、被告人轻伤、重伤、死亡的;④刑讯逼供,情节严重,导致犯罪嫌疑人、被告人自杀、自残造成重伤、死亡,或者精神失常的;⑤刑讯逼供,造成错案的;⑥刑讯逼供3人次以上的;⑦纵容、授意、指使、强迫他人刑讯逼供,具有上述情形之一的;⑧其他刑讯逼供应予追究刑事责任的情形。

2. 刑讯逼供致伤残、死亡的,依照《刑法》第234、232条即依照故意伤害罪和故意杀人罪定罪,并从重处罚。伤残、死亡结果必须是刑讯逼供行为直接造成的,因被害人自伤自残而发生伤残后果的,不是刑讯逼供致伤残、死亡。刑讯逼供致轻伤的,仍以刑讯逼供罪定罪处罚。

3. 本罪与暴力取证罪的区别:对象不同。暴力取证罪的对象是证人。"证人",是指了解案情的人。了解案情的被害人属于广义的证人,因此逼取被害人陈述的,可成立暴力取证罪。

4. 本罪与虐待被监管人罪的区别。监狱、看守所等监管人员对被监管人进行殴打或者体罚虐待,情节严重的,是虐待被监管人罪。

四、侵犯公民个人信息罪(第253条之一)

《刑法》第253条之一　违反国家有关规定,向他人出售或者提供公民个人信息,情节严重的,处 3 年以下有期徒刑或者拘役,并处或者单处罚金;情节特别严重的,处 3 年以上 7 年以下有期徒刑,并处罚金。

违反国家有关规定,将在履行职责或者提供服务过程中获得的公民个人信息,出售或者提供给他人的,依照前款的规定从重处罚。

窃取或者以其他方法非法获取公民个人信息的,依照第 1 款的规定处罚。

单位犯前 3 款罪的,对单位判处罚金,并对其直接负责的主管人员和其他直接责任人员,依照各该款的规定处罚。

(一)概念、构成要件

侵犯公民个人信息罪,是指违反国家有关规定,向他人出售、提供或者非法获取公民个人信息,情节严重的行为。

"公民个人信息",根据《侵犯公民个人信息刑案解释》(2017)的规定,"是指以电子或者其他方式记录的能够单独或者与其他信息结合识别特定自然人身份或者反映特定自然人活动情况的各种信息,包括姓名、身份证件号码、通信通讯联系方式、住址、账号密码、财产状况、行踪轨迹等"。

"国家有关规定",根据《侵犯公民个人信息刑案解释》(2017),是指违反法律、行政法规、部门规章有关公民个人信息保护的规定的,应当认定为《刑法》第 253 条之一规定的"违反国家有关规定"。如商业银行法、居民身份证法、护照法、消费者权益保护法、旅游法、社会保险法、统计法等法律中关于保护公民个人信息的规定。违规出售、提供的公民个人信息的来源在所不问。

"提供公民个人信息",根据《侵犯公民个人信息刑案解释》(2017)第 3 条的规定,是指向特定人提供公民个人信息,以及通过信息网络或者其他途径发布公民个人信息的行为。未经被收集者同意,将合法收集的公民个人信息向他人提供的,属于《刑法》第 253 条之一规定的"提供公民个人信息",但是经过处理而无法识别特定个人且不能复原的除外。

"以其他方法非法获取公民个人信息",根据《侵犯公民个人信息刑案解释》(2017)第 4 条的规定,是指违反国家有关规定,通过购买、收受、交换等方式获取公民个人信息,或者在履行职责、提供服务过程中收集公民个人信息。

根据《侵犯公民个人信息刑案解释》（2017）第 5 条的规定，是指非法获取、出售或者提供公民个人信息，具有下列情形之一的，视为"情节严重"：①出售或者提供行踪轨迹信息，被他人用于犯罪的；②知道或者应当知道他人利用公民个人信息实施犯罪，向其出售或者提供的；③非法获取、出售或者提供行踪轨迹信息、通信内容、征信信息、财产信息 50 条以上的；④非法获取、出售或者提供住宿信息、通信记录、健康生理信息、交易信息等其他可能影响人身、财产安全的公民个人信息 500 条以上的；⑤非法获取、出售或者提供第 3 项、第 4 项规定以外的公民个人信息 5000 条以上的；⑥数量未达到第 3 项~第 5 项规定标准，但是按相应比例合计达到有关数量标准的；⑦违法所得 5000 元以上的；⑧将在履行职责或者提供服务过程中获得的公民个人信息出售或者提供给他人，数量或者数额达到第 3 项~第 7 项规定标准一半以上的；⑨曾因侵犯公民个人信息受过刑事处罚或者 2 年内受过行政处罚，又非法获取、出售或者提供公民个人信息的；⑩其他情节严重的情形。

根据《侵犯公民个人信息刑案解释》（2017）第 6 条的规定，为合法经营活动而非法购买、收受本解释第 5 条第 1 款第 3 项、第 4 项规定以外的公民个人信息，具有下列情形之一的，应当认定为《刑法》第 253 条之一规定的"情节严重"：①利用非法购买、收受的公民个人信息获利 50 000 元以上的；②曾因侵犯公民个人信息受过刑事处罚或者 2 年内受过行政处罚，又非法购买、收受公民个人信息的；③其他情节严重的情形。

实施上述行为，将购买、收受的公民个人信息非法出售或者提供的，定罪量刑标准适用《侵犯公民个人信息刑案解释》（2017）第 5 条的规定。

指导案例"胡某等非法获取公民个人信息案"的裁判要旨还提出了更为具体的认定"情节严重"的方法。

胡某等非法获取公民个人信息案

（二）认定与处罚

1. 数额计算。根据《侵犯公民个人信息刑案解释》（2017）第 11 条的规定，非法获取公民个人信息后又出售或者提供的，公民个人信息的条数不重复计算。向不同单位或者个人分别出售、提供同一公民个人信息的，公民个人信息的条数累计计算。对批量公民个人信息的条数，根据查获的数量直接认定，但是有证据证明信息不真实或者重复的除外。

2. 设立用于实施非法获取、出售或者提供公民个人信息违法犯罪活动的网站、通讯群组，情节严重的，应当依照《刑法》第287条之一的规定，以非法利用信息网络罪定罪处罚；同时构成侵犯公民个人信息罪的，依照侵犯公民个人信息罪定罪处罚。

3. 网络服务提供者拒不履行法律、行政法规规定的信息网络安全管理义务，经监管部门责令采取改正措施而拒不改正，致使用户的公民个人信息泄露，造成严重后果的，应当依照《刑法》第286条之一的规定，以拒不履行信息网络安全管理义务罪定罪处罚。

4. 要依法加大对财产刑的适用力度，根据《侵犯公民个人信息刑案解释》（2017），罚金数额一般在违法所得的1倍以上5倍以下。

第四章思考题

1. 论侵犯公民人身权利、民主权利罪的概念与特征。
2. 论故意杀人罪的概念与特征。
3. 论故意伤害罪的概念与特征。
4. 论强奸罪的概念与特征。
5. 论绑架罪的概念与特征。

第四章思考题参考答案

第五章 侵犯财产、贪污及挪用犯罪

本章知识结构图

侵犯财产的犯罪的分类
- 非法占有型（损人利己，处罚重）
  - 非法占有目的：排除意思＋利用意思
  - 是否侵犯占有（侵占与盗窃、诈骗）
    - 只侵犯所有不侵犯占有的犯罪
    - 既侵犯所有又侵犯占有的犯罪
  - 是否违背他人意志取得占有（盗窃与诈骗）
    - 不违背
    - 违背（暴力程度有所不同）
- 毁损型（损人不利己，处罚轻）

侵犯财产犯罪的内容
- 违背他人意志夺取他人占有财物的犯罪：盗窃罪、抢夺罪、抢劫罪
- 不违背他人意志取得占有的犯罪：诈骗罪、敲诈勒索罪
- 侵占的犯罪：侵占罪、职务侵占罪、贪污罪
- 挪用的犯罪：挪用资金罪、挪用特定款物罪、挪用公款罪
- 缺乏利用意思的犯罪：故意毁坏财物罪

第一节 概说

一、侵犯财产罪的分类

（一）占有与毁损

侵犯财产的犯罪大分为两类：①非法占有型；②毁损型。毁损型财产犯罪对法益造成不可挽回的损害却处罚很轻，而非法占有型财产犯罪未必对法益造成严重损害却处罚重。究其原因在于：非法占有型财产犯罪"损人利己"，吸引力大，所以必须惩罚重以威慑犯罪；毁损型财产犯罪"损人不利己"，往往事出有因而没有普遍的吸引力，所以处罚轻。在定性毁损型犯罪时，出于这样政策性的考虑，首先需要排除非法占有、利用的意思。

（二）只侵犯所有的侵占

在非法占有型财产犯罪中，根据是否侵犯占有，划分出两类：①只侵犯所有不侵犯占有的犯罪，如侵占罪；②既侵犯所有又侵犯

占有的犯罪，如抢劫罪、盗窃罪、诈骗罪等。因此，是否侵犯占有，如侵占与盗窃、诈骗的界分，成为区分财产犯罪的焦点之一。

（三）不违背他人意志取得占有的诈骗

在非法占有型财产犯罪中，根据是否违背他人意志取得占有，划分为两类：①不违背他人意志而侵犯他人占有的犯罪，如诈骗罪；②违背他人意志而侵犯他人占有的犯罪，如抢劫罪、盗窃罪等。因此，是否违背他人意志而侵犯他人占有的犯罪，如盗窃与诈骗的界分，成为区分财产犯罪的焦点之一。

以上3种角度的划分标示出不同财产犯罪对财产法益侵害程度、样态的差异，体现出不同的危害性和处罚轻重的着眼点。因此，有无占有、利用意思，是否侵犯占有，是否违背占有者意思，成为认定侵犯财产罪的焦点。

（四）违背他人意志夺取占有的盗窃、抢夺、敲诈勒索、抢劫

在违背他人意志夺取占有的犯罪中，根据暴力程度的不同，划分为盗窃、抢夺、敲诈勒索、抢劫等不同犯罪。

二、公私财物

侵犯财产罪的对象是"公私财物"，是指公共财物和私人所有的财物。"财物"是指可管理且有价值（经济效用）之物，其具有两个特征：一是可管理，电力、煤气、天然气等，虽然不具有"有形性"，但是具有可管理性，可认为是财物；二是有价值，关于"有价值"的标准，存在客观说与主观说的分歧，通说采"主观说"，即不必有客观的、经济上的交换价值，只有主观的、情感的价值之物在刑法上确有保护之必要的，也是财物，如纪念品、礼品、祭葬品、文物赝品、已到报废期的汽车、金融机构准备回收销毁的纸币等。人的骨头、头发、血液及其替用品，如假牙、假发也可被认为是财物。

"财物"是否包括财产性利益？现今的趋向是扩大到财产性利益，例如，盗打电话、盗用他人电话号码、盗用他人网络账号，将电信卡非法充值后使用，盗窃税票、欠条、权利凭证、存单存折、信用卡、提货单等，司法实务中往往以盗窃罪定罪处罚。近来对于通过纺织品网上交易平台窃取并转让他人的"纺织品出口配额"牟利的，或者以诈骗方式免除债务或以暴力方式免除债务的，对此也有定诈骗罪的司法解释或定抢劫罪的判例。

"财物"是否包含网络货币如 Q 币、游戏点卡、游戏装备等网络虚拟财产？学说存在争议。最高人民法院研究室新近立场认为，"网络虚拟财产"不是盗窃罪的对象。"对于盗窃虚拟财产的行为，如确需刑法规制，可以按照非法获取计算机信息系统数据等计算机犯罪定罪处罚，不应按盗窃罪处理。"[1]并且"虚拟财产"的范围较广，既包括游戏装备等虚拟物，也包括"Q 币""金豆"等网络"钱币"。

不过将他人银行、支付宝账户的"现金"盗划到自己或他人账户的，虽然是数据或电磁记录的改变，因存在对应的现实现金，理论与实务都认为该行为成立盗窃罪。

三、非法占有的目的

盗窃、诈骗、抢夺、抢劫、敲诈勒索、侵占等非法占有型财产犯罪，其不成文构成要件是"非法占有的目的"。认定"非法占有的目的"有两个要点：

1. 认识到排除被害人占有，即剥夺了被害人对财物的占有，并由自己或第三人占有（不打算归还），简称"排除意思"。其作用在于区分盗窃、抢劫等非法占有的行为与短暂的"非法使用"行为。未经许可使用他人汽车但很快归还的，没有排除意思，不成立盗窃。但是盗用他人汽车随意丢弃的，仍有排除意思；盗用他人汽车被查获不能证明归还的，应认定为具有非法占有目的。

2. 自己仿佛财物主人那样按财物经济用途来利用、处分的，简称"利用意思"。其作用在于区分盗窃、抢劫等非法占有的行为与毁损行为。将财物用作索财、质押、消费，应属于具有利用意思。

第二节　违背他人意志夺取他人占有财物的犯罪

一、盗窃罪（第 264 条）

《刑法》第 264 条　盗窃公私财物，数额较大的，或者多次盗

---

[1] 胡云腾、周加海、周海洋："《关于办理盗窃刑事案件适用法律若干问题的解释》的理解与适用"，载《人民司法》2014 年第 15 期。

第五章 侵犯财产、贪污及挪用犯罪

窃、入户盗窃、携带凶器盗窃、扒窃的，处3年以下有期徒刑、拘役或者管制，并处或者单处罚金；数额巨大或者有其他严重情节的，处3年以上10年以下有期徒刑，并处罚金；数额特别巨大或者有其他特别严重情节的，处10年以上有期徒刑或者无期徒刑，并处罚金或者没收财产。

（一）概念、构成要件

盗窃罪，是指以非法占有为目的，盗窃公私财物，数额较大的，或者多次盗窃、入户盗窃、携带凶器盗窃、扒窃的行为。

"盗窃"，是指违背财物占有者的意志非法取得他人占有的财物的行为。

"违背占有者的意志"取得占有物是盗窃的重要特征，是区别盗窃与诈骗的关键。窃取的"秘密性"是盗窃案件的"表象"，但不是盗窃罪的法律特征。按照体系解释，盗窃是以抢夺、抢劫以外的方式违背占有者的意志夺取财物。既违背他人意志又不使用抢劫、抢夺的方式非法获取他人财物的，应定盗窃罪，其中最常见是采取"秘密作案方式"。但是，秘密窃取并非盗窃罪的法律要件，有时盗贼在众目睽睽之下（背着被害人）窃取财物，定不了抢劫罪或抢夺罪，可定盗窃罪。盗窃罪的非暴力性，是它与抢劫罪、抢夺罪、敲诈勒索罪之区别的要点。

盗窃罪的对象是"他人占有"的公私财物。这是盗窃罪与侵占罪之区别的要点。盗窃罪的对象可以包括：①他人占有的不法财物，如毒品、淫秽物品、假币、伪劣产品等违禁品。②他人不法占有的财物，如赃物等违法犯罪所得。③本人所有但在他人合法占用、管理下的财物。对于本人所有但在他人占有下的财物，本人以非法占有为目的窃取的，可成立盗窃罪。如本人所有轿车被交警扣押，以非法占有为目的窃取的。类似如因对方不付租金而窃取自己出租物，因对方未付款而窃取分期付款产品，因期限届满而窃取担保物，因对方违约而窃取质押物等，均可以成立盗窃罪。如果出于"自救""保全"自身利益的考虑，不足以认定非法占有目的的，不成立盗窃罪。本人所有但在他人不法占有下的财物，本人的所有权可以对抗其不法占有，故排除成立犯罪。

1. 普通盗窃。盗窃公私财物数额较大。根据《办理盗窃案解释》（2013），"数额较大"，是指盗窃财物价值1000元至3000元以上。各省、自治区、直辖市高级人民法院、人民检察院根据本地区经济发展状况，并考虑社会治安状况，在 1000~3000 元幅度内，确定本地区执行的具体数额标准，如北京市定为 2000 元，上海市、广东省定为 3000 元。"数额较大"的标准以盗窃行为地的为准。在跨地区运行的公共交通工具上盗窃，盗窃地点无法查证的，应当根据受理案件所在地确定的数额标准认定。

盗窃数额，是指行为人窃取的公私财物的数额。意图窃取但未能窃取得手的，不算作盗窃数额，仅供量刑参考，例如，甲潜入财务室意欲窃取保险柜中的数百万元现金未得手即被抓获的；乙窃取信用卡一张内有存款百万但未支用的；丙窃取百万定期存单一张未兑取的，这都不算作盗窃数额。所以，盗窃"数额较大、巨大、特别巨大"，可掌握成窃取得手数额或盗窃既遂数额。

多次盗窃构成犯罪，依法应当追诉的，或者最后一次盗窃构成犯罪，前次盗窃行为在一年以内的，应当累计其盗窃数额。

《办理盗窃案解释》（2013）规定："盗窃公私财物，具有下列情形之一的，'数额较大'的标准可以按照前条规定标准的 50% 确定：①曾因盗窃[1]受过刑事处罚的；[2]②1 年内曾因盗窃受过行政处罚的；③组织、控制未成年人盗窃的；④自然灾害、事故灾害、社会安全事件等突发事件期间，在事件发生地盗窃的；⑤盗窃残疾人、孤寡老人、丧失劳动能力人的财物的；⑥在医院盗窃病人或者其亲友财物的；⑦盗窃救灾、抢险、防汛、优抚、扶贫、移民、救济款物的；⑧因盗窃造成严重后果的。""数额减半"的原因在于：一是增加"数额"以外因素作为定罪根据的权重，避免唯数额论；二是吸纳因"劳教"废止而分流的盗窃案。盗窃案曾占"劳教"案的 40%，劳教废止后部分案件分流至治安管理处罚法、部分分流至刑法。

盗窃公私财物接近"数额较大"的起点，具有下列情形之一的，可以追究刑事责任：①以破坏性手段盗窃造成公私财产损失

---

[1] 胡云腾、周加海、周海洋："《关于办理盗窃刑事案件适用法律若干问题的解释》的理解与适用"指出："此'盗窃'，应理解为仅指构成第 264 条之盗窃罪，且以盗窃罪被定罪处罚。不包括因盗窃枪支、盗窃电力设备而竞合盗窃的情形。"载《人民司法》2014 年第 15 期。

[2] 胡云腾、周加海、周海洋："《关于办理盗窃刑事案件适用法律若干问题的解释》的理解与适用"指出："为强化对此类屡教不改者的惩治效果而设置的。……对根据本条已构成盗窃罪的行为人，如同时符合累犯成立条件的，依法从重处罚，并不存在双重从重问题。……在具体量刑时，要掌握好从重处罚的幅度，不宜增加过多的刑罚量。"载《人民司法》2014 年第 15 期。

的；②盗窃残疾人、孤寡老人或者丧失劳动能力人的财物的；③造成严重后果或者具有其他恶劣情节的。

盗窃公私财物虽已达到"数额较大"的起点，但情节轻微，并具有下列情形之一的，可不作为犯罪处理：①已满16周岁不满18周岁的未成年人作案的；②全部退赃、退赔的；③主动投案的；④被胁迫参加盗窃活动，没有分赃或者获赃较少的；⑤其他情节轻微、危害不大的。

2. 特别盗窃。"多次盗窃""入户盗窃""携带凶器盗窃""扒窃"的，不以"数额较大"为要件，可称之为特别的盗窃类型。

（1）"多次盗窃"，根据《办理盗窃案解释》（2013）的规定，是指2年内盗窃3次以上，单次盗窃或多次盗窃累计都没有达到"数额较大"，如甲盗窃3次，每次价值300元，单次或累计都没有达到数额较大，可以依据多次盗窃来定罪处罚。如果单次盗窃或多次盗窃累计达到数额较大的，直接依据盗窃数额较大来定罪处罚。例如，甲盗窃3次，每次财物价值1000元，累计3000元达到数额较大，依据盗窃数额较大来定罪处罚，"多次盗窃"作为量刑情节，在量刑上适当考虑。"3次盗窃行为并不要求均为'未经处理的'，如3次中有受过刑事处罚或者行政处罚的，也应该算在'3次以内'。"[1]这种计次方法较为合理，原因在于：一是已受过处罚而再犯比未经处理而再犯，有屡教不改的性质；二是劳教废止后需要分流部分屡教不改的盗窃犯归刑法处罚。

（2）"入户盗窃"，是指非法进入供他人家庭生活，并与外界相对隔离的住所实施盗窃。"适用中应注意：其一，必须是非法入户后实施盗窃的，才能认定为'入户盗窃'；如是经被害人允许入户，其后见财起意，实施盗窃的，不属'入户盗窃'。其二，某一处所是否属于户，应结合具体情况作出认定。他人单独生活居住的居所，属于户；集体宿舍、旅店宾馆、工棚等，不属于户，但如其中的一个或者几个房间被确定为供他人家庭生活所用的居室，实际上具有住室的性质，且与外界相对隔离的，就可以认定为户。"[2]

（3）"携带凶器盗窃"，是指携带枪支、爆炸物、管制刀具等

---

[1] 陈国庆、韩耀元、宋丹："解读'两高'关于办理盗窃刑事案件司法解释"，载《检察日报》2013年6月13日。

[2] 胡云腾、周加海、周海洋："《关于办理盗窃刑事案件适用法律若干问题的解释》的理解与适用"，载《人民司法》2014年第15期。

国家禁止个人携带的器械实施盗窃,或者为了实施违法犯罪行为而携带其他足以危害他人人身安全的器械实施盗窃。"适用中需注意:其一,对于携带国家禁止个人携带的器械以外的其他器械盗窃的,应当根据行为人携带该器械的目的、该器械的通常用途等判断其是否具有足以危害他人人身安全的危险性,进而认定行为人是否属于'携带凶器盗窃'。如携带镊子、刀片等盗窃工具,或者随身携带挂在钥匙圈上的小水果刀等,或者下班途中携带装有钳子、扳手等的工具箱进行盗窃的,不宜认定为'携带凶器盗窃';符合扒窃特征的,可以扒窃论处;行为人使用所携带的器械对他人进行威胁、伤害的,可以按转化型抢劫论处。其二,'携带凶器盗窃'应理解为实施盗窃行为时随身携带了凶器。虽然准备了凶器,但实施盗窃时并未将凶器带在身边,如将凶器留在停放在路边的车里,人离车寻找目标,实施盗窃、抗拒抓捕时均不能随手触及凶器,不足以危害他人人身安全的,不宜认定为'携带凶器盗窃'。至于携带的凶器是否在盗窃时对外显露,不影响对行为的认定。"[1]

(4) "扒窃",是指在公共场所或者公共交通工具上盗窃他人随身携带的财物。关于何为"随身携带的财物",理论上存在两种观点:①"接触"说,即与被害人身体有"接触"的财物。"对于被害人携带,但不是随身携带,而是放在触手难及之地方的财物,如乘坐公共交通工具时放置在行李架上的财物,不应认定为随身携带,对此不存在争议。对于虽已离身,但被害人放置在自己身旁、触手可及的财物,如放置在座椅旁、自行车车筐内等的财物,应否认定为随身携带,尚存在较大的认识分歧。……我们研究认为,应当将'随身携带的财物'限缩解释为未离身的财物,即被害人的身体应当与财物有接触,如装在衣服口袋内的手机、钱包,手提、肩背的包,坐、躺、倚靠时与身体有直接接触的行李等。"这样的限缩解释主要考虑到扒窃被害人贴身财物的,一方面表明罪犯胆大、主观恶性深;另一方面也易威胁人身安全。[2]生活经验中熟悉的"扒窃"类型如:在公共汽车、火车、轮船等公共交通工具上窃取他人衣兜、提包中的财物;在商场、车站、码头、过街天桥、

---

[1] 胡云腾、周加海、周海洋:"《关于办理盗窃刑事案件适用法律若干问题的解释》的理解与适用",载《人民司法》2014年第15期。

[2] 胡云腾、周加海、周海洋:"《关于办理盗窃刑事案件适用法律若干问题的解释》的理解与适用",载《人民司法》2014年第15期。

第五章　侵犯财产、贪污及挪用犯罪

菜市场、步行街等公共场所，"掏兜""掏包"作案的。这类"扒窃"作案者往往有一定的技巧，且在公共场所团伙协同作案，严重危害社会治安。②随身携带即可，不以"接触"为必要。司法考试似乎持此观点。

特别盗窃虽然不以数额较大为要件，但仍要求窃取"相当价值"（值得刑法保护）的财物。如果行为人只为窃取一张餐巾纸、一根牙签、仨瓜俩枣的，不值得动用刑罚惩罚，不构成盗窃罪。

（二）加重犯

"数额巨大"，是指盗窃财物价值 5000 元至 2 万元以上。盗窃国家二级文物的，视为数额巨大。

"数额特别巨大"，是指盗窃财物价值 3 万元～10 万元以上。盗窃国家一级文物的，视为数额特别巨大。

（三）认定与处罚

1. 盗窃未遂，情节严重的，如以数额巨大的财物，或者以国家珍贵文物等为盗窃目标的，应当定罪处罚。反之，盗窃未遂且不属于情节严重的，则是治安违法行为。

2. 偷拿家庭成员或者近亲属的财物，获得谅解的，一般可以不认为是犯罪；追究刑事责任的，应当酌情从宽。有关判例如文某被控盗窃无罪案。

3. 盗窃国家秘密，盗窃枪支、弹药、爆炸物，窃取国有档案，盗窃国家机关公文、证件、印章，盗窃武装部队公文、证件、印章，为境外盗窃国家秘密，盗掘古文化遗址、古墓葬等，因《刑法》已有专门规定，所以不认定为盗窃罪。这均属于法条竞合。

4. 盗窃公私财物并造成财物损毁的，按照下列规定处理：

（1）采用破坏性手段盗窃公私财物，造成其他财物损毁的，以盗窃罪从重处罚。例如，甲砸毁车窗偷窃车内财物数额较大的，以盗窃罪从重处罚。同时构成盗窃罪和其他犯罪的，择一重罪从重处罚。例如，甲盗窃石油价值数额较大，同时造成石油设备损坏，危害公共安全罪的，择重以盗窃罪或破坏易燃易爆设备罪从重处罚。

（2）实施盗窃犯罪后，为掩盖罪行或者报复等，故意毁坏其他财物构成犯罪的，以盗窃罪和构成的其他犯罪数罪并罚。如甲盗窃后为毁灭罪迹又放火造成火灾的，以盗窃罪和放火罪数罪并罚。

文某被控盗窃无罪案

(3) 盗窃行为未构成犯罪，但损毁财物构成其他犯罪的，以其他犯罪定罪处罚。

5. 偷开他人机动车的，按照下列规定处理：

(1) 偷开机动车，导致车辆丢失的，以盗窃罪定罪处罚。

(2) 为盗窃其他财物，偷开机动车作为犯罪工具使用后非法占有车辆，或者将车辆遗弃导致丢失的，被盗车辆的价值计入盗窃数额。

(3) 为实施其他犯罪，偷开机动车作为犯罪工具使用后非法占有车辆，或者将车辆遗弃导致丢失的，以盗窃罪和其他犯罪数罪并罚；将车辆送回未造成丢失的，按照其所实施的其他犯罪从重处罚。

6. 根据《刑法》第265条的规定，盗接他人通信线路，复制他人电信码号或者明知是盗接、复制的电信设备、设施而使用的，以盗窃论处。根据司法解释的规定，盗用他人网络账号造成资费损失的；将电信卡非法充值后使用的，以盗窃论处。

二、抢夺罪（第267条）

《刑法》第267条 抢夺公私财物，数额较大的，或者多次抢夺的，处3年以下有期徒刑、拘役或者管制，并处或者单处罚金；数额巨大或者有其他严重情节的，处3年以上10年以下有期徒刑，并处罚金；数额特别巨大或者有其他特别严重情节的，处10年以上有期徒刑或者无期徒刑，并处罚金或者没收财产。

携带凶器抢夺的，依照本法第263条的规定定罪处罚。

（一）概念、构成要件

抢夺罪，是指以非法占有为目的，夺取他人紧密占有的数额较大的财物，或者多次夺取的行为。

"抢夺"，是指以非法占有为目的，夺取他人紧密占有的财物。

抢夺"数额较大"或者抢夺多次的，构成犯罪。"数额较大"，根据《办理抢夺案解释》(2013)第1条，是指在1000～3000元以上。各省在前述数额幅度内确定本地执行的数额。具有抢劫、抢夺前科，飞车抢夺，抢夺老弱，在医院抢夺等10种情形之一的，数额较大的标准可降低50%。"多次"是指3次以上。多次抢夺累计数额不够较大的，适用多次抢夺定罪；多次抢夺累计数额较大的，适用抢夺数额较大定罪。

（二）加重犯

根据《办理抢夺案解释》（2013）的规定，本罪之加重犯是指下列情形之一：

1. "数额巨大"，是指抢夺数额在 3 万元 ~ 8 万元以上。

2. "其他严重情节"，是指下列情形之一：①导致他人重伤的；②导致他人自杀的；③具有抢劫、抢夺前科，飞车抢夺，抢夺老弱，在医院抢夺等 10 种情形之一，数额达到"数额巨大"的 50%。

3. "数额特别巨大"，是指抢夺数额在 20 万 ~ 40 万元以上。

4. "其他特别严重情节的"，是指下列情形之一：①导致他人死亡的；②具有抢劫、抢夺前科，飞车抢夺，抢夺老弱，在医院抢夺等 10 种情形之一，数额达到"数额特别巨大"的 50%。

（三）认定与处罚

1. 抢夺与盗窃异同。理论上有两种观点：①司法考试的立场是，两者都"违背他人意志获取占有物"，区别是"获取财物"的暴力程度不同。违背他人意志暴力夺取他人密切占有物（没有达到抢劫程度）的，是抢夺；违背他人意志获取他人占有物但没有"暴力夺取性"的，是盗窃。对于"有公然性但没有暴力夺取性"的行为，倾向于定盗窃。②通说多以抢夺为"公然夺取"而盗窃为"秘密窃取"来区分两者。对于"有公然性但没有暴力夺取性"的行为，习惯于定盗窃。

2. 新近学说趋向认可抢夺具有一定的"暴力性"，具体体现为：

（1）《办理抢夺案解释》（2013）第 3、4 条规定，抢夺致人重伤、死亡的，是情节严重、情节特别严重的加重犯，而不再认为是抢夺和过失致人死伤的想象竞合犯。相比以前，处罚更重了。

（2）携带凶器抢夺以抢劫论，而携带凶器盗窃仍是盗窃，这说明抢夺比盗窃较接近抢劫，暴力程度高于盗窃。

（3）飞车抢夺时，具有下列情形之一的，以抢劫罪定罪处罚：①夺取他人财物时因被害人不放手而强行夺取的；②驾驶车辆逼挤、撞击或者强行逼倒他人夺取财物的；③明知会致人伤亡仍然强行夺取并放任造成财物持有人轻伤以上后果的。

三、抢劫罪（第263、267、269条）

《刑法》第263条 以暴力、胁迫或者其他方法抢劫公私财物的，处3年以上10年以下有期徒刑，并处罚金；有下列情形之一的，处10年以上有期徒刑、无期徒刑或者死刑，并处罚金或者没收财产：

（一）入户抢劫的；

（二）在公共交通工具上抢劫的；

（三）抢劫银行或者其他金融机构的；

（四）多次抢劫或者抢劫数额巨大的；

（五）抢劫致人重伤、死亡的；

（六）冒充军警人员抢劫的；

（七）持枪抢劫的；

（八）抢劫军用物资或者抢险、救灾、救济物资的。

第267条第2款 携带凶器抢夺的，依照本法第263条的规定定罪处罚。

第269条 犯盗窃、诈骗、抢夺罪，为窝藏赃物、抗拒抓捕或者毁灭罪证而当场使用暴力或者以暴力相威胁的，依照本法第263条的规定定罪处罚。

（一）《刑法》第263条抢劫罪的概念、构成要件

抢劫罪，是指以非法占有为目的，使用暴力、胁迫或者其他方法压制他人反抗而夺取他人占有物的行为。

"暴力、胁迫"，是指对他人人身施加或即将施加有形力量，足以压制他人反抗，即暴力或胁迫达到足以使他人不能反抗、不敢反抗、不知反抗的程度，以致能违背他人意志夺取他人占有的财物。

暴力、胁迫只要达到足以压制对方反抗的程度即可，不以实际压制对方反抗为必要。例如，甲持刀拦路打劫乙，乙奋起反抗，双方搏斗中乙钱包落地，甲抓起钱包逃离。甲的暴力行为足以压制他人反抗，是抢劫的暴力。是否足以压制对方反抗，应当根据具体行为人与被害人之间的力量对比、具体场合来认定。若有暴力、胁迫表现，但极其轻微的，没有达到足以压制他人反抗的程度，不能认为是抢劫行为。例如，甲男于黑夜在偏僻处拦截住妇女乙，说："把提包放下走人！"乙乖乖把提包放下离去。在这种特定情境下，

甲用不着张牙舞爪就足以迫使对方交出财物，足以认定其行为具有抢劫性质。但换一种情境，结论可能就不同了，如甲正在商店内盗窃时，被值班老汉乙发现并喝令其住手，甲不予理睬，匆匆拿走货架上的几件商品离去。这种场合下，只能表明甲不畏惧乙，同时甲也没有对乙有任何威胁的表示，因此不宜认定其行为具有抢劫性质。因为行为人没有显示暴力或胁迫的举动，只能表明罪犯大胆，而尚不足以表明罪犯有暴力、胁迫的行为。这是抢劫罪与抢夺罪、盗窃罪和敲诈勒索罪区别的要点。

"其他方法"，是指与暴力、胁迫相当的其他足以使他人不能反抗的方法。常见如用药物麻醉的方法，强行灌醉酒的方法等。使用这样的方法造成他人昏迷，使他人处于不能反抗的状态而当场掠走财物，与暴力、胁迫的强制性、危险性相当。他人昏迷不能反抗的状态，必须是由犯罪分子的行为直接造成的。如果被害人的昏睡是由自己或第三人造成的，与行为人无关，行为人只是利用他人昏睡的状态取走财物的，属于盗窃一类的非暴力犯罪，不是抢劫罪。

抢劫暴力的认定。认定抢劫的暴力程度，即足以压制被害人并使其不能、不敢、不知反抗。

1. 具有下列情形之一的，通常认为具有抢劫罪的暴力：①直接对人身使用暴力而致人"轻微伤"以上后果的；②携带或使用凶器或以凶器相威胁的；③其他令人不能、不敢、不知反抗的方式。

2. "飞车"夺物时，具有下列情形之一，应认定为抢劫罪：①驾车逼挤、撞击或强行逼倒他人以排除他人反抗，乘机夺取财物的；②驾车强抢财物时，因被害人不放手而采取强拉硬拽方法劫取财物的；③明知其驾车强行夺取他人财物的手段会造成他人伤亡的后果，仍然强行夺取并放任造成财物持有人轻伤以上后果的。

（二）《刑法》第269条"转化的"抢劫罪的构成要件

1. 犯盗窃、诈骗、抢夺罪。实施盗窃、诈骗或抢夺行为，一般要求数额较大才认为是犯罪，盗窃、诈骗、抢夺未达到"数额较大"，当场使用暴力或者以暴力相威胁，情节较轻，危害不大的，一般不以犯罪论处。根据《审理抢劫抢夺刑案意见》（2005）第5部分的规定，具有下列情节之一的，可成立抢劫罪：①盗窃、诈骗、抢夺接近"数额较大"标准的；②入户或在公共交通工具上盗窃、诈骗、抢夺后在户外或交通工具外实施上述行为的；③使用暴力致人轻微伤以上后果的；④使用凶器或以凶器相威胁的；⑤具有其他严重情节的。例如，甲入户盗窃，窃取几件衣物（价值二百余元）后被发现，失主急忙抓捕，甲把失主打倒在地，一顿拳脚把失主打成轻微伤。法院认定，甲盗窃的数额虽然不够"数额较大"的标准，但是使用暴力"情节严重"，认定其构成抢劫罪。相反，如果行为人盗窃、抢夺财物不够"数额较大"标准，而且暴力、威胁情节轻微的，属于情节显著轻微，危害不大，不认为是犯罪。例如，甲盗窃一辆旧自行车（价值200元），被群众发现并围上前来抓捕。甲双手抓车把手将自行车提起，口中威胁说："谁敢！谁敢！"众人上前将甲拿下。这种情形下的暴力、威胁非常轻微，盗窃财物的数额也不够较大，不认为甲构成犯罪。

2. 当场使用暴力或者以暴力相威胁。"当场"，通常是指尚在盗窃、诈骗、抢夺的犯罪现场，也包括刚离开现场就被人发觉并进而追踪抓捕的过程。例如，甲抢夺乙的项链，被群众发现并追击。甲在逃至离现场五百多米处，发现还有一人在后面追击，就停下对这个追击者施加暴力。应当认定为"当场"。如果在盗窃、抢夺犯罪完成以后，在其他场合被人认出是犯罪分子或者在销赃时被失主撞见，实施了抗拒抓捕的行为，不认为是"当场"，不因此而转化为抢劫罪。如果该抗拒的行为造成伤害或者死亡结果的，应当按照故意伤害罪、故意杀人罪定罪处罚。"暴力或者以暴力相威胁"，也应当具有足以压制他人反抗而使其不能或不敢夺回赃物、进行抓捕、扣留罪证的威力。如果不具有此种威力的，不成立抢劫罪。例如，甲在公共场所窃取乙提包后被发现，乙紧追，甲把手中揉成一团的废报纸朝后一扔，乙不知何物闪身避开后，不敢再追了。因为在这种特定场合下，行为的"暴力"程度极低，通常不足以压制他人，所以不宜认为是盗窃后为窝藏赃物、抗拒抓捕而当场使用暴力。如果行为人仅仅是为了逃跑脱身而挣扎或推撞他人的，不认为是转化抢劫罪的暴力威胁，不应以抢劫罪论处。

3. 为窝藏赃物、抗拒抓捕或者毁灭罪证。①"窝藏赃物"，是指防护盗窃、诈骗、抢夺到手的财物，这种情形也称为"事后抢劫"。事后，就是指盗窃、诈骗、抢夺的犯罪行为已经实行终了，出于窝藏赃物的目的而实施了暴力、威胁。如果盗窃、诈骗、抢夺的犯罪行为正在实行中，犯罪人尚未取得财物就实施暴力、胁迫行为，并通过暴力、胁迫排除反抗、取得财物的，不是事后抢劫，而应直接适用《刑法》第263条认定为抢劫罪。②"抗拒抓捕"，是指使用暴力抗拒司法人员或者任何公民特别是失主对其的抓捕、扭送。这包括已经盗窃、诈骗、抢夺到财物之后抗拒抓捕的情形,也包括尚未获取财物仅仅为避免被抓捕而抗拒的情形。③"毁灭罪证",是指湮灭作案现场遗留的痕迹、物品等罪证。为了毁灭罪证而当场使用暴力夺取罪证的,也属于毁灭罪证。只有具备这三个目的之一,才能以抢劫论处。如果不是出于这三个目的之一,不是转化的抢劫罪。例如,甲、乙二人入户行窃,正在卧室翻找钱物之时,户主丙(女)外出回家。甲从卧室窜出,捂住丙的嘴并将其按倒在地。乙从地上捡起一个酒瓶朝丙头上砸了一下,见酒瓶破碎后,又从地上捡起一把菜刀,用刀背朝丙的脖子、背部连砍两下,致丙当场昏迷。之后甲、乙二人继续翻找钱物并携带翻找的财物离去。甲、乙二人对丙使用暴力,不是为了窝藏赃物,因为赃物尚未到手;也不是为了抗拒抓捕,因为丙并没有对他们实施抓捕行动;也不是为了毁灭罪证。甲、乙二人为非法占有财物而对丙实行暴力,排除障碍后取财,应构成《刑法》第263条之抢劫罪。

(三)携带凶器抢夺以抢劫论

"携带凶器抢夺",是指随身携带枪支、爆炸物、管制刀具等国家禁止个人携带的器械进行抢夺,或者为了实施犯罪而携带其他器械进行抢夺的行为。其要点是:①行为人随身携带枪支、爆炸物、管制刀具等违禁器械抢夺的,以抢劫论。因为随身携带法律禁止个人随身携带的器械(违禁器械),本身就具有违法性,对此应从严认定。携带违禁器械抢夺的,不问是否有在犯罪中使用的意图,都以抢劫论处。②行为人随身携带违禁器械以外的器械抢夺的,须具备"为了实施犯罪而准备"的条件才能以抢劫论处。但有证据证明该器械确实不是为了实施犯罪准备的,不以抢劫罪定罪。按照一般的理解,携带"凶器"抢夺,行为人主观上通常是具有在犯罪中使用的意图或者至少有"必要时"使用的意图,并且"凶器"在客观上处在随时可用的状态。如果行为人携带凶器,但有证据表明其并非用于犯罪的,不认为是携带凶器抢夺。例如,甲某是木匠,在背着工具包去干活的路上,临时起意抢夺,被抓获后查出工具包中有一把斧头。这种情形就不能认为甲某属于携带凶器抢夺,因而也不能认定为抢劫罪。③行为人携带凶器抢夺后,在逃跑过程中为窝藏赃物、抗拒抓捕或者毁灭罪证而当场使用暴力或者以暴力相威胁的,适用《刑法》第267条第2款(携带凶器抢夺）的规定以抢劫论。④直接适用《刑法》第263条（抢劫罪）的规定定罪处罚，不需要适用第267条第2款（携带凶器抢夺）规定的情形。行为人将随身携带的凶器"有意加以显示"，能为被害人察觉到的，表明行为人实际上已经超出"携带"的范围而实际"使用"该凶器（威胁他人）进行抢劫了，所以直接适用《刑法》第263条，以抢劫罪定罪处罚。

（四）抢劫罪的加重犯

"入户抢劫"，是指为实施抢劫行为而进入他人生活的与外界相对隔离的住所。"户"包括封闭的院落、牧民的帐篷、渔民作为家庭生活场所的渔船、为生活租用的房屋等。对于入户盗窃，因被发现而当场使用暴力或者以暴力相威胁的，应当认定为入户抢劫。

认定"入户抢劫"时应注意以下三点：①"户"的范围。"户"在这里是指住所，其特征表现为供他人家庭生活和与外界相对隔离两个方面，前者为功能特征，后者为场所特征。一般情况下，集体宿舍、旅店宾馆、临时搭建的工棚等不应认定为"户"，但在特定情况下，如果确实具有上述两个特征的，也可以认定为"户"。有关判例如黄卫松抢劫案。②"入户"目的的非法性。进入他人住所须以实施抢劫等犯罪为目的。抢劫行为虽然发生在户内，但行为人不以实施抢劫等犯罪为目的进入他人住所，而是在户内临时起意实施抢劫的，不属于"入户抢劫"。③暴力或者暴力胁迫行为必须发生在户内。入户实施盗窃被发现，行为人为窝藏赃物、抗拒抓捕或者毁灭罪证而当场使用暴力或者以暴力相威胁的，如果暴力或者暴力胁迫行为发生在户内，可以认定为"入户抢劫"；如果发生在户外，则不能认定为"入户抢劫"。

"在公共交通工具上抢劫"，是指在从事旅客运输的各种公共汽车、大、中型出租车、火车、船只、飞机等正在运营中的机动公共交通工具上对旅客、司机、售票员、乘务人员实施的抢劫。在非运营中的大、中型公共交通工具上针对司机、售票员、乘务人员抢劫的，不属于"在公共交通工具上抢劫"。公共交通工具承载的旅客具有不特定多数人的特点，在小型出租车上抢劫的，不属于"在公共交通工具上抢劫"。

"抢劫银行或者其他金融机构"，是指抢劫银行或者其他金融机构的经营资金、有价证券和客户的资金等。抢劫正在使用中的银行或者其他金融机构的运钞车的，视为"抢劫银行或者其他金融机构"。

"多次抢劫或者抢劫数额巨大的"。"多次抢劫"是指抢劫3次以上。对于"多次"的认定，应以行为人实施的每一次抢劫行为均已构成犯罪为前提。行为人基于一个犯意实施犯罪的，如在同一地点同时对在场的多人实施抢劫的；或基于同一犯意在同一地点实施连续抢劫犯罪的，如在同一地点连续地对途经此地的多人进行抢劫的；或在一次犯罪中对一栋居民楼中的几户居民连续实施入户抢劫的，一般应认定为一次犯罪。"抢劫数额巨大"，参照盗窃罪数额巨大的标准为5000~20 000元以上。抢劫信用卡的，以使用该卡的金额为准，不以卡中金额为准。

"抢劫致人重伤、死亡的"，是指在抢劫过程中使用暴力压制反抗造成被害人重伤、死亡。根据《最高人民法院关于抢劫过程中故意杀人案件如何定罪问题的批复》（2001），为劫取财物而预谋故意杀人并在杀人后取财的，也是抢劫致人死亡。例如，甲为抢取乙的财物，埋伏在路边，从背后一枪或一刀将乙杀害，取走乙的财物，甲成立抢劫罪的结果加重犯。

"冒充军警人员抢劫"，是指采取足以使人误以为行为人是军警人员的方式抢劫财物，比如身穿警服，或者使用警用标志、标识等，使人误以为行为人是军警人员。如果仅仅声称是警察，没有任何标志、标识的，不能认为是冒充军警人员。成立本情形同时必须符合抢劫罪的要件，即实施了暴力、胁迫等足以压制他人反抗的行为。假冒军警人员，以罚没、扣押财物的名义非法占有他人财物，没有实施足以使人不敢反抗的暴力、胁迫行为的，不成立抢劫罪，可成立诈骗罪、招摇撞骗罪。

"持枪抢劫"，是指使用枪支或者向被害人显示持有、佩带的枪支进行抢劫。"枪支"的概念和范围，适用《枪支管理法》的规定。行为人所持枪支必须是"真枪"，不包括"假枪"，如仿真枪支。使用仿真枪支而使人误认为是枪支，足以使人不敢反抗的，属于抢劫罪的暴力、胁迫，但不属于持枪抢劫。

（五）认定与处罚

1. 既遂和着手。抢取财物为本罪的既遂。开始暴力、胁迫取财行为是本罪的着手。此前为抢劫而跟踪尾随、守候、接近被害人，伺机抢劫的，是本罪的预备行为。

2. 债权人为索取债务而暴力强扣债务人财物抵债的，不成立抢劫罪。暴力致人伤亡，侵犯自由，侵犯人身的，可成立故意伤害罪，非法拘禁罪，非法侵入住宅罪。索债包括"本人所输赌资"或"本人所赢赌债"、高利贷。但抢劫他人赌资或赌场赌资（非本人输赢之赌资赌债）的，应以抢劫论处；同时不排除追究其赌博罪之责任。

3. 对于强拿硬要少量物品，情节显著轻微，危害不大的行为，可不认为是犯罪。由于《刑法》对抢劫罪规定的法定最低刑为3年以上，处罚比较严厉。所以，对于强索少量财物，抢吃少量食品等行为，尤其是高年级学生偶尔强抢低年级学生少量财物的，根据《刑法》第13条的"但书"规定，不应以抢劫罪论处。

4. 抢劫罪与寻衅滋事强拿硬要财物之行为的区别。强抢他人财物的，未必都成立抢劫罪。行为人本无抢劫作案的意图，借故或因事生非，强要、强抢与所借之故相称的财物，一般不成立抢劫罪。例如，甲在"黑摩的"较为集中的场所，向过往的"黑摩的"司机每人收取2元过路费，对不从者则显示出插在腰间的匕首予以威胁，共收取7人14元后被抓获，甲不成立抢劫罪。再如甲的轿车与乙的摩的发生剐蹭而争吵，甲要乙给修车并让乙看清楚其车牌让乙知道其不好惹，并从车中取出刀子架在乙脖子上，从摩的盒子中取走一百余元。甲的行为尽管很暴力，但因有修车的争执且仅取与修车费用相当的钱财，并有逞强斗气的因素，明显与抢劫不相当，有判例认定甲不成立抢劫罪。抢取与所因之事有关的财物，一般不成立抢劫罪。例如，甲出歌厅见乙男与丙女撕扯就凑近想看个究竟，不料遭乙男辱骂，于是对乙男施以拳脚，乙男打电话报警，甲男夺下电话离去。甲男拿走电话一直开机，直到警察找上门来，判例认为甲男不成立抢劫罪。再如，甲、乙、丙等人在"家门口"大排档饮酒，发现烟抽完了，恰逢丁路过，甲拦住丁强搜香烟未果，搜到钱包从中取出50元买香烟。判例认为甲之行为与抢劫不符。行为人在自己生活、工作熟悉的"地盘"，如市场、小区、广场、公园、学校等，实施"欺生""欺负弱小"等"霸凌"行为，索要少量财物的，通常也不定抢劫罪。

司法实践中，对于未成年人使用或威胁使用轻微暴力强抢少量财物的行为，一般不以抢劫罪定罪处罚。其行为符合寻衅滋事罪特征的，可以按照寻衅滋事罪定罪处罚。例如，未成年在校生在学校或学校周边区域,强拿硬要学生财物的,可不按照抢劫罪定罪处罚。如果次数较多或数额较大,情节恶劣的,可按照寻衅滋事罪定罪处罚。

5. 抢劫罪与抢夺罪的区别,应从罪名设置体系中把握。抢夺与抢劫都是以暴力夺取他人占有物,只是暴力程度不同。暴力足以压制被害人使其不能、不敢反抗的,是抢劫;夺取他人占有物但暴力未达抢劫程度的,是抢夺。抢劫暴力的判断可从以下两点来掌握:①致人轻微伤后果;②使用凶器手段。这两点一般可表征抢劫暴力。有关判例如郭学周故意伤害、抢夺案。

抢夺分"徒步"与"飞车"两种类型:

(1) 徒步抢夺而过失致人重伤、死亡的,如牵连被害人摔倒或无意撞倒他人致死伤的,属于抢夺罪的情节加重犯,定性仍是抢夺。

(2) 飞车夺物的仍是抢夺,但飞车抢夺有下列情形之一的,成立抢劫:①故意致被害人轻伤;②强行拖拽被害人;③以车压制、排除被害人的反抗。飞车抢夺致被害人摔倒未造成轻伤结果的,或因夺取他人佩戴的首饰而致被害人颈部、耳部受轻微伤的,仍是抢夺。

6. 杀害他人之后,临时起意取其数额较大财物的,成立故意杀人罪和盗窃罪。为了劫取他人财物而预谋杀害他人,杀人后取其财的,是抢劫罪(致人死亡)。因为行为人以杀人暴力作为劫财的手段,所以只成立抢劫罪。

7. 故意伤害过程中,"临时起意"非法占有被害人携带财物的判断:首先,如果造成轻伤以上后果,成立故意伤害罪;其次,如果当着被害人的面公然取其财的,另成立抢劫罪;如果窃取的,则是盗窃性质,数额较大的,另成立盗窃罪,数罪并罚。同理,强奸妇女时,临时起意当面掠取其财物的,另成立抢劫罪;窃取的,则是盗窃性质,应数罪并罚。

8. 抢劫罪与绑架罪的界限。绑架罪的特点是:扣押人质向第三人索要赎金或其他不法利益。以扣押或杀伤人质相威胁,向关心人质安危的第三人,如人质亲友、社会组织、政府等索要赎金或其他不法要求,迫使第三人交付占有的财物,因此侵犯了"第三人自决权"。绑架罪侵害了两个法益:一是人质及其人身自由安全;二是被勒索的第三人及其自决权。绑架索要之财物在第三人占有下或通过第三人交付。抢劫罪不具有这个特性,只是强取被害人占有的财物,不涉及第三人及其自决权。下列情形一般认为是抢劫:

（1）劫持被害人取财。例如，甲、乙二人拦住丙的汽车之后，持刀威逼丙交出财物，结果丙只有几百元钱。甲、乙很不甘心，上车持刀逼迫丙开车回家，劫持丙至其家中，拿走3万元现金。然后又拿着丙的存折，挟持丙到银行取出20万元现金。甲、乙暴力强取财物的行为构成抢劫罪。劫持行为是其抢劫暴力的一种形式，因而甲、乙不构成绑架罪。

（2）为夺取财物以暴力施加他人或胁迫被害人交付财物。如甲在银行营业厅以刀架在客户的脖子，要求银行柜员交付5万元。因控制人质时间短暂，仍属于暴力胁迫取财的性质。

（3）劫持被害人索要财物，被害人指令第三人交付财物，如向某账户打款或于某时某地将10万元现金交给某人。第三人只是遵照被害人指令行事，对被害人被劫持一事不知情的，第三人自决权没有受害，因而成立抢劫罪。

9. 根据《审理抢劫抢夺刑案意见》（2005）的规定，绑架过程中又当场劫取被害人随身携带的财物的，同时触犯绑架罪和抢劫罪两个罪名，应择一重罪定罪处罚。

第三节 诈骗罪·敲诈勒索罪

一、诈骗罪（第266条）

《刑法》第266条 诈骗公私财物，数额较大的，处3年以下有期徒刑、拘役或者管制，并处或者单处罚金；数额巨大或者有其他严重情节的，处3年以上10年以下有期徒刑，并处罚金；数额特别巨大或者有其他特别严重情节的，处10年以上有期徒刑或者无期徒刑，并处罚金或者没收财产。本法另有规定的，依照规定。

（一）概念、构成要件

诈骗罪，是指以非法占有为目的，欺骗他人交付数额较大的财物的行为。

1. "诈骗"，是指通过虚构事实或者隐瞒真相的欺诈方法，使被害人发生误解，从而交付数额较大的财物的行为。构成完整的诈骗，应具备五要素：行为人实施欺诈行为→被害人陷入错误→交付财物（处分财产占有）→行为人获得财物→被害人失去财物。以上五个要素的每个环节均有因果联系，如果缺乏其中的任何一个环节,则不构成诈骗罪既遂。例如,甲为购买毒品吸食而谎称开店急需资金,向乙"借款"2万元,乙识破甲的谎言,但念旧情不忍戳穿甲的骗局,佯装信以为真而借给乙2万元。甲虽有欺骗行为,也发生了财物交付与乙损失财物的结果,但因为这些结果与被害人陷入错误之间没有因果联系,所以甲不构成诈骗罪既遂而只能构成诈骗罪未遂。

认定行为人就事实作虚假表述、进行欺骗需注意以下三点:

第一,"纯粹的价值判断并不是事实,就价值判断进行欺骗的,不能成立诈骗罪。同样,单纯的观点表达也并非对事实的陈述,不构成诈骗罪"。[1]例如,夸自己的房子如何好,具有巨大升值潜力等,属于对事物的是非好坏、优劣之类的价值判断或评判,而不是对事物有无真假的表述;再如,在劝人买房产时说房子对人如何重要,并且是财产保值的最好方式等,均属于观点表述,而不是事实表述。不过,如果价值判断、观点表达是基于事实作出的,则其有可能超出了纯价值判断、观点表达的范围,而属于事实表达。例如,甲说A公司定于某日上市因而有投资价值,"公司上市"是事实表述,但如果"公司上市"是虚假的,甲则是就事实进行了欺骗。

第二,"这里的'事实'必须是过去或现在的事实。行为人向他人谎称将来会发生的事件的,原则上不成立诈骗。"[2]例如,行为人谎称B公司将来会扭亏为盈而具有还款能力,或谎称B矿山或将探明更大储量等,进而诱人贷款或投资,这不成立欺骗。"因为未来的事件欠缺确定性以及与当前状态的关联性"[3],所以不能证实其真伪,常人也不会被误导。

第三,行为人必须表述了虚假事实。如果怀有诈骗意图而表述了真实的事实,则属于不能犯未遂。

不揭露真相原则上不构成虚假表述,但如果行为人有揭露真相的义务,则其隐瞒真相的行为有可能构成虚假表述。例如,甲已经

---

[1] 王钢:"德国刑法诈骗罪的客观构成要件——以德国司法判例为中心",载《政治与法律》2014年第10期。

[2] 王钢:"德国刑法诈骗罪的客观构成要件——以德国司法判例为中心",载《政治与法律》2014年第10期。

[3] 王钢:"德国刑法诈骗罪的客观构成要件——以德国司法判例为中心",载《政治与法律》2014年第10期。

收到乙方货物，乙方询问甲是否已经收货，甲有义务告知实情却谎称没有收到或不知道，导致乙方再次发货。

2. 被害人因受骗而"交付"财物。诈骗的要点在于行为人通过骗取被害人"交付"财物而取得财物。"交付"，是指出于被害人的意思而发生占有转移的处分。其具体含义是：①占有转移的处分。如果不是"占有转移"意义上的处分，则不是交付。例如，甲向售货员乙要了一款名贵西服，谎称到试衣间试穿，趁机溜出商店，将西服占有。乙虽然将西服交到甲的手中，但没有让甲拿出商店的意思，故不是交付，甲非法占有该西服的行为不是骗取而是窃取。②基于同意的占有转移。首先，占有转移是出于被害人处分意思，被害人对占有转移不知情的，不是骗取。其次，被骗人（交付人）对发生占有转移的财物内容是认知的，如果被害人对交付财物的内容缺乏认知，则不属于基于同意的占有转移。例如，甲把手机放入装满苹果的购物袋底部，交售货员乙称重后按照苹果的价格付款。乙不知袋中有手机，甲不是基于乙的同意而取得手机，因此该行为不是骗取而是窃取。在被害人认识与实际交付的财物内容的一致性程度上，学说上存在分歧：一是严格一致说。该说认为，受骗者需要对交付的对象、数量、价值等有全面的认识，不仅需要认识到在处分一定的财物，而且对处分对象的特殊性、具体性也要有较为清楚的意识，才能认定受骗人具有处分意识。[1]按照这种学说，甲在超市将高档酒装到低档酒的箱子中并以低档酒价格买走，因品种、价格不一致，该行为不是骗取而是窃取。二是基本一致说。该说认为，被骗者虽然没有认识到财产的真实价值、数量、重量但认识到处分了一定的财产时，应认为其具有处分意识。例如，甲在超市将高档酒装到低档酒的箱子中并以低档酒价格买走，由于财产的性质、形状差别不大，因此不影响骗取的性质。如果被骗人没有意识到财产的种类、性质而处分的，因差距过大不宜认为其有处分意识，故该行为属于窃取行为。例如，行为人将手表、金饰装入方便面箱中并以方便面的价格"买走"，该行为不是骗取而是窃取。再如，吃完大餐该买单时，行为人对餐厅经理说下楼送走客人就回来（买单），经理同意也没有紧跟，行为人一去不回。按照严格一致说，该行为是盗窃，因为经理并未同意其离去（未买单而脱离控

---

[1] 周光权：《刑法各论》，中国人民大学出版社2016年版。

制)。按照基本一致说,该行为是诈骗,因为同意下楼且没有紧跟,基本算是信任行为人并同意其未买单而脱离控制。基本一致说在中国较易被接受,因为中国司法人员习惯于对盗窃做"秘密窃取"的狭义掌握,而不太在意对盗窃作"违背占有者意志取得"的掌握,因此对"施诈术取得"多倾向于定诈骗罪。有关判例如葛玉友等诈骗案。③交付者具有相应的处分能力。如果欺骗没有处分财物意思能力的孩童、精神病人交付财物的,不属于诈骗罪意义上的"交付",行为人非法获取财物的方式不是骗取而是窃取。④被骗人是具有作出财物占有转移之处分权限的人,如财物的所有人、管理人等。如果被骗人没有该处分权限,骗取其交付则不是诈骗罪意义上的交付。例如,甲见他人将摩托车停在路边,对乙谎称该车是自己的,请乙把该车推入甲的院子里。由于乙没有该车处分的权限,所以甲非法占有该车不是骗取而是窃取,是利用乙窃取他人财物。行为人通过欺骗使被害人将财物放置(处)于行为人可自由支配的地方的,也可认为是交付。

"数额较大",是指个人诈骗数额在 3000~10 000 万元以上。"数额巨大",是指个人诈骗数额在 3 万~10 万元以上。"数额特别巨大",是指个人诈骗数额在 50 万元以上。以上是最高人民法院确定的诈骗数额标准,各省、市高级人民法院可根据本地区的经济发展状况,并考虑社会治安状况,确定本地区的诈骗罪数额标准。

(二)认定与处罚

1. 区别诈骗罪与盗窃罪的要点:是否经被害人的"交付"而取得财物。诈骗是基于被害人有瑕疵的意思并通过被害人的"交付"而取得财物;盗窃则是违背他人意志并从被害人占有下而窃取财物。据此,有一简单判断方法:财物占有转移的事实是否违背事主的意志或事主是否对此知情并同意。如果不违背事主的意愿,表明行为人通过事主的交付而取得财物,因而构成诈骗;如果违背事主的意愿,表明行为人不是通过交付取得财物,因此行为人不是以骗取而是以窃取或其他方式取得财物。

2. 法条竞合。刑法中规定了十余种特殊的诈骗罪名,如《刑法》分则第 3 章第 5 节规定的金融诈骗罪中包括 8 个特殊诈骗罪名:①集资诈骗罪;②贷款诈骗罪;③票据诈骗罪;④金融凭证诈骗罪;⑤信用证诈骗罪;⑥信用卡诈骗罪;⑦有价证券诈骗罪;⑧保险诈骗。其他章节还规定有合同诈骗罪和骗取出口退税罪,再加上招摇撞骗罪和冒充军人招摇撞骗罪，一共有 12 个特殊的诈骗罪名。根据法条竞合之特别规定优先适用的原理，符合特别条款的诈骗罪，应当按特别条款定罪处罚，排除一般诈骗条款的适用。在此，应将诈骗理解为一类犯罪，从而整体掌握。此外，在贪污罪、职务侵占罪中，往往也含有利用职务上的便利骗取公私财产的方式，因此与诈骗罪在使用欺骗手段上有交叉关系。

3. 诈骗罪（广义的诈骗罪包含合同诈骗罪、金融诈骗罪等）与工商交易欺诈犯罪的区别要点是，有无交易的形式和内容。许多犯罪尤其是经济犯罪都具有欺诈性，例如，非法经营罪，生产、销售伪劣商品的犯罪（8 个），虚假广告罪，假冒注册商标罪，假冒专利罪，侵犯著作权罪等。但是，作为工商活动中的欺诈，一般具有交易的形式和内容。例如，在销售货品时以假充真、以次充好，声称卖的是特等大米，结果实际履行交付的是劣质大米，其中虽然有欺诈，但毕竟还有交易的内容和形式，因此属于生产、销售伪劣商品罪。如果声称出售大米，在签订合同，收取预付款后即逃之夭夭的，由于没有交易的内容和形式，因此属于合同诈骗罪。又如，声称出售的是人造金刚石，在收到货款后给客户一包沙子，这就超出了造假、售假的范围，因此纯属诈骗（合同诈骗罪）。再如，甲号称生产出了能使水变油的产品并予以出售，客户买回后使用，发现其根本就不具有使水变油的功能。法院认定甲构成生产、销售伪劣商品罪，而不是合同诈骗罪。类似的情形还有：甲打出广告，印制虚假的保单，通过给"客户"办理汽车保险业务收取大量"客户"的保险费，并开出假的保险单。但是，甲在保单上留有自己的电话，在他那里投保车险的"客户"遇到问题，打电话找来甲，甲尚能出面应付，进行理赔。甲对客户显然存在欺诈行为，但法院认定甲没有非法占有的目的，仅仅是没有保险资格而办理保险业务，属于非法经营行为。假如甲在收取保险费之后卷款潜逃，就具有诈骗性质了。

因此，有学者将诈骗类犯罪称为"非法占有型诈骗"，而将工商交易中的欺诈犯罪称为"经营型欺诈"，这倒能简明地表示出二者的差异。"经营型欺诈"的特点是有经营的形式和内容，但以非法方式"营利"，形象点说是"挂羊头卖狗肉"。有经营的形式"肉铺子"，有经营的内容"交付羊肉"，当然也有以较廉价的"狗肉冒充羊肉"的欺诈行为，从而谋取非法利益。"非法占有型诈骗"的特点是没有交易形式和内容，形象点说是"空手套白狼"。

4. 诈骗特殊类型。

（1）以虚假、冒用的身份证件办理入网手续并使用移动电话，造成电信资费损失数额较大的，依照《刑法》第266条的规定，以诈骗罪定罪处罚。[1]《电信网络诈骗刑案意见》（2016）指出，诈骗公私财物价值3000元以上、3万元以上、50万元以上的，应当分别认定为《刑法》第266条规定的"数额较大""数额巨大""数额特别巨大"。发送诈骗信息5000条以上的，或者拨打诈骗电话500人次以上的；在互联网上发布诈骗信息，页面浏览量累计5000次以上的，以诈骗罪未遂定罪处罚。数量达到相应标准10倍以上的，应当认定为《刑法》第266条规定的"其他特别严重情节"，以诈骗罪未遂定罪处罚；具有下列情形之一的，酌情从重处罚：①造成被害人或其近亲属自杀、死亡或者精神失常等严重后果的；②冒充司法机关等国家机关工作人员实施诈骗的；③组织、指挥电信网络诈骗犯罪团伙的；④在境外实施电信网络诈骗的；⑤曾因电信网络诈骗犯罪受过刑事处罚或者2年内曾因电信网络诈骗受过行政处罚的；⑥诈骗残疾人、老年人、未成年人、在校学生、丧失劳动能力人的财物，或者诈骗重病患者及其亲属财物的；⑦诈骗救灾、抢险、防汛、优抚、扶贫、移民、救济、医疗等款物的；⑧以赈灾、募捐等社会公益、慈善名义实施诈骗的；⑨利用电话追呼系统等技术手段严重干扰公安机关等部门工作的；⑩利用"钓鱼网站"链接、"木马"程序链接、网络渗透等隐蔽技术手段实施诈骗的。

（2）使用伪造、变造、盗窃的武装部队车辆号牌，骗免养路费、通行费等各种规费，数额较大的，以诈骗罪定罪处罚。[2]

5. "三角诈骗"·"诉讼欺诈"·"盗窃间接正犯"。诈骗案件中，被骗人与被害人通常是同一个人。三角诈骗的特点是：被欺骗交付（处分）财物的人与蒙受财产损失的被害人不是同一个人。例如，甲看见乙捡拾到路人丙遗落的钱包，甲冒充失主将钱包从乙手中骗走。被骗交付钱包的人是乙，而失主是丙。在三角诈骗案中，尽管被骗人与被害人不是同一个人，但仍是诈骗性质。

---

[1] 2000年5月24日最高人民法院《审理电信市场案解释》第9条。

[2] 2002年4月17日最高人民法院《审理武装部队车辆号牌刑案解释》第3条。

诉讼诈骗属于典型的三角诈骗，即行为人通过使用虚假的事实证据提起诉讼，欺骗法官判决对方当事人败诉，进而取得对方当事人的财物。法官因被骗而判决处分财物，对方当事人则是蒙受财产损失的被害人。对于"诉讼欺诈"，最高人民检察院曾经批复，原则上排除诈骗罪的适用。[1]不过司法实务中照样定诈骗罪，如"李立增诈骗案"[2]：李立增通过修改作废的出库单，以之为证据向法院提起民事诉讼，使法院判决华云公司偿还"租赁费"105 920.26元，并通过强制执行划走华云公司66万余元。法院认定李立增构成诈骗罪。另外，恶意制造交通事故（"碰瓷"），欺骗交警认定事故对方承担赔偿责任，获取对方"赔偿"的，是常见的"三角欺诈"，都是以诈骗罪定罪处罚。

现在的立法和学说进一步确认"诉讼欺诈"可以定性为诈骗罪。《刑法》第307条之一第3款规定，有虚假诉讼行为，非法占有他人财产或者逃避合法债务，又构成其他犯罪的，依照处罚较重的规定定罪从重处罚。"构成其他犯罪的"，一般是指构成诈骗罪或合同诈骗罪。自此，对于"诉讼欺诈"，依《刑法》可成立诈骗罪。如有伪造证据或妨害作证行为的，可以认为是（目的行为）诈骗罪与（手段行为）伪证罪、妨害作证罪的牵连犯，择一重罪定罪处罚。当然，如果诈骗未得逞的，没有必要追究诈骗罪的刑事责任；没有证据证明行为人具有诈骗意图的，则不成立诈骗罪，对这两种情况只能按照伪证罪、妨害作证罪论处。

6. 诈骗罪与其他具有欺诈性的犯罪的区别：①以假币冒充真币的，不定诈骗罪。例如，甲用假币到电器商场购买手机，甲的行为构成使用假币罪而不是诈骗罪。②价格欺诈的，一般不认为是犯罪。例如，店主丙在柜台内陈列了2块标价5万元的玉石，韩某讲价后以3万元购买其中一块，周某讲价后以3000元购买了另一块。

---

[1] 2002年10月24日最高人民检察院法律政策研究室《伪造证据答复》规定："以非法占有为目的，通过伪造证据骗取法院民事裁判占有他人财物的行为所侵害的主要是人民法院正常的审判活动，可以由人民法院依照民事诉讼法的有关规定作出处理，不宜以诈骗罪追究行为人的刑事责任。如果行为人伪造证据时，实施了伪造公司、企业、事业单位、人民团体印章的行为，构成犯罪的，应当依照《刑法》第280条第2款的规定，以伪造公司、企业、事业单位、人民团体印章罪追究刑事责任；如果行为人有指使他人作伪证行为，构成犯罪的，应当依照《刑法》第307条第1款的规定，以妨害作证罪追究刑事责任。"

[2] 国家法官学院、中国人民大学法学院编：《中国审判案例要览（2006年刑事审判案例卷）》，人民法院出版社2007年版。

丙对韩某不构成诈骗罪。因为在玉石一类的商品交易中，价格无常且商家奸诈、虚报价格是众所周知的，故买家一般也有所预期、戒备，常常砍价。这种经营中的"价格欺诈"行为，一般属于经营性欺诈，不属于非法占有型的诈骗罪。③ "制作、出售假冒他人署名的美术作品的"，属于《刑法》第 217 条规定的侵犯著作权的行为之一，一般不按诈骗罪定性。例如，画家丁临摹了著名画家范某的油画并署上范某的名字，通过画廊以 5 万元出售给田某，丁非法获利 3 万元。丁的行为不是诈骗罪。

应辨别"三角诈骗"与"盗窃间接正犯"。欺骗一个人取走另一个人的财物交付给自己的，是盗窃罪（间接正犯）。例如，甲看见丙将车停在路边没有熄火就急忙进公共厕所里，欺骗乙说："路边停放的那辆车是我的，你帮我开到小区停车场停好。"乙信以为真将车开走停好，钥匙交给甲。本例要点：被骗交付财物者乙对所交付的财物没有处分权限，是被甲（欺骗）利用来窃取丙汽车的"工具"，甲是利用乙盗窃该汽车的（间接）正犯。由于乙不知情，因此不是"甲教唆乙盗窃"的盗窃共犯关系。由于乙没有对"汽车"的处分权限，因此不是三角诈骗。

二、敲诈勒索罪（第 274 条）

《刑法》第 274 条　敲诈勒索公私财物，数额较大或者多次敲诈勒索的，处 3 年以下有期徒刑、拘役或者管制，并处或者单处罚金；数额巨大或者有其他严重情节的，处 3 年以上 10 年以下有期徒刑，并处罚金；数额特别巨大或者有其他特别严重情节的，处 10 年以上有期徒刑，并处罚金。

（一）概念、构成要件

敲诈勒索罪，是指以非法占有为目的，敲诈勒索公私财物数额较大或者多次敲诈勒索的行为。

"敲诈勒索"，是指威胁他人并使其惧怕而交付财物。威胁，是指告知他人将要对他人施加恶害。常见的威胁内容有两类：一是暴力威胁，如告知对方将要绑架他的孩子、烧毁他的房子等；二是以揭发他人的隐私、毁损他人声誉相威胁，如曝光他人卖淫嫖娼、通奸的隐私，向司法机关举报他人犯罪事实，要求交付"保密费""封口费"等。

1. 行为人所告知的不利后果的内容，并不要求其本身是不法的。因为敲诈勒索罪是侵犯财产罪，其不法性在于"非法占有公私财物"，而非威胁内容本身。换言之，关键不在于暴力或者威胁本身是否正当合法，而在于所要达到的获取财产的目的是否恰当。例如，向司法机关"举报他人犯罪"之威胁本身正当合法，但若作为迫使他人违心处分财物，归自己非法占有的手段，则获取财物的行为具有非法性。告发者对于索要的钱财并无请求权，迫使他人违背意志处分财物的，是敲诈勒索。至于举报的犯罪事实是否真实，被举报人是否应当受刑罚处罚，不影响敲诈勒索的性质。

当事人有合理根据相信自己的权益受到损害，通过正当途径维权，例如，到政府部门上访，到公安机关报案，到法院提起诉讼索要"赔偿"等，即使是索要"天价"赔偿，也不是敲诈勒索。例如，甲被乙打伤，怀疑是丙唆使乙所为，向丙提出与所受损害程度相称的赔偿要求，并声称如不赔偿就将丙告到公安局或法院，甲属于正当的维权行为。即使甲的怀疑最终被证明是错误的，也不能认为是敲诈勒索。

2. 行为人所告知的不利后果是否能实际实现，是否亲自实施，在所不问；但在由第三人实施时，告知者必须能影响第三人；或者被害人能够推测告知人对第三人有影响力。

3. 威胁的程度，应足以令人感到恐惧、畏惧。一方面，单纯令人感到有压力或为难的，不是威胁；另一方面，威胁应没有达到足以抑制反抗的程度。认定威胁是否达到足以令人恐惧的程度，应采取客观标准，即威胁的内容足以使一般人恐惧即可。"恐吓的主要意义在于心理威吓，尚未动用武力。接受讯息之人是否屈服，是否因此将财物或财产利益交出，尚有斟酌余地。"[1]另外，不足以令一般人恐惧的不利后果，如果与其他事情结合产生恐惧效果的，也是敲诈行为。例如，曝光未婚男女的约会照，一般人不会在乎，也不会感到恐惧、畏惧，但是，该女子正在与名门望族的男子谈婚论嫁，因此可能会引起误解而对该女子产生不利影响。

暴力、威胁尚未达到足以压制对方反抗的程度；如果达到足以压制对方反抗的程度的，是抢劫。

根据《办理敲诈案解释》（2013）的规定：

"数额较大"，是指敲诈勒索"在2000~5000元"以上的。有

---

[1]（台湾）林东茂：《刑法综览》，中国人民大学出版社2009年版，第352~353页。

第五章　侵犯财产、贪污及挪用犯罪

敲诈勒索前科，敲诈老弱残疾人，以严重暴力、黑恶势力威胁，冒充公务员、记者等身份敲诈的，数额较大的标准为前述标准的一半。

"多次"，指2年以内敲诈勒索3次以上的。"多次"作为定罪根据暗含了一个前提：每一次敲诈勒索都不够数额较大的标准。参照诈骗未遂的解释，敲诈勒索（数额较大财物）未遂的，不立案追究罪责；敲诈勒索（数额巨大财物）未遂的，应立案追究罪责。

"数额巨大"，是指敲诈勒索在3万~10万元以上的；"数额特别巨大"，是指敲诈勒索在30万~50万元以上的。

（二）认定与处罚

1. 行使权利与敲诈勒索。敲诈勒索罪以"非法占有目的"为要件，因此行使或维护自己的权利，没有严重逾越权利范围而非法占有他人财物的，即使使用非法手段也不成立敲诈勒索罪。例如，债权人"暴力讨债"的；被拆迁人采取上访、示威、媒体曝光、举报开发商违法犯罪等方式讨要拆迁补偿费的；民工用堵门、堵车等方式讨要工资、工程款的；消费者因购买到不合格产品而以媒体曝光等方式要求退货、赔偿的；等等，均不成立敲诈勒索罪。因为其索要财物的行为存在主张该财产权利的基础，故不是以"非法占有财物"为目的。例如，指导判例"夏某理等人涉嫌敲诈勒索无罪案"判决指出："虽然被告人以（举报开发商违法）要挟为手段索赔并获取了巨额钱财，但其索赔是基于在房屋拆迁、坟墓搬迁中所享有的一定的民事权利提出的，故不足以认定被告人成立敲诈勒索罪。本案的裁判要旨在于，拆迁户以举报开发商违法行为为手段，索取巨额补偿款的，不构成敲诈勒索罪。另可参见王明雨被控敲诈勒索案。

不过，如果行使权利或维权严重脱离了权利的范围，明显背离了行使权利的目的，使用威胁手段非法获取财产的，由于目的和手段都不具有正当性，故可以成立敲诈勒索罪。例如，甲在餐馆就餐时从菜中吃到一只苍蝇，要求餐馆赔偿30万元精神损失费，否则就要组织众人天天到餐馆闹。吃到苍蝇显然受到损害，有权利要求赔偿，如免费换菜或者免单，但是索赔30万元明显超出了权利范围，背离了行使权利的目的，且其手段（来闹事）也不正当，超出了社会的容忍程度，因此是敲诈勒索。不过，虽索要30万元的"天价"赔偿，但若采取到法院起诉的方式，或者通过媒体实事求是地曝光,没有夸张虚构的,由于其手段本身正当或没有超出社会的容忍限度,因此不成立敲诈勒索罪。再如,消费者遇到产品质量问题,要求退货、维修、赔偿,甚至"假一罚十"赔偿的,都属于正当维权。但是,如果要求赔偿的数额彻底脱离了产品交易的价格,如李某购买几包疑似有质量问题的方便面,向厂家索要450万元的天价赔偿,且声称要通过媒体曝光该品牌方便面的"种种质量问题",而这些"种种质量问题"是其编造和臆想的,由于其索要450万元的行为严重脱离了权利范围,背离了消费者维权的目的,并且其编造虚假质量问题毁损他人商誉的手段也不正当,因此成立敲诈勒索罪。记者有报道事实真相的权利,在采访中发现厂矿企业发生安全事故、违规排污,以报道相要挟或以不报道为条件,向有关单位索要财物的,因为记者没有从中获取财物的根据,具有不法占有他人财物的目的,并且其手段严重违背了记者的职业操守,超出了社会的容忍限度,因此成立敲诈勒索罪。

国外有判例认为,行使权利的行为是为了追求不当目的的,可以成立敲诈勒索罪。例如,意大利最高法院有如下判例:被告人是一家摄影公司的负责人,在其开展业务活动的过程中取得了一些体育界、演艺界及经济学界名人的照片,随后被告人威胁照片所涉名人向其支付所谓的"拍摄报酬",否则就在报纸上曝光之。米兰地方法院2009年12月10日的判决认为,上述行为符合"威胁"的典型特征,因此被告人构成敲诈勒索罪。但米兰上诉法院2010年12月2日第6060号判决中认为,本案中那些可能被曝光的名人照片,结合具体情况来看并不具有危害当事人名誉的可能性,不会对所谓的"被害人"的选择自由造成真正的压力,因此,被告人不构成敲诈勒索罪。最高法院2011年第43317号的判决否定了米兰上诉法院的意见,指出:"向他人提出要行使属于自己的某项权利的行为,当其旨在追求那些不被法律认可或者不适当的目的时,也会变得违法,同样构成敲诈勒索罪。"

2. 利用他人的过错,索取没有法律根据的财物,是否构成敲诈勒索?例如,商店抓住小偷并以"送官法办"威胁小偷,索取被盗物品十倍、百倍的"罚款""赔偿"的。此处的关键在于被威胁人的意思决定自由是否被扭曲。小偷在"公了"与"私了"之间权衡,如果被威胁人认为"私了"有利而宁愿选择高额赔偿的,意思决定自由没有被扭曲,行为人不构成敲诈勒索罪。如果店主抓住小偷不放，强要远超被盗物品价值的"天价"赔偿，则有敲诈勒索的性质。再如，丈夫使用暴力胁迫手段向"奸夫"索要"补偿"，"奸夫"支付赔偿的，显然是违背了"奸夫"的意志，具有敲诈勒索的性质；如果没有使用暴力、胁迫手段强要，则具有谅解的性质，不成立敲诈勒索罪。

3. 敲诈勒索与抢劫的共同点是都有暴力性，差别在于暴力程度不同。如果暴力、胁迫达到了足以压制被害人抗拒而使其不得不交付财物的程度，是抢劫罪。尚未达到抢劫程度的威胁取财，是敲诈勒索罪。

4. 敲诈勒索与诈骗的共同点是都基于被害人有瑕疵的意思而取得财物；不同点是，敲诈是因被敲诈者的畏惧而取得财物；诈骗是因被骗人的认识错误而取得财物。因此敲诈比诈骗的危害性大。

在使用虚构的威胁使他人因畏惧而交付时，兼有诈骗和敲诈的性质。例如，甲听说乙的孩子失踪了，就打电话给乙谎称："你的孩子在我手里，拿 10 万元赎人，否则就将其杀掉！"乙因害怕而给甲账户汇款。这种情形是想象竞合犯，应择一重罪处断。

预言他人将有灾祸，如将来会遭车祸、宅中闹鬼、遭人抢劫、遭到殴打等，并谎称可帮助其消除灾祸而骗取钱财的，尽管被害人因感到恐惧才交付钱财请被告人消灾的，仍是诈骗。因为此灾祸不来自于被告人（说话人），也不由被告人操控，因而不是被告人发出的威胁；被害人交付钱财也不是因为畏惧被告人施加恶害，而是期望从被告人处获得解消灾害的帮助。例如，乙与丙发生口角，甲知此事后，找到乙，谎称自己受丙所托带口信给乙，如果乙不拿出 2000 元给丙，丙将派人来打乙。乙害怕被打，就托甲将 2000 元带给丙。甲的行为构成诈骗罪。

5. 敲诈勒索与绑架。绑架罪是敲诈勒索罪和非法拘禁罪的结合，即以非法拘禁人质的方式向第三人非法勒索财物。因此，以扣押人质这种特定方式敲诈勒索他人财物的，是绑架。敲诈勒索必须是使用扣押人质以外的方式勒索财物，不涉及绑架手段。但是，以声称绑架人质（而实际未实施绑架）相威胁勒索财物的，是敲诈勒索，这如同以声称爆炸、杀人、伤害相威胁而索取财物的性质。

第四节 侵占的犯罪

一、侵占罪（第 270 条）

《刑法》第 270 条 将代为保管的他人财物非法占为己有，数额较大，拒不退还的，处 2 年以下有期徒刑、拘役或者罚金；数额巨大或者有其他严重情节的，处 2 年以上 5 年以下有期徒刑，并处罚金。

将他人的遗忘物或者埋藏物非法占为己有，数额较大，拒不交出的，依照前款的规定处罚。

本条罪，告诉的才处理。

（一）概念、构成要件

侵占罪，是指以非法占有为目的，将为他人保管的财物或者他人的遗忘物、埋藏物占为己有，数额较大且拒不交还的行为。

"代为保管的他人财物"，是指保管人受托为他人保管的财物。保管人有义务在一定期限内或应托管人的请求返还保管物品。这里的财物包括动产和不动产。

侵占罪是身份犯，即本罪的主体是"他人财物的保管者"。

"遗忘物"，是指他人因遗忘、遗失而脱离占有之物。

"埋藏物"，是指他人埋藏于地下的脱离占有之物。

"非法占为己有"，是指将受托保管的财物非法据为己有。当财物托管人提出返还请求，保管人拒绝返还的，可证明其具有非法占为己有的目的。财物保管人将受托保管的财物以所有人那样按其经济用途来利用、处分，以致不能返还的，也表明其具有非法占为己有的目的。

"数额较大"，比照职务侵占罪或贪污罪的定罪数量标准，掌握在 5000 元至 1 万元以上。

"拒不退还"，是指经权利人请求之后，仍不退还，包括明确拒绝退还和承诺退还但实际不退还两种情形。当然，有时财物占有人因为对请求退还人有合理的根据，怀疑其不是权利人时，可以拒绝退还。相反，权利人提出退还请求，并举证证明自己为权利人时，占有人仍不退还的，构成拒不退还。拒不退还，具有多重意义：①确证行为人具有非法占为己有的意图；②在侵占非特定物的场合，如现金，即使行为人将受托保管的或捡拾的那笔钱花用出去了，但若能以等额现金退还的，不认为是侵占，因为在此种情形下，行为人意图侵吞还是挪用难以分辨和证实；③限制刑事处罚的范围，以便与刑法惩罚的其他犯罪的危害性相称。行为人可能使用欺骗手段作为"拒不退还"的借口，比如谎称未曾发生为他人保管财物之事，或谎称保管物被盗、被抢、丢失、灭失等，以实现非法据为己有的目的。这种情形不成立诈骗罪。

（二）认定与处罚

1. 侵占与盗窃。侵占罪的罪责轻于盗窃罪的罪责的关键在于，侵占罪只侵犯所有而不侵犯占有，其对象限于"他人的脱离占有物"。盗窃罪的对象是"他人的占有物"。

他人占有是指他人对财物事实上的支配状态，包括根据社会观念可以推知财物的支配人的状态。下列情形属于"他人占有物"：

（1）他人在车站、机场候车室等场所将行李物品放于手推车、座椅上，因去洗手间、询问处或购票处而暂时离开的，该行李物品不是遗忘物。

（2）他人进入饭店用餐，将随身携带的物品放于桌椅上、衣帽挂上，在尚未离开饭店之前，该物品不是遗忘物。

（3）他人特意停放的车辆属于他人占有之物，该车辆以及车内之物，均在他人占有之下，因此不是遗忘物。

（4）在公园、道路、野地的动物，若是主人放养的，即使主人不在场也是他人占有之物。在外游走的动物，若能识途自动归家的，不是遗忘物。

（5）他人占有之物不限于所有人占有，也包括第三人占有。乘客将行李遗忘于出租车的后备厢，物主脱离占有但被车主占有。其他乘客趁车主不备将该行李取走的，是窃取他人（司机）占有物。还如，甲、乙同到丙家造访，甲先行告辞，将手机遗忘在丙家的茶几上，乙将该手机拿走，是盗窃不是侵占，因为该手机处在丙的占有下。丙宅的主人据为己有的，可以成立侵占。

人们遗忘在公共场所的财物是脱离占有物。原因在于：一方面，物主脱离占有；另一方面，财物不在第三人的占有下。例如，遗忘在公共汽车、大型客轮、火车行李架座椅下的物品，或遗忘在商场、公园座椅的物品等。

盗窃罪的判断（试题）

2. 侵占与诈骗。

（1）骗取第三人占有下的"遗忘物"的，是诈骗罪。甲的提包遗忘在柜台上,营业员乙发现后把它放到柜台内,丙发现后对乙诈称是自己的提包,乙信以为真将提包交给丙,丙成立诈骗罪。这与窃取第三人占有下的遗忘物而成立盗窃罪的道理相同。

(2) 不动产"双重买卖",如"一房二卖"的,对蒙受财产损失的买受者,行为人构成诈骗罪。

例如 甲先将自己的房子卖给乙,在乙经过登记取得不动产所有权之后,甲为了骗取丙的财产,又隐瞒真相,将该不动产卖给丙,使丙遭受财产上的损害。甲对丙成立诈骗罪。乙已取得房屋产权,依法有效。丙因蒙受财产损失,所以是被害人。

(3) 动产"双重买卖",行为人对蒙受损失者构成侵占罪。

例如 甲将自己的钢琴出卖给 B 并收下 1 万元购琴款,同时约定甲继续占有钢琴一个月,在此期甲又将该钢琴卖给 K。K 善意取得钢琴并依法有效。甲侵占 B 委托保管的钢琴,成立侵占罪。

3. 拿走死者的随身携带之物是否成立侵占罪?我国实务中对于杀人者在杀人后当场取走被害人所携带财物的,以盗窃罪论。除此情形外,应认为死者对财物不具有占有性,因为死者已经没有支配财物的行为与意志,如果拿取死者所携带的财物的,应是侵占性质。如果死者在自己的家中被杀,因其家中的财物不属于脱离占有之物,行为人拿走财物的,成立盗窃罪(入户盗窃)。

4. 侵占"代为保管的他人财物",以存在委托关系为前提,如租赁、担保等。"占有"包括事实占有和法律占有,例如,不动产的名义登记人占有该不动产;提单等有价证券的持有人占有提单等有价证券所记载的财物。因此,行为人将保管物变为本人所有的,可认定为侵占代为保管物。侵吞他人委托保管的赃物,因为不法委托的寄托人没有请求返还权,受托人没有返还义务,因此不成立侵占罪,而可成立掩饰隐瞒犯罪所得罪。同理,侵吞他人委托行贿的财物,也不成立侵占罪。有关判例如杨飞涉嫌侵占无罪案。

5. 认识错误。盗窃不仅侵犯所有也侵犯占有,其对象为他人占有物。侵占罪不侵犯占有,其对象为脱离占有物。将他人占有物误认为他人遗忘物而取走的,属于事实认识错误,在侵占(轻罪)的认知限度内承担罪责。

二、职务侵占罪（第 271 条）

《刑法》第 271 条 公司、企业或者其他单位的人员，利用职务上的便利，将本单位财物非法占为己有，数额较大的，处 5 年以下有期徒刑或者拘役；数额巨大的，处 5 年以上有期徒刑，可以并处没收财产。

国有公司、企业或者其他国有单位中从事公务的人员和国有公司、企业或者其他国有单位委派到非国有公司、企业以及其他单位从事公务的人员有前款行为的，依照本法第 382 条、第 383 条的规定定罪处罚。

（一）概念、构成要件

职务侵占罪，是指公司、企业或者其他单位的人员利用职务上的便利，将本单位财物占为己有，数额较大的行为。

"公司、企业"的人员，包括国有独资、参股、控股公司、企业中的工作人员和民营公司、企业的工作人员。

"其他单位工作人员"，是指公司、企业之外的单位工作人员，如村委会、居委会中的工作人员，村民小组组长等。"单位"包括各种雇用、聘用人员的经济实体。职务侵占罪之职务，应当是指临时或长期受雇于他人而从事的某种职业活动之业务工作，不必拘泥于被害人是不是严格意义上的单位。这种理解的意义在于限缩职务侵占罪的适用范围，从而有利于维护经济体的利益，增进对雇员的信任。"单位的人员"，通常是指单位雇用、聘用的人员。

受单位委托经手、保管单位财物的非单位人员，是侵占罪主体，而不是职务侵占罪主体。国家机关、国家出资的公司、企业、村委会、居委会等单位中从事公务的国家工作人员是贪污罪主体，而不是职务侵占罪主体。

"利用职务上的便利"，是指利用本人职务上主管、负责、经管财物的便利。例如，经理主管公司的全面工作，负有包括管理、支配、使用单位财物在内的职责，会计、出纳负有经管单位现金的职责，保管员负有管理、经手单位财物的职责等。此外，"利用职务上的便利"也包括本人利用在职务上与其有隶属关系的单位其他人员的职务便利。单位的人员不论其职务有没有管理性，即使是所谓的"劳务性"职务，也属于职务侵占罪之职务。

"本单位财物",是指行为人任职单位所有的财物和行为人任职单位占有、管理、使用的财物。

"非法占为己有",是指行为人以侵吞、盗窃、骗取或者以其他手段非法占有本单位财物的行为。利用职务上便利窃取单位财物,俗称"监守自盗";利用职务上便利骗取单位财物,俗称"虚报冒领"。

根据《办理贪贿案解释》(2016)的规定,"数额较大"为6万元以上;"数额巨大"为100万元以上。

(二)认定与处罚

1. 本罪与侵占罪的区别:是否与"职务"有关。侵吞因职务受托经管的"本单位财物"的,是职务侵占;侵吞非因职务受托的保管物的,是侵占。因此,侵占罪实为"普通侵占罪"或"非职务侵占罪"。

2. 本罪与盗窃罪、诈骗罪区别:是否利用职务上的便利。窃取因职务受托经管的"本单位财物"的,是职务侵占,窃取他人经管的"本单位财物"的,是盗窃。

试题 甲系私营速递公司卸货员,主要任务是将公司收取的货物从汽车上卸下,再按送达地重新装车。某晚,乘公司监督人员上厕所之机,甲将客户托运的一台价值一万元的摄像机夹带出公司大院,藏在门外沟渠里,并伪造被盗现场。甲的行为成立盗窃罪。

三、贪污罪(第382条)

《**刑法**》第382条 国家工作人员利用职务上的便利,侵吞、窃取、骗取或者以其他手段非法占有公共财物的,是贪污罪。

受国家机关、国有公司、企业、事业单位、人民团体委托管理、经营国有财产的人员,利用职务上的便利,侵吞、窃取、骗取或者以其他手段非法占有国有财物的,以贪污论。

与前两款所列人员勾结,伙同贪污的,以共犯论处。

《**刑法**》第383条 对犯贪污罪的,根据情节轻重,分别依照下列规定处罚:

(一)贪污数额较大或者有其他较重情节的,处3年以下有期徒刑或者拘役,并处罚金。

(二)贪污数额巨大或者有其他严重情节的,处3年以上10年以下有期徒刑,并处罚金或者没收财产。

（三）贪污数额特别巨大或者有其他特别严重情节的，处十年以上有期徒刑或者无期徒刑，并处罚金或者没收财产；数额特别巨大，并使国家和人民利益遭受特别重大损失的，处无期徒刑或者死刑，并处没收财产。

对多次贪污未经处理的，按照累计贪污数额处罚。

犯第 1 款罪，在提起公诉前如实供述自己罪行、真诚悔罪、积极退赃，避免、减少损害结果的发生，有第 1 项规定情形的，可以从轻、减轻或者免除处罚；有第 2 项、第 3 项规定情形的，可以从轻处罚。

犯第 1 款罪，有第 3 项规定情形被判处死刑缓期执行的，人民法院根据犯罪情节等情况可以同时决定在其死刑缓期执行 2 年期满依法减为无期徒刑后，终身监禁，不得减刑、假释。

（一）概念、构成要件

贪污罪，是指国家工作人员利用职务上的便利，侵吞、窃取、骗取或者以其他手段非法占有公共财物的行为。

1. 根据《刑法》第 93 条的规定，"国家工作人员"包括以下 4 类从事公务的人员：

（1）国家机关工作人员，具体包括在国家机关中从事公务的人员以及在中国共产党的各级机关、中国人民政治协商会议的各级机关中从事公务的人员。

（2）在"国有独资单位"中从事公务人员，是指国有公司、企业、事业单位、人民团体中从事公务的人员。这里的"国有"，是指国家出资的国有"独资"（全资）公司、企业，其中从事经营管理工作的人员，属于国家工作人员，如董事、经理、会计、出纳等。

（3）在"国有参股企业"中从事公务人员。非国有公司、企业、事业单位、社会团体中从事公务的人员，这里的"非国有"，是指国有控股、参股公司、企业等单位（简称"国有参股企业"）。其中，受国家机关或"国有单位"的"委派"从事公务的人员是国家工作人员。只要他们在其中从事公务，不论被委派前是否具有国家工作人员的身份，都以国家工作人员论。

以上"国有独资企业"和"国有参股企业"，在《办理国家出资企业中职务犯罪案意见》（2010）出台后，统称为"国家出资企业"。

"直接委派"与"间接委派"。"直接委派",是指政府、国有(独资)单位向国家出资企业委派的从事公务的人员。"间接委派",是指"国家控股、参股"公司、企业"自行委派"的从事公务的人员。这二种"委派"人员是国家工作人员。关于"间接委派",《办理国家出资企业中职务犯罪案意见》(2010)指出:经国家出资企业(含控股、参股企业)中负有管理、监督国有资产职责的组织批准或者研究决定,代表其在国有控股、参股公司及其分支机构中从事组织、领导、监督、经营、管理工作的人员,应当认定为国家工作人员。

认定"间接委派"的要点:①任命主体是"负有管理、监督国有资产职责的组织",其范围主要是上级或者本级国家控股、参股企业内部的"党委、党政联席会"。②"从事公务"。"公务首先是管理性的事务,而不是一般的技术性、业务性活动。在国家出资企业中,中层以上管理人员可被视为代表管理、监督国家资产职责的组织从事公务,中层以下管理人员如果主要从事的是事务性、技术性、业务性工作,一般不宜认定为从事公务。"[1]有关判例如章国钧受贿案。

(4) 其他依照法律从事公务的人员,主要是指协助人民政府从事行政管理工作的村民委员会等村基层组织人员。根据全国人民代表大会常务委员会的解释,村民委员会等村基层组织人员协助人民政府从事下列行政管理工作,属于《刑法》第93条第2款规定的"其他依照法律从事公务的人员":①救灾、抢险、防汛、优抚、扶贫、移民、救济款物的管理;②社会捐助公益事业款物的管理;③国有土地的经营和管理;④土地征用补偿费用的管理;⑤代征、代缴税款;⑥有关计划生育、户籍、征兵工作;⑦协助人民政府从事的其他行政管理工作。参照此理解,城市居民委员会等基层组织人员协助政府从事行政管理事务的,也可视为依法从事公务的人员。此外,依法被选出的在人民法院履行职务的人民陪审员,履行特定手续被人民检察院聘任的特邀检察员等,也属于其他依法从事公务的人员。

---

[1] 宋国蕾、张宁:"国家出资企业人员职务犯罪研讨会综述",载中华人民共和国最高人民法院刑事审判第一、二、三、四、五庭主办:《刑事审判参考(2012年第6集·总第89集)》,法律出版社2012年版,第238页。

国家工作人员的本质特征是依法从事公务。依法从事公务是指在国家机关、公司、企业、事业单位、人民团体、社会团体中从事组织、领导、监督、管理等公共事务性质的活动。中国共产党的基层组织的组成人员的职务活动也属于从事公务活动。在有关单位工作，但不是从事公务活动的人员，不属于国家工作人员。因此，直接从事生产劳动或者服务性劳动的人员，例如，国家机关中的工勤人员，工厂的工人，商店的售货员，宾馆的服务员，部队战士，司机，收款员，售票员，购销员，等等，不属于从事公务的人员。

2. "受国家机关、国有公司、企业、事业单位、人民团体委托管理、经营国有财产的人员"，是指受托以承包、租赁方式管理、经营国有财产的人员。例如，行为人以承包人、租赁人的身份，管理、经营国有的企业、公司或者其中的某个工程队、车间、门市部等。在承包、租赁经营期间，其属于受委托管理、经营国有财产的人员。这些人不具有国家工作人员的身份，与国家机关、国有企业等委托方主要是市场经济关系，不是行政任命、委派关系，也不因"受托"而具有国家工作人员的身份。但是这些人如果利用经管国有财产的职务上的便利，侵吞、骗取、窃取承包、租赁公司、企业财产的，以贪污罪论处。

3. "利用职务上的便利"，是指利用职务范围内的权力和地位形成的有利条件，具体表现为主管、保管、出纳、经手财物等便利条件。利用因工作关系熟悉作案环境，凭工作人员身份便于接近作案目标等与职务无关的便利条件的，不属于利用职务上的便利。

（1）"侵吞"是指将自己控制之下的公共财物非法据为己有，例如，将自己保管、使用的公共财物加以扣留，应交而隐匿不交，应支付而不支付，收款不入账或非法转卖公共财物或者将公共财物私自赠与他人，非法占有或私自用掉其所追缴的赃款赃物和罚没款物，甚至于将自己控制下的国家机关、国有公司、企事业单位等用于行贿的款物非法据为己有等。

（2）"窃取"是指将在单位占有下而自己经管的公共财物予以窃取，简称"监守自盗"，例如，出纳将自己经管的存放于单位财务室保险柜的现金窃取。

（3）"骗取"是指利用职务上的便利使用欺骗手段非法占有公共财物，例如，涂改单据、账目，谎报开支，冒领旅差费、医疗费、工资、补贴等；谎报亏损，非法占有公款；虚构或隐瞒事实，冒领款物；等等。

（4）"其他手段"是指利用职务上的便利侵吞、窃取、骗取以外的非法占有公共财物的手段。例如，国家工作人员在国内公务活动或者对外交往中接受礼物，依照国家规定应当交公而不交公。

4. "公共财产"，是指《刑法》第91条规定的下列财产：①国有财产；②劳动群众集体所有的财产；③用于扶贫和其他公益事业的社会捐助或者专项基金的财产；④在国家机关、国有公司、企业、集体企业和人民团体管理、使用或者运输中的私人财产，以公共财产论。此外，因为非国有公司、企业、事业单位中从事公务的人员贪污本单位财产的也能成立贪污罪，所以有关非国有单位的财产也能成为本罪的对象。

5. "数额较大或者有其他严重情节"，根据《办理贪贿案解释》（2016）的规定，"数额较大"是指贪污3万元以上，"有其他严重情节"是指贪污1万元以上不满3万元且具有《办理贪贿案解释》所列举的"六种贪污严重情形之一"的。

"贪污数额巨大或者有其他严重情节的"。贪污"数额巨大"是指贪污20万元以上不满300万元的。"有其他严重情节"是指贪污数额在10万元以上不满20万元，且具有前述"六种贪污严重情形之一"的。

"贪污数额特别巨大或者有其他特别严重情节的"。"贪污数额特别巨大"是指贪污300万元以上的；"有其他特别严重情节"是指贪污数额在150万元以上不满300万元，且具有前述"六种贪污严重情形之一"的。

（二）认定与处罚

1. 贪污罪与侵占罪、职务侵占罪的主要区别：主体不同。贪污罪主体是"国家工作人员"和"受托管理、经营国有财产的人员"；侵占罪、职务侵占罪的主体是上述贪污罪主体范围以外的人。贪污罪是"公务"侵占性质。

单位工作人员与国家工作人员勾结，分别利用各自的职务便利，共同将本单位财物非法占为己有的，按照主犯的犯罪性质定罪。难以区分主从的，以贪污罪论处。

试题 甲为非国家工作人员，是某国有公司控股的股份有限公司主管财务的副总经理；乙为国家工作人员，是该公司财务部主

贪污罪与职务侵占罪的区分思路

管。甲与乙勾结，分别利用各自的职务便利，共同侵吞了本单位的财物 100 万元，甲主谋并分得 70 万元。

答案 甲定职务侵占罪，甲是主犯，全案定性职务侵占罪。乙是共犯。

2. 贪污罪与盗窃、诈骗罪的区别：①从主体角度：行为人是否被盗单位财物的职务保管人。保管人从单位非法取走自己依法保管之单位财物的，是利用职务上的便利，成立贪污罪。利用在单位工作、熟悉环境、了解情况、进出方便的条件，窃取他人保管之单位财物的，是盗窃罪。例如，某会计总管知道本单位在某日发工资，财务室金库有巨额现金，便提前偷配了出纳所经管的金库的钥匙，于晚上潜入单位财务室，用配制的钥匙打开金库，偷走巨款。该行为没有直接利用本人的职权，属于盗窃罪。②从行为角度：利用了职务上的便利窃取单位财物的，是贪污罪；没有利用的，是盗窃罪。同理，利用职务上便利骗取公共财产的，是贪污罪；没有利用的，是诈骗罪。从《刑法》第 382 条规定看，"利用职务上的便利，侵吞、窃取、骗取……"贪污罪包含了"窃取、骗取"，是法条竞合，优先适用贪污罪。职务侵占罪与盗窃罪、诈骗罪的关系也沿用此观点，认为存在法条竞合，优先适用职务侵占罪。

3. 贪污罪与私分国有资产罪的区别：要点在于是个人行为还是单位集体私分。贪污罪是"个人"贪污或数人共同贪污；而私分国有资产罪是以单位名义集体私分国有财产，通常表现为由单位的负责人或者决策机构集体讨论决定，按照一定的分配方案或者分发标准将国有资产以单位名义分发给本单位职工。分配多少依据职务高低、工作贡献大小，基本上人人有份。如果是单位的领导或者经管国有资产的少数人员利用职务之便秘密私分国有资产，而不是按一定的方案或标准分发给职工的，应以个人共同犯贪污罪论处。《办理国家出资企业中职务犯罪案意见》（2010）第 2 部分规定，国企改革制中，隐匿企业财产转为职工集体持股的改制后企业所有的，对其责任人以私分国有资产罪论处。改制后的公司、企业中只有改制前公司、企业的管理人员或者少数职工持股的，以贪污罪论处。

4. "对多次贪污未经处理的，按照累计贪污数额处罚"，是指 2 次以上（含 2 次）的贪污行为，既没有受过刑事处罚，也没有受过行政处理。累计贪污数额时，应依刑法有关追诉时效的规定执行，在追诉时效期限内的贪污数额应累计计算，已过追诉时效期限的贪污数额不予计算。在审判实践中，对被贪污的公款在贪污后至案发前所生利息，不作为贪污的犯罪数额计算。但该利息是贪污行为给被害单位造成实际经济损失的一部分，应作为被告人的非法所得，连同其贪污的公款一并依法追缴。

第五节 挪用的犯罪

一、挪用资金罪（第272条）

《刑法》第272条 公司、企业或者其他单位的工作人员，利用职务上的便利，挪用本单位资金归个人使用或者借贷给他人，数额较大、超过3个月未还的，或者虽未超过3个月，但数额较大、进行营利活动的，或者进行非法活动的，处3年以下有期徒刑或者拘役；挪用本单位资金数额巨大的，或者数额较大不退还的，处3年以上10年以下有期徒刑。

国有公司、企业或者其他国有单位中从事公务的人员和国有公司、企业或者其他国有单位委派到非国有公司、企业以及其他单位从事公务的人员有前款行为的，依照本法第384条的规定定罪处罚。

（一）概念、构成要件

挪用资金罪，是指公司、企业或者其他单位的工作人员，利用职务上的便利，挪用本单位资金归个人使用或者借贷给他人，数额较大、超过3个月未还的；或者数额较大、进行营利性活动的；或者进行非法活动的行为。

1. "单位资金"，是指本单位以货币、金融票证、有价证券等形式存在的财产，包括人民币、外国货币以及支票、股票、国库券等金融票证、有价证券。这类财产的特点是具有流通性或者可直接兑现成货币。根据《最高人民检察院关于挪用尚未注册成立公司资金的行为适用法律问题的批复》（2000），单位资金包括筹建公司临时账户上的资金。

2. "挪用"是指不按照单位资金正常的用途和资金使用权限的程序使用资金。违反资金用途和程序的正当性，是挪用的两个必要特征。

3. "归个人使用",根据《立案标准(二)》(2010),是指下列情形之一:①将本单位资金供本人、亲友或者其他自然人使用的;②以个人名义将本单位资金供其他单位使用的;③个人决定以单位名义将本单位资金供其他单位使用,谋取个人利益的。

(1) 挪用资金数额较大,超过3个月未归还的。该情形称为"超期未还型",包括3个条件:①挪用资金数额较大。"数额较大",根据《办理贪贿案解释》,按贪污罪2倍掌握即10万元以上;②挪用时间超过3个月;③尚未归还,即案发前未归还。挪用资金后尚未投入实际使用的,只要同时具备"数额较大"和"超过3个月未还"的构成要件,应当认定为挪用资金罪,但可以酌情从轻处罚。

(2) 挪用资金数额较大,进行营利性活动。该情形称为"营利活动型",包括两个条件:①挪用资金数额较大。"数额较大",是指10万元以上。②进行营利性活动,包括挪用资金存入银行,用于集资、购买股票、国债,或挪用资金归个人用于公司、企业注册资本验资证明等。"营利活动型"不以超期未还为条件。

(3) 挪用资金进行非法活动的。该情形称为"非法活动型",也不以超期未还为条件,并且挪用在6万元以上的,可追究刑事责任。

4. 挪用资金"数额巨大",根据《办理贪贿案解释》(2016),是指挪用资金从事非法活动,数额在600万元以上;或者挪用资金归个人使用,进行营利活动,数额在1000万元以上的。

5. 挪用资金"数额较大不退还"的,数额较大为10万元以上,"不退还"是指因客观原因在一审宣判前不能退还。如果有能力还而拒不退还,则证明行为人具有非法占有的意图,应认定为职务侵占罪。

二、挪用特定款物罪(第273条)

《刑法》第273条 挪用用于救灾、抢险、防汛、优抚、扶贫、移民、救济款物,情节严重,致使国家和人民群众利益遭受重大损害的,对直接责任人员,处3年以下有期徒刑或者拘役;情节特别严重的,处3年以上7年以下有期徒刑。

(一) 概念、构成要件

挪用特定款物罪，是指违反国家财经管理制度，挪用用于救灾、抢险、防汛、优抚、扶贫、移民、救济款物，情节严重，致使国家和人民群众利益遭受重大损害的行为。

根据《最高人民检察院关于挪用失业保险基金和下岗职工基本生活保障资金的行为适用法律问题的批复》（高检发释字［2003］1号）的规定，"救济款物"包括失业保障金、下岗职工基本生活保障金。

"挪用"是指不经合法批准，擅自将经管的特定款物改作他用。但本条的挪用，只是改变了特定款物的指定用途，排斥挪归个人使用。因为挪归个人使用，则触犯更重的挪用公款罪。照此理解，本条之挪用，是指改变了特定款物的指定用途而挪作其他公用。常见的情形如用于经济开发、经商、修建"政绩"工程等。

"情节严重、致使国家和人民群众利益遭受重大损害的"，是指挪用特定款物价值在数万元以上，或造成国家和人民群众直接经济损失数额在数十万元以上的。

三、挪用公款罪（第384条）

《刑法》第384条 国家工作人员利用职务上的便利，挪用公款归个人使用，进行非法活动的，或者挪用公款数额较大、进行营利活动的，或者挪用公款数额较大、超过3个月未还的，是挪用公款罪，处5年以下有期徒刑或者拘役；情节严重的，处5年以上有期徒刑。挪用公款数额巨大不退还的，处10年以上有期徒刑或者无期徒刑。

挪用用于救灾、抢险、防汛、优抚、扶贫、移民、救济款物归个人使用的，从重处罚。

(一) 概念、构成要件

挪用公款罪，是指国家工作人员利用职务上的便利，挪用公款归个人使用，进行非法活动的，或者挪用公款数额较大、进行营利活动的，或者挪用公款数额较大、超过3个月未还的行为。

1. "公款"是指以货币、金融票证、有价证券等形式存在的公共财产，包括人民币、外国货币以及支票、股票、国库券等金融票证、有价证券。这类公共财产具有流通性或者可直接兑现成货币的特点。挪用金融票证、有价证券为他人提供担保与挪用公款为他人担保没有实质差别，均构成本罪，但挪用金额应当以承担的风险数额为准，所以挪用公款存单为本人或者他人担保贷款的行为应认定为挪用公款罪。公款一般不包含公物。但是，根据《刑法》第384条的规定，挪用用于救灾、抢险、防汛、优抚、扶贫、移民、救济款物归个人使用的，可以构成挪用公款罪。这些特定款物中不仅包括特定的公款，也包括特定的公物。因此，挪用公款罪的对象之中还包括特定公物。特定公物以外的普通公物，不属于挪用公款罪对象的范围。国家工作人员挪用非特定公物归个人使用的行为，不以挪用公款罪论处。

2. "国家工作人员"的认定见贪污罪部分"国家工作人员"的解说。

3. "挪用公款'归个人使用'"，根据《刑法第384条第1款的解释》（2002），是指下列情形之一：

（1）将公款供本人、亲友或者其他自然人使用的。

（2）以个人名义将公款供其他单位使用的。"以个人名义"实际是将公款置于个人非法支配下的表现形式，通常表现为三种情形：①超越职权，逃避财务监管。例如，单位借款财务不好办理，即声称下级公司用款，以下级公司的名义借款，实际归原来提出借款的单位使用。②与使用人约定借款、还款均以个人名义进行，或者虽无约定，但借款、还款都是以个人名义进行的。③虽然经过单位集体决定，但借款、还款都是以个人名义进行的。

（3）个人决定以单位名义将公款供其他单位使用，谋取个人利益的。这里"个人决定"既包括行为人在职权范围内决定，也包括超越职权决定。"谋取个人利益"，包括：①行为人与使用人事先约定谋取个人利益，实际尚未获取的情况；②虽未事先约定，但实际已获取了个人利益的情况。"个人利益"包括正当利益和不正当利益，也包括财产性利益和非财产性利益。但是这种"非财产性利益"须是具体的可以用证据证明的利益，如升学、就业等，不包括亲情关系。如果仅仅因为关系好，就认为是个人利益，则实质取消了"个人利益"要件的限制。应当将"个人决定借出公款"与"以个人名义将公款借出"予以区分。有关判例如张威同挪用公款案。

张威同挪用公款案

4. "进行非法活动的"是指违法程度较大，可能构成犯罪的或者违反《治安管理处罚条例》的非法活动，如非法经营、赌博、行贿、走私、吸贩毒、贩卖淫秽物品、组织淫秽表演等。挪用公款用于归还个人贷款或者私人借款，如果该贷款、借款是用于非法活动的，应视为挪用公款进行非法活动。根据《办理贪贿案解释》（2016）的规定，挪用3万元为追诉数额起点。挪用时间的长短对构成犯罪没有影响。

5. "进行营利活动"，是指谋取经济利益的行为，包括挪用公款存入银行，用于集资、购买股票、国债，或挪用资金归个人用于公司、企业注册资本验资证明等。挪用公款营利，如所获取的利息、股息等应作为违法所得，连同被告人挪用的公款一并依法追缴，但不作为挪用公款的犯罪数额计算。挪用公款用于归还个人贷款或者私人借款，如果该贷款、借款是用于营利活动的，应视为挪用公款进行营利活动。至于经营性活动是否获利，不影响本罪的成立。

"数额较大"，根据《办理贪贿案解释》（2016）的规定，是指5万元以上，不受挪用时间长短的限制。在案发前部分或者全部归还本息的，可以从轻处罚；情节轻微的，可以免除处罚。对被挪用公款在挪用（包括银行库存款）后至案发前所生的利息，不作为挪用公款的数额计算。

6. "归个人使用，数额较大，超过3个月未还的"。"归个人使用"，是指用于非法活动、营利活动以外的用途。以挪用"数额较大"（5万元以上）和"超过3个月未还"为要件。"超过3个月未还"，是指挪用公款后被司法机关、主管部门或者有关单位发现前超过3个月尚未归还。如果挪用公款数额较大，超过3个月，但在案发前已经全部归还本息的，可以从轻处罚或者免除处罚。

7. "情节严重"，根据《办理贪贿案解释》（2016）第5条，是指下列两种情形：

（1）挪用公款从事非法活动具有下列情形之一的：①挪用公款数额在100万元以上的；②挪用救灾、抢险、防汛、优抚、扶贫、移民、救济特定款物，数额在50万元以上不满100万元的；③挪用公款不退还，数额在50万元以上不满100万元的；④其他严重的情节。

（2）挪用公款从事营利活动或其他个人使用，具有下列情形之一的：①挪用公款数额在200万元以上的；②挪用救灾、抢险、防汛、优抚、扶贫、移民、救济特定款物，数额在100万元以上不满 200 万元的；③挪用公款不退还，数额在 100 万元以上不满 200 万元的；④其他严重的情节。

8. "数额巨大"是指：①挪用公款从事非法活动或者挪用特定款物在 300 万以上的；②挪用公款归个人使用或者进行营利活动在 500 万元以上。挪用公款数额巨大不退还的，是指行为人挪用数额巨大的公款之后，因客观原因导致在一审宣判前不能退还的情况。例如，大部分款项借给他人而无法追回，或挪用公款进行营利活动造成重大亏损而无法返还等。但不包括客观上有能力退还而主观上不想还的情况。行为人有能力退还而不退还的，以贪污罪论处。

（二）认定与处罚

1. 认识错误。挪用人不知道使用人用公款进行营利活动或者用于非法活动的，只能认定为属于"归个人使用"。例如，甲系某国有公司经理。生意人乙见甲掌管巨额资金，就以做生意需要资金为由，劝诱甲出借公款，并与甲共同策划了挪用的方式，还送给甲好处费 5 万元。甲未经公司董事会决定就将 100 万元资金借给乙。乙将该笔公款用于贩卖毒品。甲构成挪用公款罪和受贿罪，数罪并罚。乙构成行贿罪、挪用公款罪（共犯）、贩卖毒品罪，数罪并罚。甲是挪用公款从事营利活动，乙是从事非法活动。

2. 挪用公款罪与贪污罪的主要区别：犯罪目的不同。挪用公款罪以使用为目的，即暂时地挪用公款归个人使用；贪污罪以非法占有为目的，即意图永远地非法占有公共财物。在司法实践中，具有以下情形之一的，可以认定行为人具有非法占有公款的目的，定贪污罪：

（1）"做假账平账的"，即挪用公款后采取虚假发票平账、销毁有关账目等手段，使所挪用的公款难以在单位财务账目上反映出来，且没有归还行为的。

（2）截取单位收入不入账，非法占有，使所占有的公款难以在单位财务账目上反映出来，且没有归还行为的。

（3）"携款潜逃"，虽然没有"平账"，但其携带公款的行为是贪污性质。挪用公款后因害怕罪行败露或已经案发而"畏罪潜逃的"，仍是挪用公款性质。

（4）有能力归还所挪用的公款而拒不归还，并隐瞒挪用的公款去向的。但行为人挪用公款归个人使用，因"客观原因"导致一审宣判前不能退还的，仍然以挪用公款罪定罪处罚。

例如，国有公司财务人员甲于 2007 年 6 月挪用单位救灾款 100 万元，供自己购买股票，后股价大跌，甲无力归还该款项。2008 年 1 月，甲挪用单位办公经费 70 万元为自己购买商品房。2 周后，甲采取销毁账目的手段，使挪用的办公经费 70 万元中的 50 万元难以在单位财务账上反映出来。甲一直未归还上述所有款项。甲行为构成挪用公款罪金额 120 万元，贪污罪数额 50 万元，当以数罪并罚。

3. 挪用公款罪与挪用资金罪主要是主体不同。

4. 挪用公款罪与挪用特定款物罪的主要区别：用途不同。挪用公款是"归个人使用"，而挪用特定款物罪限于挪用特定款物"非个人使用"即"公用"。挪用特定款物归个人使用的，以挪用公款罪从重处罚。

5. 使用人与挪用人共谋，指使或者参与策划取得挪用款的，以挪用公款罪的共犯定罪处罚。使用人构成挪用公款罪的共犯，既不需要具有国家工作人员的身份，也不需要利用本人职务上的便利，但是，需要具备以下两个要件：①在主观上与挪用人共谋，即与挪用人具有挪用公款的共同犯罪故意。②在客观上实施了教唆、帮助挪用人挪用公款的行为，对公款被挪用起到了一定的作用。如果使用人主观上不知道他人挪用公款而取得并使用他人挪用的公款的，不构成共犯。如果使用人知道他人挪用的是公款并使用，但是没有实施帮助、教唆他人挪用公款行为的，也不构成共犯。也就是说，对使用人不能仅仅因为有使用挪用的公款的行为就认为其是挪用公款罪的共犯。

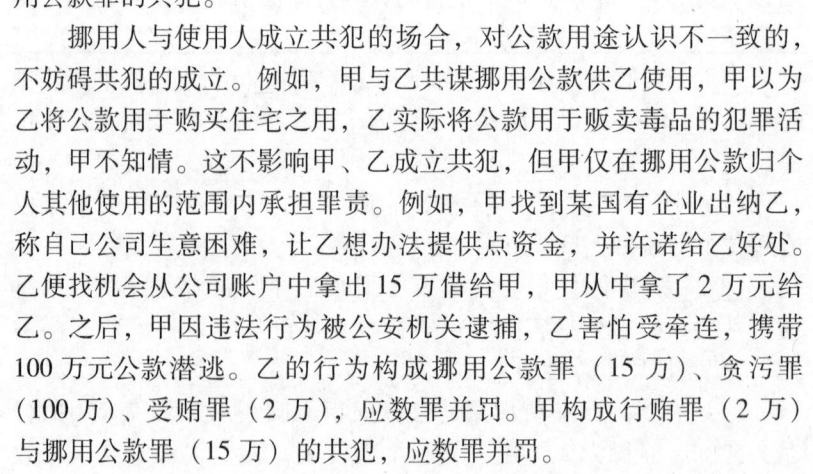

挪用人与使用人成立共犯的场合，对公款用途认识不一致的，不妨碍共犯的成立。例如，甲与乙共谋挪用公款供乙使用，甲以为乙将公款用于购买住宅之用，乙实际将公款用于贩卖毒品的犯罪活动，甲不知情。这不影响甲、乙成立共犯，但甲仅在挪用公款归个人其他使用的范围内承担罪责。例如，甲找到某国有企业出纳乙，称自己公司生意困难，让乙想办法提供点资金，并许诺给乙好处。乙便找机会从公司账户中拿出 15 万借给甲，甲从中拿了 2 万元给乙。之后，甲因违法行为被公安机关逮捕，乙害怕受牵连，携带 100 万元公款潜逃。乙的行为构成挪用公款罪（15 万）、贪污罪（100 万）、受贿罪（2 万），应数罪并罚。甲构成行贿罪（2 万）与挪用公款罪（15 万）的共犯，应数罪并罚。

6. 因挪用公款索取、收受贿赂构成犯罪的，依照数罪并罚的规定处罚；挪用公款进行非法活动构成其他犯罪的，依照数罪并罚的规定处罚。按照牵连犯的理论，这两种情形大体可以算作牵连犯，前者属于手段行为的牵连；后者属于结果行为的牵连，既然属于牵连犯，通常不需要实行数罪并罚，而是择一重罪处罚。但是，对于挪用公款罪而言，这两种情形均应当实行数罪并罚。

第六节 故意毁坏财物罪（第275条）

《刑法》第275条 故意毁坏公私财物，数额较大或者有其他严重情节的，处3年以下有期徒刑、拘役或者罚金；数额巨大或者有其他特别严重情节的，处3年以上7年以下有期徒刑。

一、概念、构成要件

故意毁坏财物罪，是指故意非法毁灭或者损坏公私财物，数额较大或者有其他严重情节的行为。

1. "公私财物"是指一切作为财产所有权的标的物，包括动产和不动产，也包括动物，但刑法另有规定的物除外。刑法另有规定的物，例如，机器设备，耕畜，界碑，界桩，永久性测量标志，国家机关公文、证件、印章，珍贵文物，等等，对其毁损成立特别的毁损罪。此外，对于交通工具、交通设备、电力设备、易燃易爆设备等进行毁损危害公共安全的，成立其他犯罪。根据本罪对象，可知本罪其实是故意毁损财物犯罪的基本类型。

2. "毁坏"，是指造成公私财物效用减少、丧失的行为。包括：①造成财物物理性或外形损伤，导致财物效用减损，例如，砸毁车辆，刺破轮胎，撕毁字画，用油墨油漆喷涂他人建筑物、汽车、广告牌、字画，等等。②造成公私财物灭失，例如，将钻戒抛入大海，将汽车弃于荒漠，放飞他人宠物鸟，将他人池鱼放跑入湖海，将牛奶倾倒，等等。上述行为虽然没有造成物理或外形破坏，但导致被害人丧失占有、利用该财物，蒙受损失。③其他造成财物效用、价值减少、丧失的行为，如低价抛售他人股票造成他人财产损失，将粪便投入他人餐具使他人不愿再用该餐具等。

"故意毁坏"的判断（案例）

3. "数额较大或其他严重情节"，根据《立案标准（一）》（2008）第33条，是指涉嫌下列情形之一：①造成公私财物损失5000元以上的；②毁坏公私财物3次以上的；③纠集3人以上公然毁坏公私财物的；④其他情节严重的情形。如果未达上述程度，按民事侵权行为处理。

4. "故意"属于注意规定，提示过失毁坏财物的，不构成犯罪。故意内容隐含着行为人自始至终没有对他人财物按经济价值利用的意思。尤其是夺取他人占有财物后毁损的，排除利用意思非常重要。例如，甲冲到乙家将乙的电脑搬到户外砸毁，若甲自始没有占有利用意思，虽然其有入户强取窃取的行为，但仍然是毁损性质。若甲自始以非法占有为目的，入户取得电脑出户时遭遇户主，为毁证或逃离而砸毁的，是盗窃性质。

二、认定和处罚

1. 本罪与破坏生产经营罪的区别。破坏生产经营罪，是指由于泄愤报复或者其他个人目的，故意毁坏机器设备、残害耕畜或者以其他方法破坏生产经营的行为。该罪属于故意毁坏财物罪的特别类型。

2. 毁损型犯罪主要有4类（种）：第一类是放火罪、破坏电力设备罪等危害公共安全的犯罪；第二类是破坏生产经营罪，破坏界碑、界桩罪，破坏永久性测量标志罪，故意损毁文物罪，故意损毁名胜古迹罪等；第三类是无事生非或借故生非损害财物，破坏公共秩序的，成立寻衅滋事罪；第四类故意毁坏财物罪。如果行为人以行为触犯这四类罪，依次考虑，最后考虑定故意毁坏财物罪。

第五章思考题

1. 论侵犯财产罪的概念与特征。
2. 论抢劫罪的概念与特征。
3. 论诈骗罪的概念与特征。
4. 论挪用资金罪与职务侵占罪的界限。
5. 论贪污罪与职务侵占罪的界限。
6. 论挪用公款罪与挪用资金罪的界限。

第五章思考题参考答案

第六章　妨害社会管理秩序罪

本章知识结构图

妨害社会管理秩序罪
- 扰乱公共秩序罪
- 妨害司法罪
- 妨害国（边）境管理罪
- 妨害文物管理罪
- 危害公共卫生罪
- 破坏环境资源保护罪
- 走私、贩卖、运输、制造毒品罪
- 组织、强迫、引诱、容留、介绍卖淫罪
- 制作、贩卖、传播淫秽物品罪

第一节　扰乱公共秩序罪

一、妨害公务罪（第277条）

《刑法》第277条　以暴力、威胁方法阻碍国家机关工作人员依法执行职务的，处3年以下有期徒刑、拘役、管制或者罚金。

以暴力、威胁方法阻碍全国人民代表大会和地方各级人民代表大会代表依法执行代表职务的，依照前款的规定处罚。

在自然灾害和突发事件中，以暴力、威胁方法阻碍红十字会工作人员依法履行职责的，依照第1款的规定处罚。

故意阻碍国家安全机关、公安机关依法执行国家安全工作任务，未使用暴力、威胁方法，造成严重后果的，依照第1款的规定处罚。

暴力袭击正在依法执行职务的人民警察的，依照第1款的规定从重处罚。

（一）概念、构成要件

妨害公务罪，是指以暴力、威胁方法阻碍国家机关工作人员依法执行职务的行为。

"以暴力、威胁方法"。"暴力",是指直接或间接对公务人员人身使用物理的力量,如殴打、捆绑、伤害、禁闭等。这里的暴力只要足以阻碍执行职务即可成立。"暴力"不仅包括直接施加于人身的暴力,也包括针对其间接施用的暴力,例如,在警察执行扣押时,当着警察的面将被押物品砸毁或者朝警察脚下猛掷石块。"威胁",是指以使公务人员产生畏惧的心理、不敢依法执行职务为目的,告知当场或将对其加害的情形,加害的内容通常为对公务人员本人或者其亲属的人身侵害,对其财产、名誉的侵害等。加害的内容只要足以使人产生畏惧心理就能成立威胁,至于是否因此而实际使人产生了畏惧心理,在所不问。

"国家机关工作人员"包括:①《刑法》第93条第1款规定的人员;②全国人大常委会《渎职罪主体的解释》中的人员。

"人民代表大会代表依法执行代表职务"。《全国人民代表大会和地方各级人民代表大会代表法》第6条第1款规定:"代表依照本法的规定在本级人民代表大会会议期间的工作和在本级人民代表大会闭会期间的活动,都是执行代表职务。"

"在自然灾害和突发事件中"中的"自然灾害",是指由于自然力的破坏作用而发生的致使人的生命、财产遭受重大损害或危险的情况,如地震、洪水、海啸、山崩等自然现象造成的破坏或危险。"突发事件",是指由于人为的原因所发生的严重危及不特定多数人生命、健康的紧急状态。例如,战争冲突、暴乱、骚乱、重大疫情等。

"国家安全任务"是指侦查、追究、惩治危害国家安全行为的工作。

"造成严重后果"一般是指使国家安全工作任务受挫,未能及时制止、侦破危害国家安全的犯罪,致使国家安全遭受损害的,或致使严重危害国家安全的犯罪分子漏网、脱逃的。

"暴力、威胁以外的方法"是指公民和组织依法有义务提供便利条件或者其他协助,拒不提供或者拒不协助的;此外,还包括积极地使用欺骗方法。

(二) 定罪与处罚

1. 定罪。妨害公务通常暴力造成轻微伤的,即可以立案。
2. 想象竞合犯。妨害公务罪的暴力不能包括故意伤害致人重伤或者杀害的行为,如果以严重程度相当于杀伤的暴力方式阻碍执行职务,造成执行公务人伤亡的,则同时触犯故意伤害罪或故意杀人罪,属想象竞合犯,从一重罪处断。在造成轻伤结果的场合,仍以妨害公务罪为重,只需以妨害公务罪论处;在造成重伤或死亡结果的场合,以故意伤害罪(致人重伤、死亡)论处;如果该暴力行为具有故意杀人的性质,以故意杀人罪论处。

3. 数罪并罚。在犯罪某罪的过程中,若以暴力、威胁方法抗拒公务人员对该罪行的查缉,通常以所犯之罪与妨害公务罪数罪并罚。例如,在走私过程中以暴力、威胁方法抗拒公务人员缉私的,以走私罪与妨害公务罪数罪并罚(《刑法》第157条);犯《刑法》分则第三章第一节之生产、销售伪劣商品罪(共8个罪),暴力抗拒缉查的,数罪并罚。《办理伪劣商品刑案解释》(2001)第11条规定,实施《刑法》第140~148条规定的犯罪,又以暴力、威胁方法抗拒查处,构成其他犯罪的,依照数罪并罚的规定处罚,但是法律有特别规定的除外。例如,在组织他人偷越国(边)境、运送他人偷越国(边)境犯罪中,以暴力、威胁方法抗拒检查的,其暴力、威胁抗拒检查的行为(妨害公务)作为加重情节而不并罚;还有走私、贩卖、运输、制造毒品,暴力抗拒缉查的,也是作为加重情节而不数罪并罚。但是,如果故意杀伤缉查人员的,则需与故意杀人罪、故意伤害罪数罪并罚。

4.《刑法》中还有其他包含妨害公务内容的犯罪,如抗税罪,劫夺被押解人员罪,组织越狱罪,暴动越狱罪,扰乱法庭秩序罪,破坏监管秩序罪等,在实施上述犯罪过程中往往同时触犯妨害公务罪,应当适用特殊规定定罪处罚。此外,聚众阻碍解救被收买的妇女、儿童罪,煽动暴力抗拒法律实施罪往往具有教唆妨害公务的性质,也应当适用专门规定处罚,不以妨害公务罪的教唆犯论处。但根据《刑法》第242条第2款的规定,首要分子以外的其他参与者,使用暴力、威胁方法实施聚众阻碍解救被收买的妇女、儿童活动的,应以妨害公务罪论处。

5. 本罪与《刑法》第368条之阻碍军人执行职务罪界分。以暴力、威胁方法阻碍军人依法执行职务的,是阻碍军人执行职务罪。

二、伪造、变造、买卖国家机关公文、证件、印章罪·盗窃、抢夺、毁灭国家机关公文、证件、印章罪·伪造公司、企业、事业单位、人民团体印章罪·伪造、变造居民身份件证罪（第280条）

《刑法》第280条 伪造、变造、买卖或者盗窃、抢夺、毁灭国家机关的公文、证件、印章的，处3年以下有期徒刑、拘役、管制或者剥夺政治权利，并处罚金；情节严重的，处3年以上10年以下有期徒刑，并处罚金。

伪造公司、企业、事业单位、人民团体的印章的，处3年以下有期徒刑、拘役、管制或者剥夺政治权利，并处罚金。

伪造、变造、买卖居民身份证、护照、社会保障卡、驾驶证等依法可以用于证明身份的证件的，处3年以下有期徒刑、拘役、管制或者剥夺政治权利，并处罚金；情节严重的，处3年以上7年以下有期徒刑，并处罚金。

（一）伪造、变造、买卖国家机关公文、证件、印章罪

"国家机关的公文、证件、印章"中，"公文"，是指以国家机关的名义制作的，用于联系公务、指导工作、处理问题的书面文件，包括指示、决议、通知、命令、决定、请示报告、信函、电文等。这些公文，都是以制作公文的国家机关的名义，加盖该国家机关的公章发布的，或者以指定的负责人的名义代表该国家机关签发的。"证件"，是指国家机关制作、颁发的用以证明身份、职务、权利义务关系或其他有关事项的凭证，如工作证、结婚证、户口迁移证、营业执照等。"印章"，是指国家机关刻制的以文字、图记表明主体同一性的公章、专用章等，它们是国家机关行使职权的符号和标记。用于国家机关公务的私人印鉴、图章也应视为公务印章。国家机关中使用的与其职权无关的印章，不属于公务印章，如收发室表示物品收讫的印章。

"伪造"，从狭义上讲，指没有制作权限的人冒用国家机关名义制作国家机关公文、证件、印章的行为。这被称为"有形伪造"。另外，还应当肯定有制作权限的人以国家机关名义制作内容虚假的公文、证件、印章的行为，即所谓的"无形伪造"也属于本罪之"伪造"。因为刑法将"变造"国家机关公文、证件、印章的行为也规定为犯罪，这意味着刑法对国家机关公文、证件、印章进行较为严密的保护，应将无形伪造包含在本罪伪造的范围内。伪

造的程度达到足以使人认为是国家机关的公文、证件、印章即可，不必要求主体（制作机关的名称）完全一致。例如，行为人伪造一份名为"北京市海淀区公安局"的公文，盖有"北京市海淀区公安局"字样的印章，尽管与真实名称"北京市公安局海淀分局"不一致，但只要足以使人认为是海淀区公安分局的公文即可，而不必要求伪造的外观与真实的完全一致。

擅自制作不存在的国家机关证件、印章的，能否认定为本罪的伪造？例如，行为人制作"中华人民共和国内务部"的印章并使用。对此有肯定和否定两种观点。肯定说认为，由于刑法规定本罪是为了保护国家机关印章的公共信用，而"中华人民共和国内务部"的印章所显示的是国家机关，故上述行为客观上侵犯了国家机关的公共信用，宜认定为伪造国家机关印章罪。否定说认为，本罪成立的前提是该公文、证件、印章有真实的机关存在。如果虚构机关之名伪造的，不成立本罪。否定说似为实务通说。

"变造"是指没有制作权限的人非法改变国家机关公文、证件部分内容，使其产生不同的证明效果。

"买卖"（国家机关公文、证件、印章）是指出售和购买行为。有出售或购买行为之一的即可。

作为买卖对象的"国家机关公文、证件、印章"，应是形式完整的、足以使人认为是国家机关公文、证件、印章。形式上存在明显残缺起不到相应的证明作用的，不属于本罪的买卖对象。例如，最高人民检察院研究室曾答复："对买卖尚未加盖发证机关的行政印章或者通行专用章印鉴的空白'中华人民共和国边境管理区通行证'的行为，不宜以买卖国家机关证件罪追究刑事责任。国家机关工作人员实施上述行为，构成犯罪的，可以按滥用职权等相关犯罪依法追究刑事责任。"

"国家机关公文、证件、印章"不必是真实的国家机关公文、证件、印章，伪造的但足以使人认为是真实的国家机关公文、证件、印章也包括在内。例如，全国人大常委会《惩治外汇犯罪的决定》第2条规定，买卖伪造、变造的海关签发的报关单、进口证明、外汇管理部门核准件等凭证和单据或者国家机关的其他公文、证件、印章的，依照《刑法》第280条的规定定罪处罚。

"情节严重"主要是指：伪造、变造、买卖重要国家机关的公文、证件、印章的；多次或者大量伪造、变造、买卖国家机关的公文、证件、印章的;因其伪造、变造、买卖公文、证件、印章的行为而严重损害国家机关的利益和声誉的;伪造、变造、买卖公文、证件、印章后,意图用于其他严重犯罪或者牵连其他犯罪的。

伪造国家机关公文、证件、印章往往需要一定的技能方能达到以假乱真的程度,社会上常见的犯罪类型是行为人专门从事伪造公文、证件、印章的活动,以此牟利,并形成一个地下行业。对这类情形以本罪论处,自无争议。但问题是伪造之共犯与买卖行为的认定:①这种地下行业的"从业人员",除伪造者外,往往还有街头揽活、送活、收费的辅助人员,对这些购销的辅助活动,应当以伪造的共犯论处。②对于伪造行业的相对方即买方,既有购买行为又有一定的"伪造"(或帮助)行为的,如何认定?值得探讨。常见的情形是,买方提供样式和内容要求伪造方依样制作,买方不仅有"购买"行为,还有相应的参与伪造(或帮助)行为,对此应当认定为伪造行为(共犯)还是买卖行为(单独犯)?司法实务中有认定为伪造国家机关公文、证件、印章罪或伪造国家机关公文、证件、印章罪(共犯)的判例。③对购买"制成品"的,因为没有提供样式等参与伪造行为,不能以伪造行为或伪造的共犯论处,只能考虑以买卖国家机关公文、证件、印章罪论处。但是在买卖国家机关公文、证件、印章罪是否包含"伪造品"上,存在争议,本书持肯定的观点。

(二)盗窃、抢夺、毁灭国家机关公文、证件、印章罪

"盗窃、抢夺、毁灭国家机关公文、证件、印章罪"中作为盗窃、抢夺、毁灭之对象的"国家机关公文、证件、印章"必须是真实的国家机关公文、证件、印章,而不应当包括伪造变造的在内。

(三)伪造公司、企业、事业单位、人民团体印章罪

"印章"是指公司、企业、事业单位、人民团体刻制的,以文字、图记表明其主体同一性的印章或某种特殊用途的专用印章。伪造印章包括伪造印信和印文。伪造非国家机关单位的文书、证件的,不构成犯罪,但如果在文书、证件上伪造了印文的,应以伪造印章罪论。

伪造高等院校学历、学位证明不在本条之罪的范围内。《办理高等院校学历证明刑案解释》(2001)规定:"对于伪造高等院校印章制作学历、学位证明的行为,应当依照《刑法》第280条第2

款的规定,以伪造事业单位印章罪定罪处罚。明知是伪造高等院校印章制作的学历、学位证明而贩卖的,以伪造事业单位印章罪的共犯论处。"据此,惩治伪造、帮助伪造"假文凭"的行为,仍须以伪造高等院校印章为前提。

(四)伪造、变造居民身份证罪

"居民身份证"是指根据《居民身份证条例》的规定,由公安机关统一印制、颁发和管理的证明居民身份的证件。

"情节严重"一般是指:大量伪造身份证的;伪造身份证出售获利巨大的;伪造、变造身份证造成严重危害后果的。

伪造居民身份证罪的常见类型是:行为人专门从事伪造身份证等伪造活动并以此销售牟利。买方提供照片、姓名、出生年月等信息向卖方定制身份证的,有学者认为,这是购买行为应有的内容,不是参与伪造的共犯行为,不能以伪造身份证的共犯论处。对于购买(定制)伪造公司、企业、事业单位、人民团体印章的,也存在类似的争议。但是,司法实务中偶有将这种"定制"者以伪造居民身份证罪(共犯)定罪处罚的判例。

(五)认定与处罚

1. 牵连犯。伪造、变造、买卖国家机关公文、证件、印章而后使用的,其使用行为可能又构成其他犯罪,如诈骗罪、招摇撞骗罪、骗购外汇罪等,这属于典型的手段行为与目的行为的牵连犯,择一重罪定罪处罚。这种类型的牵连犯及其处理原则在我国学说和实务上得到广泛认可。例如,伪造、变造海关签发的报关单、进口证明、外汇管理部门核准件等凭证和单据,并用于骗购外汇的,属牵连犯,以骗购外汇罪从重处罚。

2. 想象竞合犯。根据《刑法》第 225 条,"买卖进出口许可证、进出口原产地证明以及其他法律、行政法规规定的经营许可证或者批准文件"是非法经营行为之一,根据《审理森林资源刑案解释》(2000)、《审理野生动物资源刑案解释》(2000),对于买卖允许进出口证明书等经营许可证明,同时触犯《刑法》第 225、280 条规定之罪的,依照处罚较重的规定定罪处罚。实施买卖国家机关颁发的野生动物允许进出口证明书等构成犯罪,同时构成《刑法》第 225 条第 2 项规定的非法经营罪的,依照处罚较重的规定定罪处罚。

3. 伪造、变造、买卖武装部队公文、证件、印章,或者盗窃、抢夺武装部队公文、证件、印章的,不适用本罪,适用《刑法》第375条危害武装部队公文、证件、印章的罪名定罪处罚。

例如,张某某向他人提供其本人照片和假姓名(张国),并要求他人为其提供假身份证,其后张某某购买了名为张国的假身份证一个。一审法院认定张某某购买假身份证的行为不构成犯罪;二审改判认定张某某犯伪造居民身份证罪,判处有期徒刑6个月。本案例即前述将定制假居民身份证的行为以伪造居民身份证罪(共犯)定罪处罚的判例。

三、使用虚假身份证件、盗用身份证件罪(第280条之一)

《刑法》第280条之一　在依照国家规定应当提供身份证明的活动中,使用伪造、变造的或者盗用他人的居民身份证、护照、社会保障卡、驾驶证等依法可以用于证明身份的证件,情节严重的,处拘役或者管制,并处或者单处罚金。

有前款行为,同时构成其他犯罪的,依照处罚较重的规定定罪处罚。

1. "在依照国家规定应当提供身份证明的活动中"。其中"国家规定",参见《关于准确理解和适用刑法中'国家规定'的有关问题的通知》的规定。"国家规定应当提供身份证明的活动",例如,《居民身份证法》第14条规定:"有下列情形之一的,公民应当出示居民身份证证明身份:①常住户口登记项目变更;②兵役登记;③婚姻登记、收养登记;④申请办理出境手续;⑤法律、行政法规规定需要用居民身份证证明身份的其他情形。"据此,在上列常住户口登记项目变更、兵役、婚姻、收养登记、申请办理出境手续等事项中,应当出示居民身份证证明身份。如果行为人在上列活动中故意使用伪造、变造的居民身份证,属于"在依照国家规定应当提供身份证明的活动中使用伪造、变造的身份证明"。

2. "身份证明",限于居民身份证、护照、社会保障卡、驾驶证四种。

3. "盗用",是指冒充他人身份、非法使用他人身份证明的行为,且不以该身份证件系盗窃取得为必要。

4. "情节严重",一般是指不止一次使用、盗用,或者使用、盗用造成侵害他人权益的后果,或者为进行其他犯罪活动而使用、盗用等。

四、有关计算机信息网络的犯罪（第285条）

《刑法》第285条 违反国家规定，侵入国家事务、国防建设、尖端科学技术领域的计算机信息系统的，处3年以下有期徒刑或者拘役。

违反国家规定，侵入前款规定以外的计算机信息系统或者采用其他技术手段，获取该计算机信息系统中存储、处理或者传输的数据，或者对该计算机信息系统实施非法控制，情节严重的，处3年以下有期徒刑或者拘役，并处或者单处罚金；情节特别严重的，处3年以上7年以下有期徒刑，并处罚金。

提供专门用于侵入、非法控制计算机信息系统的程序、工具，或者明知他人实施侵入、非法控制计算机信息系统的违法犯罪行为而为其提供程序、工具，情节严重的，依照前款的规定处罚。

单位犯前3款罪的，对单位判处罚金，并对其直接负责的主管人员和其他直接责任人员，依照各该款的规定处罚。

（一）非法侵入计算机信息系统罪

1. 概念、构成要件。本罪是指，违反国家规定，故意非法侵入国家事务、国防建设、尖端科学技术领域的计算机信息系统的行为。

"国家重点保护的计算机信息系统"即国家事务、国防建设、尖端科学技术领域的计算机信息系统，这是本罪的行为对象。非法侵入国家重点保护范围以外的计算机信息系统的，不构成本罪。

"侵入"，是指无权进入该计算机信息系统的人员，擅自操作进入该计算机信息系统，通常表现为以破解密码或窃取、刺探、骗取密码的方式，操作进入计算机信息系统。只要有非法侵入的行为，即具备本罪的行为要素，一旦进入，即构成本罪的既遂。无意闯入经警示仍不退出的，视为故意非法侵入。

2. 认定与处罚。

（1）想象竞合犯。根据《审理军事通信刑案解释》（2007）第6条第3款的规定，侵入军事通信计算机信息系统，对军事通信造成破坏，同时构成《刑法》第285条（非法侵入计算机信息系统罪）、第286条（破坏计算机信息系统罪）或者第369条第1款（破坏军事通信罪）规定的犯罪的，依照处罚较重的规定定罪处罚。

（2）牵连犯。侵入国家重点保护的计算机信息系统窃取国家秘密或实施其他犯罪的，应作为牵连犯，择一重罪处罚。

(二) 非法获取计算机信息系统数据罪

1. 概念、构成要件。本罪是指，使用不法侵入的手段，获取计算机信息系统的数据，情节严重的行为。

"侵入"并"获取"他人计算机信息系统中的数据。"侵入"的实质含义，是指行为人在没有得到许可时违背计算机信息系统控制人或权利人的意愿，进入其无权进入的计算机信息系统中。这可分为两类：①非法用户（无权访问特定信息系统的用户）侵入信息系统，例如，冒充合法用户而破解密码、盗取密码等；②合法用户（有权访问特定信息系统的用户）的越权访问，例如，未经批准、授权或者未办理相关手续而擅自访问该信息系统或者调取系统内部数据资源。"获取"，是指未经许可而非法取得他人计算机系统中的数据。

"情节严重"，根据《办理计算机刑案解释》（2011）第1条的规定，非法获取计算机信息系统数据或者非法控制计算机信息系统，具有下列情形之一的，应认定为"情节严重"：①获取支付结算、证券交易、期货交易等网络金融服务的身份认证信息10组以上的；②获取第①项以外的身份认证信息500组以上的；③非法控制计算机信息系统20台以上的；④违法所得5000元以上或者造成经济损失1万元以上的；⑤其他情节严重的情形。因此，这里的"其他情节严重情形"至少包括获取信息的数量、次数、手段、潜在的危险性等，应从实质上判断其行为的法益侵害性和有责性是否到达需要刑罚处罚的程度。

"情节特别严重"，根据《办理计算机刑案解释》（2011）第1条第2款的规定，是指犯罪数量或数额达到"情节严重"标准5倍以上或其他情节特别严重的情形。

2. 认定与处罚。

（1）本罪与非法侵入计算机信息系统罪的区别。本罪对象是《刑法》第285条第1款之外的信息系统。如果侵入第285条第1款的计算机信息系统的，是非法侵入计算机信息系统罪；如果非法侵入第285条第1款的计算机信息系统并且实施了窃取数据的行为，情节严重的，同时构成本罪。

（2）本罪与盗窃罪的区别。如果侵入他人计算机信息系统窃取财物的，例如，盗窃他人网络银行账户中的现金的，同时构成盗窃罪，应当以盗窃罪论处。如果既窃取数据又窃取财物的，成立数罪。对于窃取他人账户"Q币"在淘宝网出售的行为，指导案例以非法获取计算机信息系统数据罪定罪处罚，不主张以盗窃罪论处。对于窃取网络虚拟财产的，如"网游"的宝物、兵器、财富等，虽然属于财产性利益，通说仍主张以本罪论处而不主张以盗窃罪论处。

（3）本罪与有关侵犯知识产权罪的区别。非法侵入计算机信息系统窃取他人商业秘密、网络游戏等数据并非法利用，构成侵犯商业秘密罪、侵犯著作权罪的，具有牵连关系，择一重罪处断。

（4）掩饰、隐瞒犯罪所得。《办理计算机刑案解释》（2011）第7条第1款指出：明知是非法获取计算机信息系统数据犯罪所获取的数据，而予以转移、收购、代为销售或者以其他方法掩饰、隐瞒，违法所得5000元以上的，应当依照《刑法》第312条第1款的规定，以掩饰、隐瞒犯罪所得罪定罪处罚。

（三）非法控制计算机信息系统罪

本罪是指，使用不法侵入的手段，非法控制他人计算机信息系统，情节严重的行为。

（四）提供侵入、非法控制计算机信息系统程序、工具罪

本罪是指，提供专门用于侵入、非法控制计算机信息系统的程序、工具，或者明知他人实施侵入、非法控制计算机信息系统的违法犯罪行为而为其提供程序、工具，情节严重的行为。

1. 因为"专门"的非法侵入、控制工具，不言而喻会被他人用于侵入、非法控制计算机信息系统的违法犯罪活动，所以，行为人只要明知是专门入侵、控制的工具而提供的，即具备本罪之故意。在提供非专门入侵、非法控制工具的场合，行为人须明知他人实施侵入、非法控制计算机信息系统的违法犯罪行为而为其提供，才具有本罪的故意。

2. 因为刑法专门将"提供"侵入、控制工具行为规定为犯罪，所以提供侵入、非法控制计算机信息系统程序、工具，帮助他人实施侵入计算机信息系统，或者帮助他人非法获取计算机信息系统的数据，或者帮助他人非法控制计算机信息系统的，直接定提供侵入、非法控制计算机信息系统程序、工具罪，而不需要适用共犯规定。

3. 实施《刑法》第385条之计算机犯罪，造成计算机信息系

统破坏的，同时成立《刑法》第286条破坏计算机信息系统罪。

4. 牵连犯。侵入国家重点保护的计算机信息系统窃取国家秘密或实施其他犯罪的，应作为牵连犯，择一重罪处罚。

（五）利用计算机实施的犯罪

我国刑法规定以计算机为对象的犯罪，同时也对以计算机作为工具、手段的犯罪作出规定：

1. 《刑法》第287条规定："利用计算机实施金融诈骗、盗窃、贪污、挪用公款、窃取国家秘密或者其他犯罪的，依照本法有关规定定罪处罚。"例如，某银行职员熟悉银行业务，他在某银行营业所旁租间屋子，然后把自己的笔记本电脑偷偷接到银行计算机系统上。在营业所上班开机后，他通过解密、操作等技术手段往自己的账户输入资金，共达48万元，然后去提取，其构成盗窃罪。因利用计算机犯罪又导致计算机信息系统不能正常运行，后果严重的，应按牵连犯择一重罪处罚。

2. 实施《刑法》第287条之一规定的下列非法利用信息网络行为之一，情节严重的，成立非法利用信息网络罪：①设立用于实施诈骗、传授犯罪方法、制作或者销售违禁物品、管制物品等违法犯罪活动的网站、通讯群组的；②发布有关制作或者销售毒品、枪支、淫秽物品等违禁物品、管制物品或者其他违法犯罪信息的；③为实施诈骗等违法犯罪活动发布信息的。

3. 帮助网络犯罪活动罪。《刑法》第287条之二规定，明知他人利用信息网络实施犯罪，为其犯罪提供互联网接入、服务器托管、网络存储、通讯传输等技术支持，或者提供广告推广、支付结算等帮助，情节严重的，成立帮助信息网络犯罪活动罪。因该帮助行为被专门规定为一种独立罪名即正犯化，因此，此后凡属本条规定之帮助信息网络犯罪的行为，应当适用本条定罪处罚，排斥适用共犯规定。

"明知他人利用信息网络实施犯罪"，参照《办理赌博刑事案件具体应用法律若干问题的解释》（2010）的规定，具有下列情形之一的，可认定为"明知"，但是有证据证明确实不知道的除外：①收到行政主管机关书面等方式的告知后，仍然实施帮助行为的；②收取服务费明显异常的；③在执法人员调查时，通过销毁、修改数据、账本等方式故意规避调查或者向犯罪嫌疑人通风报信的；④其他有证据证明行为人明知的。

徐赞破坏计算机信息系统案

（六）拒不履行信息网络安全管理义务罪

《刑法》第286条之一规定，网络服务提供者不履行法律、行政法规规定的信息网络安全管理义务，经监管部门责令采取改正措施而拒不改正，致使违法信息大量传播的；或者致使用户信息泄露，造成严重后果的；或者致使刑事案件证据灭失，情节严重的，成立拒不履行信息网络安全管理义务罪。本罪属于不作为犯。

另外，实施本罪同时构成其他犯罪的，依照处罚较重的规定定罪处罚。

五、赌博罪·开设赌场罪（第303条）

《刑法》第303条 以营利为目的，聚众赌博或者以赌博为业的，处3年以下有期徒刑、拘役或者管制，并处罚金。

开设赌场的，处3年以下有期徒刑、拘役或者管制，并处罚金；情节严重的，处3年以上10年以下有期徒刑，并处罚金。

（一）赌博罪

1. 概念、构成要件。赌博罪，是指以营利为目的，聚众赌博或者以赌博为业的行为。

（1）"聚众赌博"是指组织不特定多数人参加赌博。《刑法》惩罚组织、召集他人赌博并从中渔利的行为。根据《立案标准（一）》（2008）第43条的规定，以营利为目的，有下列情形之一的，属于《刑法》第303条规定的"聚众赌博"：①组织3人以上赌博，抽头渔利数额累计达到5000元以上的；②组织3人以上赌博，赌资数额累计达到5万元以上的；③组织3人以上赌博，参赌人数累计达到20人以上的；④组织中华人民共和国公民10人以上赴境外赌博，从中收取回扣、介绍费的。

（2）"以赌博为业"是指经常从事赌博活动，靠赌博所得为其挥霍和生活主要来源。这种行为人俗称"赌棍"，即无正当职业专事赌博谋生，或者虽有正常职业但兼业赌博，不务正业。偶尔赌博即使数额巨大的，不成立赌博罪。

2. 认定与处罚。

（1）赌博罪与诈骗罪的界限。如果设圈套引诱他人参赌，并且在赌博中使用欺骗方式（"出千"），如使用专门的工具控制赌博结果的，应当以诈骗罪论处。

（2）赌博罪与非法经营罪的界限。《办理赌博刑案解释》（2010）

第6条规定:"未经国家批准擅自发行、销售彩票,构成犯罪的,依照《刑法》第225条第4项的规定,以非法经营罪定罪处罚。"

(3) 与"赌资"相关的犯罪的认定。"赌资"包括:①赌博犯罪中用作赌注的款物;②换取筹码的款物;③通过赌博赢取的款物。通过计算机网络实施赌博犯罪的,赌资数额可以按照在计算机网络上投注或者赢取的点数乘以每一点实际代表的金额予以认定。

第一,以非法占有为目的,以"抓赌"的名义,使用暴力、胁迫方式强行抢取赌资的,应认定为抢劫罪,赌资的不法性质不排除抢劫行为的犯罪性质。

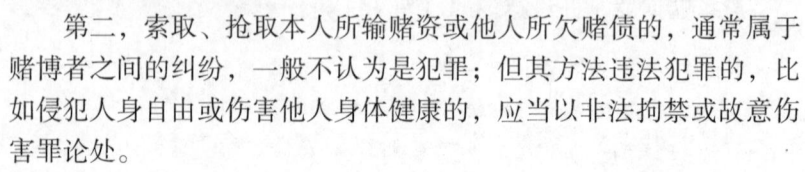

第二,索取、抢取本人所输赌资或他人所欠赌债的,通常属于赌博者之间的纠纷,一般不认为是犯罪;但其方法违法犯罪的,比如侵犯人身自由或伤害他人身体健康的,应当以非法拘禁或故意伤害罪论处。

第三,冒充警察借"抓赌"之名,利用赌博者因自己有违法行为而害怕张扬、受罚的心理,以罚款、没收为名索取钱财、拿取赌资的,属于冒充国家机关工作人员招摇撞骗;冒充"联防队员"的,属于敲诈勒索性质。但是,在这种场合,以没有实施暴力、强行抢取的抢劫行为为限。若有抢劫行为的,按重罪即抢劫罪论处。

第四,司法人员在罚没赌资之后,应交公而没有交公,据为己有的,属于利用职务便利侵吞公共财产的行为,以贪污罪论处。因为已经被依法罚没的财物属于公共财产。

(二)开设赌场罪

开设赌场罪,是指公开或秘密地开设营业性赌博场所的行为。

开设赌场有以下两种营利方式:①赌场不直接参加赌博,以收取场地、用具使用费或者抽头获利;②赌场直接参加赌博,例如,设置游戏机、吃角子老虎机等赌博机器或者雇用人员与顾客赌博。以营利为目的,只有开设赌场的人,即赌场老板或合伙开办经营赌场者才能构成犯罪。

根据《办理网络赌博案意见》(2010)的规定,利用互联网、移动通讯终端等传输赌博视频、数据,组织赌博活动,具有下列情形之一的,属于"开设赌场":①建立赌博网站并接受投注的;②建立赌博网站并提供给他人组织赌博的;③为赌博网站担任代理并接受投注的;④参与赌博网站利润分成的。

"情节严重",根据《办理网络赌博案意见》(2010)的规定,是指实施开设网络赌场的行为,并具有下列情形之一的:①抽头渔利数额累计达到 3 万元以上的;②赌资数额累计达到 30 万元以上的;③参赌人数累计达到 120 人以上的;④建立赌博网站后通过提供给他人组织赌博,违法所得数额在 3 万元以上的;⑤参与赌博网站利润分成,违法所得数额在 3 万元以上的;⑥为赌博网站招募下级代理,由下级代理接受投注的;⑦招揽未成年人参与网络赌博的;⑧其他情节严重的情形。

普通雇员在赌场中为赌博提供服务的,不属于开设赌场。

六、投放虚假危险物质罪;编造、故意传播虚假恐怖信息罪;编造、故意传播虚假信息罪(第 291 条之一)

《刑法》第 291 条之一　投放虚假的爆炸性、毒害性、放射性、传染病病原体等物质,或者编造爆炸威胁、生化威胁、放射威胁等恐怖信息,或者明知是编造的恐怖信息而故意传播,严重扰乱社会秩序的,处 5 年以下有期徒刑、拘役或者管制;造成严重后果的,处 5 年以上有期徒刑。

编造虚假的险情、疫情、灾情、警情,在信息网络或者其他媒体上传播,或者明知是上述虚假信息,故意在信息网络或者其他媒体上传播,严重扰乱社会秩序的,处 3 年以下有期徒刑、拘役或者管制;造成严重后果的,处 3 年以上 7 年以下有期徒刑。

(一)投放虚假危险物质罪

本罪是指,投放虚假的爆炸性、毒害性、放射性、传染病病原体等物质,严重扰乱社会秩序的行为。

"投放虚假的爆炸性、毒害性、放射性、传染病病原体等物质",是指投放虚假的但足以使人们误认为是爆炸性、毒害性、放射性、传染病病原体等物质。

"严重扰乱社会秩序"是本罪的实质要件,是指引起公众的恐慌或严重干扰政府部门的工作。

案例　甲为了泄愤,故意在某公司的办公大楼顶部放置一黑色木箱,内置石块,电话报警称发现爆炸物,惊动大批警察紧急疏散建筑物内的人员,造成公众恐慌。甲投放虚假危险物质的行为具有严重扰乱社会秩序的性质。相反,朋友之间玩笑或恶作剧,邮寄点白色粉末声称是病菌、毒物,没有产生较大不良影响的,不能认为是犯罪。

（二）编造、故意传播虚假恐怖信息罪

本罪是指，编造恐怖信息，传播或者放任传播或者明知是他人编造的恐怖信息而故意传播，严重扰乱社会秩序的行为。

"恐怖信息"，是指以发生爆炸威胁、生化威胁、放射威胁、劫持航空器威胁、重大灾情、重大疫情等严重威胁公共安全的事件为内容，可能引起社会恐慌或者公共安全危机的不真实信息。

"编造"是指虚构或捏造恐怖信息。

"传播"是指将虚假恐怖信息向不特定人或者众人散布。

"严重扰乱社会秩序"是本罪的实质要件。根据《审理虚假恐怖信息案解释》（2013）第2条的规定，造成社会秩序混乱，致使公安、武警、消防、卫生检疫等职能部门采取紧急应对措施的，属于严重扰乱社会秩序。

（三）编造、故意传播虚假信息罪

本罪是指，编造虚假的险情、疫情、灾情、警情，在信息网络或者其他媒体上传播，或者明知是上述虚假信息，故意在信息网络或者其他媒体上传播，严重扰乱社会秩序的行为。

传播其他虚假信息，造成公共秩序严重混乱的，不成立本罪。但不排除根据《办理网络诽谤等刑案解释》（2013）第5条的规定，以寻衅滋事罪定罪处罚。

（四）认定与处罚

1. 投放虚假的危险物质敲诈勒索财物，例如，在超市出售的饮料、食品中投放虚假危险物质以勒索超市，构成投放虚假危险物质罪和敲诈勒索罪的牵连犯，择一重罪处断。

2. 编造、故意传播虚假恐怖信息罪与投放虚假危险物质罪的界限。编造、故意传播虚假恐怖信息罪主要是仅有"传播、编造"行为，即传播、编造某种恐怖谣言，造成公众恐慌，没有"投放"行为，即没有实际投放虚假的足以使人们误认为是爆炸物、危险物质等的物品。行为人投放虚假危险物质，意在引发虚假的恐怖信息或者客观上造成了虚假恐怖信息的传播，属于投放行为的当然结果，不另外构成犯罪。

七、聚众斗殴罪（第292条）

《刑法》第292条　聚众斗殴的，对首要分子和其他积极参加的，处3年以下有期徒刑、拘役或者管制；有下列情形之一的，对

黄群威编造、故意传播虚假恐怖信息案

首要分子和其他积极参加的，处3年以上10年以下有期徒刑：

（一）多次聚众斗殴的；

（二）聚众斗殴人数多，规模大，社会影响恶劣的；

（三）在公共场所或者交通要道聚众斗殴，造成社会秩序严重混乱的；

（四）持械聚众斗殴的。

聚众斗殴，致人重伤、死亡的，依照本法第234条、第232条的规定定罪处罚。

本罪是指，基于争霸、报复等藐视社会秩序的动机，组织、策划、指挥或者积极参加聚众斗殴的行为。

"聚众斗殴"，是指一方或双方人数在3人以上的相互对人身施加暴力攻击的行为。在实际生活中，通常表现为不法集团或者团伙之间为了炫耀武力或者不甘示弱而纠集多人打群架，斗殴双方往往事先约定，因此一般纠集的人数较多，备有器械。《刑法》仅处罚组织、策划、指挥聚众斗殴的首要分子与积极参加者，而不处罚一般参与者。

"聚众斗殴，致人重伤、死亡的"，以故意伤害罪或者故意杀人罪定罪处罚。本款适用的范围限于造成重伤、死亡结果的直接责任人员和对致人重伤、死亡结果负有组织、策划、指挥责任的首要分子。应同时适用《刑法》第292条第2款的规定和第234条或者第232条的规定，以全面评价案情并表明对聚众斗殴行为不另行定罪处罚的根据。其他参加聚众斗殴的犯罪分子不能转化为故意伤害或者故意杀人罪。

八、寻衅滋事罪（第293条）

《刑法》第293条　有下列寻衅滋事行为之一，破坏社会秩序的，处5年以下有期徒刑、拘役或者管制：

（一）随意殴打他人，情节恶劣的；

（二）追逐、拦截、辱骂、恐吓他人，情节恶劣的；

（三）强拿硬要或者任意损毁、占用公私财物，情节严重的；

（四）在公共场所起哄闹事，造成公共场所秩序严重混乱的。

纠集他人多次实施前款行为，严重破坏社会秩序的，处5年以上10年以下有期徒刑，可以并处罚金。

(一) 概念、构成要件

寻衅滋事罪，是指寻衅滋事，扰乱公共秩序，有《刑法》第293条规定的应予惩罚情形之一的行为。

1. "寻衅滋事"，根据《寻衅滋事案解释》(2013) 第1条的规定，寻衅滋事动机大体三种类型：

(1) 无事生非。行为人为寻求刺激、发泄情绪、逞强耍横等，无事生非，实施《刑法》第293条规定的行为的，应予认定。

(2) 借故生非（小题大做）。行为人因日常生活中的偶发矛盾纠纷，借故生非，实施《刑法》第293条规定的行为的，应当认定为"寻衅滋事"，但矛盾系由被害人故意引发或者被害人对矛盾激化负有主要责任的除外。

(3) 一再无理纠缠取闹。行为人因婚恋、家庭、邻里、债务等纠纷，实施殴打、辱骂、恐吓他人或者损毁、占用他人财物等行为的，一般不认定为"寻衅滋事"，但经有关部门批评制止或者处理处罚后，继续实施前列行为，破坏社会秩序的除外。

2. "随意殴打他人，情节恶劣的"。《寻衅滋事案解释》(2013) 指出，随意殴打他人，破坏社会秩序，具有下列情形之一的，应当认定为"情节恶劣"：①致1人以上轻伤或者2人以上轻微伤的；②引起他人精神失常、自杀等严重后果的；③多次随意殴打他人的；④持凶器随意殴打他人的；⑤随意殴打精神病人、残疾人、流浪乞讨人员、老年人、孕妇、未成年人，造成恶劣社会影响的；⑥在公共场所随意殴打他人，造成公共场所秩序严重混乱的；⑦其他情节恶劣的情形。

3. "追逐、拦截、辱骂他人，情节恶劣的"。《寻衅滋事案解释》(2013) 指出，追逐、拦截、辱骂、恐吓他人，破坏社会秩序，具有下列情形之一的，应当认定为"情节恶劣"：①多次追逐、拦截、辱骂、恐吓他人，造成恶劣社会影响的；②持凶器追逐、拦截、辱骂、恐吓他人的；③追逐、拦截、辱骂、恐吓精神病人、残疾人、流浪乞讨人员、老年人、孕妇、未成年人，造成恶劣社会影响的；④引起他人精神失常、自杀等严重后果的；⑤严重影响他人的工作、生活、生产、经营的；⑥其他情节恶劣的情形。

4. "强拿硬要或者任意损毁、占用公私财物，情节严重的"。《寻衅滋事案解释》(2013) 第4条指出，强拿硬要或者任意损毁、占用公私财物，破坏社会秩序，具有下列情形之一的，应当认定为

"情节严重"：①强拿硬要公私财物价值1000元以上，或者任意损毁、占用公私财物价值2000元以上的；②多次强拿硬要或者任意损毁、占用公私财物，造成恶劣社会影响的；③强拿硬要或者任意损毁、占用精神病人、残疾人、流浪乞讨人员、老年人、孕妇、未成年人的财物，造成恶劣社会影响的；④引起他人精神失常、自杀等严重后果的；⑤严重影响他人的工作、生活、生产、经营的；⑥其他情节严重的情形。

5. "在公共场所起哄闹事，造成公共场所秩序严重混乱的"。《寻衅滋事案解释》（2013）第5条指出，在车站、码头、机场、医院、商场、公园、影剧院、展览会、运动场或者其他公共场所起哄闹事，应当根据公共场所的性质、公共活动的重要程度、公共场所的人数、起哄闹事的时间、公共场所受影响的范围与程度等因素，综合判断是否"造成公共场所秩序严重混乱"。

（二）认定与处罚

1. 劳教废止与寻衅滋事罪的扩张适用。劳教废止后，原属于劳动教养对象的部分行为需要分流到《刑法》。《寻衅滋事案解释》（2013）给出十分具体认定标准，意在适当扩大寻衅滋事罪的适用，填补劳教废止后的空隙。

2. 司法类型。《审理未成年人刑案解释》（2006）第7条规定："已满14周岁不满16周岁的人使用轻微暴力或者威胁，强行索要其他未成年人随身携带的生活、学习用品或者钱财数量不大，且未造成被害人轻微伤以上或者不敢正常到校学习、生活等危害后果的，不认为是犯罪。已满16周岁不满18周岁的人具有前款规定情形的，一般也不认为是犯罪。"例如，甲17周岁，多次伙同其他青少年人在学校附近拦截上学的中学生，搜取共十余人的零花钱、学习用品等财物，总共价值五六百元，一般不认为是犯罪。《审理未成年人刑案解释》（2006）第8条规定："已满16周岁不满18周岁的人出于以大欺小、以强凌弱或者寻求精神刺激，随意殴打其他未成年人、多次对其他未成年人强拿硬要或者任意损毁公私财物，扰乱学校及其他公共场所秩序，情节严重的，以寻衅滋事罪定罪处罚。"

3. 寻衅滋事罪与故意伤害罪的区别：①无事生非类型的寻衅滋事与故意伤害罪。两者区别的要点是动机不同：前者往往是殴打他人取乐、发泄或者显示威风，因此侵害的对象往往也是不特定的人；而后者往往是产生于一定的事由或恩怨，因此对象一般也是特定事情的关系人。因寻衅滋事致人轻伤的，仍构成寻衅滋事罪；致人重伤、死亡的，则应以故意伤害罪、故意杀人罪论处。②事出有因的"借故生非"型寻衅滋事行为，以及因婚恋、家庭、邻里、债务等纠纷而引发的寻衅滋事行为，作案对象一般相对特定，此时既可能构成寻衅滋事，也可能构成其他犯罪。以医疗纠纷引发的殴打他人案件为例，如果行为人殴打对象是为其治疗的医务人员，或者是其误认为参与治疗的医务人员，作案对象相对特定，一般不认定为"寻衅滋事"，若经有关部门批评制止或者处理处罚后，继续殴打医务人员，破坏公共场所秩序的，才可构成"寻衅滋事"。如果行为人进入医疗机构后不加区分，见医务人员就动手殴打，作案对象具有随意性，"滋事"的故意十分明显，则应认定为"寻衅滋事"。③殴打他人造成公共场所秩序严重混乱，其行为同时符合寻衅滋事罪、故意伤害罪构成要件的，依照处罚较重的犯罪定罪处罚；虽在公共场所殴打他人，但未破坏社会秩序的，不构成寻衅滋事罪。

4. 寻衅滋事、强拿硬要或者占用公私财物与抢劫罪的区别。《审理抢劫抢夺刑案意见》（2005）规定："寻衅滋事罪是严重扰乱社会秩序的犯罪，行为人实施寻衅滋事的行为时，客观上也可能表现为强拿硬要公私财物的特征。这种强拿硬要的行为与抢劫罪的区别在于：前者行为人主观上还具有逞强好胜和通过强拿硬要来填补其精神空虚等目的，后者行为人一般只具有非法占有他人财物的目的；前者行为人客观上一般不以严重侵犯他人人身权利的方法强拿硬要财物，而后者行为人则以暴力、胁迫等方式作为劫取他人财物的手段。司法实践中，对于未成年人使用或威胁使用轻微暴力强抢少量财物的行为，一般不宜以抢劫罪定罪处罚。其行为符合寻衅滋事罪特征的，可以寻衅滋事罪定罪处罚。"有关判例如张彪等寻衅滋事案。

5. 寻衅滋事、追逐、拦截、辱骂他人与强制猥亵罪。两者区别的要点是：行为达到强制猥亵程度的，同时构成寻衅滋事罪和强制猥亵罪，择一重罪处断。

九、组织、领导、参加黑社会性质组织罪（第294条）

《刑法》第294条　组织、领导黑社会性质的组织的，处7年以上有期徒刑，并处没收财产；积极参加的，处 3 年以上 7 年以下有期徒刑，可以并处罚金或者没收财产；其他参加的，处 3 年以下有期徒刑、拘役、管制或者剥夺政治权利，可以并处罚金。

境外的黑社会组织的人员到中华人民共和国境内发展组织成员的，处 3 年以上 10 年以下有期徒刑。

国家机关工作人员包庇黑社会性质的组织，或者纵容黑社会性质的组织进行违法犯罪活动的，处 5 年以下有期徒刑；情节严重的，处 5 年以上有期徒刑。

犯前 3 款罪又有其他犯罪行为的，依照数罪并罚的规定处罚。

黑社会性质的组织应当同时具备以下特征：

（一）形成较稳定的犯罪组织，人数较多，有明确的组织者、领导者，骨干成员基本固定；

（二）有组织地通过违法犯罪活动或者其他手段获取经济利益，具有一定的经济实力，以支持该组织的活动；

（三）以暴力、威胁或者其他手段，有组织地多次进行违法犯罪活动，为非作恶，欺压、残害群众；

（四）通过实施违法犯罪活动，或者利用国家工作人员的包庇或者纵容，称霸一方，在一定区域或者行业内，形成非法控制或者重大影响，严重破坏经济、社会生活秩序。

（一）概念、构成要件

本罪是指，组织、领导和参加黑社会性质的组织，并实施违法犯罪活动的行为。

"组织、领导"，根据《办理黑社会罪案纪要》（2010）的规定，是指发起、创建黑社会性质组织的行为，或者在组织中实施决策、指挥、协调、管理的行为，对整个组织及其运行、活动起着重要作用。既包括通过一定形式产生的有明确职务、称谓的组织者、领导者，也包括在黑社会性质组织中被公认的事实上的组织者、领导者。

"积极参加"，是指接受黑社会性质组织的领导和管理，多次积极参与黑社会性质组织的违法犯罪活动，或者积极参与较严重的黑社会性质组织的犯罪活动且作用突出。积极参加者通常为在组织中起重要作用的犯罪分子，例如，具体主管黑社会性质组织的财务、人员管理等事项的犯罪分子。

"参加"，是指接受黑社会性质组织的领导和管理，参与黑社会性质组织违法犯罪活动。

(二) 认定与处罚

1. 本罪与普通犯罪集团的区别。黑社会性质组织具有组织、经济、行为、危害四特征，其中，具有经济实力维持组织活动的经济特征和对特定区域或行业形成非法控制性的危害性特征，是其突出特点。普通犯罪集团虽然也是有组织、有预谋、有计划地进行犯罪，但其目的是具体的，比如进行盗窃、抢劫，或者走私、贩毒，因而通常实施一种或数种犯罪；此外，其集团经济实力尚不足维持组织活动，或者尚不能达到区域、行业的控制性。

2. 本罪与"恶势力"团伙的区别。《办理黑社会罪案纪要》（2010）指出，"恶势力"，是指经常纠集在一起，以暴力、威胁或其他手段，在一定区域或者行业内多次实施违法犯罪活动，为非作恶，扰乱经济、社会生活秩序，造成较为恶劣的社会影响，但尚未形成黑社会性质组织的犯罪团伙。"恶势力"一般为3人以上，纠集者、骨干成员相对固定，违法犯罪活动一般表现为敲诈勒索、强迫交易、欺行霸市、聚众斗殴、寻衅滋事、非法拘禁、故意伤害、抢劫、抢夺或者黄、赌、毒等。

应当结合组织化程度的高低、经济实力的强弱、有无追求和实现对社会的非法控制等特征，对黑社会性质组织与"恶势力"团伙加以区分。

3. 罪与非罪。根据《审理黑社会性质组织案解释》（2000）第3条的规定，对于参加黑社会性质的组织，没有实施其他违法犯罪活动的，或者受蒙蔽、胁迫参加黑社会性质的组织，情节轻微的，可以不作为犯罪处理。

4. 组织、领导和参加黑社会性质组织，这本身就是刑法上独立的犯罪，因此，犯本罪又有其他犯罪行为的，例如，指使组织成员杀人、伤害、绑架、敲诈勒索或者接受组织派遣任务实行杀人、伤害、绑架、敲诈勒索等犯罪行为的，应当实行数罪并罚。对于黑社会性质组织的组织者、领导者，应当按照其所组织、领导的黑社会性质组织所犯的全部罪行处罚；对于黑社会性质组织的参加者，应当按照其所参与的犯罪处罚。

5. 境外的黑社会组织的人员到中华人民共和国境内发展组织成员的，成立《刑法》第294条第2款之入境发展黑社会组织罪。

6. 国家机关工作人员包庇黑社会性质的组织，或者纵容黑社会性质的组织进行违法犯罪活动的，成立《刑法》第294条第3款之包庇、纵容黑社会性质组织罪。

第二节 妨害司法罪（第305~317条）

一、伪证罪（第305条）

《刑法》第305条 在刑事诉讼中，证人、鉴定人、记录人、翻译人对与案件有重要关系的情节，故意作虚假证明、鉴定、记录、翻译，意图陷害他人或者隐匿罪证的，处3年以下有期徒刑或者拘役；情节严重的，处3年以上7年以下有期徒刑。

（一）概念、构成要件

伪证罪，是指在刑事诉讼中，证人、鉴定人、记录人、翻译人对与案件有重要关系的情节，故意作虚假证明、鉴定、记录、翻译，意图陷害他人或者隐匿罪证的行为。

"证人"是指在刑事诉讼中经司法机关的要求或同意，陈述自己所知道的案件事实情况的人。

"鉴定人"是在刑事诉讼中运用专门的知识和技能依法鉴别案件中某些情节有无或者真伪的人。

"记录人"是指在刑事诉讼中依法或者受委托担任记录职责的人。

"翻译人"是指司法机关指定或者聘请为外籍、少数民族或聋哑人等诉讼参与人充当翻译的人员，也包括为案件中的法律文书或证据材料等有关资料做书面翻译的人员。

"在刑事诉讼中"，是指在刑事案件的立案、侦查、起诉、审判的过程中。在民事诉讼、行政诉讼中的伪证行为，不构成本罪。

"作虚假证明、鉴定、记录、翻译的行为"，是指与客观真实的情况不一致，与行为人的主观意图无关。

"与案件有重要关系的情节"，是指足以使无罪的人受到刑事处罚或者使轻罪受重罚的情节；或者是足以使犯罪分子逃避刑事处罚或者使重罪被轻判的情节。如果伪证所涉的事实情节属于对定罪量刑影响不大的，则不能以伪证罪论处。至于伪证行为是否实际影响到案件的正确处理，不妨碍本罪的成立。

"情节严重"一般是指：因伪证造成较为严重的冤案、错案，例如，使无辜的人受到刑事处罚，使犯罪分子逃脱应受的惩罚等；

因伪证造成不可挽回的损失的,例如,致无辜者或者不应处死刑的罪犯被判处死刑等;因伪证造成被害人精神失常或者家破人亡的;使刑事诉讼工作受到严重破坏的;伪证的动机十分卑鄙、手段极端恶劣的;等等。

(二) 认定与处罚

如果证人如实地根据自己的经验、记忆作出了陈述,即使事后被证明与案件的客观事实不一致的,也不能以其证明的内容虚假为由认定为犯罪。同样的道理,如果鉴定人、记录人、翻译人不是有意作伪证,而是由于水平不高或工作疏忽,而提供了不科学或者不符合实际的鉴定结论、记录、翻译的,亦不构成伪证罪。此外,刑事被告人、犯罪嫌疑人就与自己有利害关系的情节作虚假陈述的,不构成犯罪。这种豁免是出于对人类自我保护本性的容忍。

二、妨害作证罪;帮助毁灭、伪造证据罪(第307条)

《刑法》第307条 以暴力、威胁、贿买等方法阻止证人作证或者指使他人作伪证的,处3年以下有期徒刑或者拘役;情节严重的,处3年以上7年以下有期徒刑。

帮助当事人毁灭、伪造证据,情节严重的,处3年以下有期徒刑或者拘役。

司法工作人员犯前2款罪的,从重处罚。

(一) 妨害作证罪

妨害作证罪,是指以暴力、威胁、贿买等方法阻止证人作证或者指使他人作伪证的行为。

"贿买"是指使用金钱等财物或财产性利益收买。

"阻止证人作证"是指在刑事诉讼中,阻止证人接受公安机关、国家安全机关、检察院等司法机关依法调查、询问以及阻止证人出席法庭作证;在民事、经济和行政诉讼中,阻止证人出席法庭作证。阻止证人作证的方法是多种多样的,除了法律列举的暴力、威胁、贿买的方法外,还包括其他类似的方法,比如色情引诱、要挟的方法等。

"指使他人作伪证"是指出主意要他人作伪证。作伪证包括知道案件情况的人不如实作证和冒充知道案件情况的人作假证。

(二) 帮助毁灭、伪造证据罪

本罪是指,帮助当事人毁灭、伪造证据,情节严重的行为。

"证据"既包括刑事诉讼中的证据,也包括民事诉讼、行政诉讼中的证据。

"帮助当事人毁灭、伪造证据"。"当事人",是指案件中的利害关系人。"帮助",实质是指一切替当事人毁灭、伪造证据的行为,包括受当事人指使而毁灭、伪造证据的行为;教唆、指使当事人毁灭、伪造证据的行为;为当事人毁灭、伪造证据提供各种便利条件或者伙同当事人共同实施毁灭、伪造证据的行为;向当事人教授毁灭、伪造证据方法的行为;等等。这里的"帮助"不包括当事人本人为自身的利害关系而毁灭、伪造证据的行为。因为刑事案件当事人毁灭不利证据、伪造有利证据,是出于自保本能,不予追究。"毁灭"是指使证据灭失或者丧失证明案件真相的作用、效力。"伪造"是指改变证据证明的内容或方向。

"情节严重"一般是指帮助毁灭、伪造证据的行为后果严重的;帮助毁灭、伪造重大案件的重要证据的;帮助当事人毁灭、伪造的动机或者手段恶劣的;等等。

(三)认定与处罚

1.《刑法》第307条之罪与第306条辩护人、诉讼代理人妨害作证罪的区别。两者区别的要点是主体和诉讼的范围不同,辩护人、诉讼代理人在刑事诉讼中毁灭、伪造证据或者指使他人作伪证的,应认定为辩护人、诉讼代理人妨害作证罪,而不是《刑法》第307条之罪。

2."指使他人作伪证"虽然具有教唆的性质,但是不能按教唆犯处理。因为《刑法》分则将这种情形的教唆已经专门规定为一种犯罪行为,不必适用总则关于教唆犯的规定。

三、虚假诉讼罪（第307条之一）

《刑法》第307条之一　以捏造的事实提起民事诉讼,妨害司法秩序或者严重侵害他人合法权益的,处3年以下有期徒刑、拘役或者管制,并处或者单处罚金;情节严重的,处3年以上7年以下有期徒刑,并处罚金。

单位犯前款罪的,对单位判处罚金,并对其直接负责的主管人员和其他直接责任人员,依照前款的规定处罚。

有第1款行为,非法占有他人财产或者逃避合法债务,又构成其他犯罪的,依照处罚较重的规定定罪从重处罚。

司法工作人员利用职权，与他人共同实施前3款行为的，从重处罚；同时构成其他犯罪的，依照处罚较重的规定定罪从重处罚。

（一）概念、构成要件

虚假诉讼罪，是指以捏造的事实提起民事诉讼，妨害司法秩序或者严重侵害他人合法权益的行为。

"以捏造的事实提起民事诉讼"。"捏造的事实"，是指编造或虚构的虚假案件事实。根据《防范制裁虚假诉讼意见》（2016），虚假诉讼在实践中通常表现出以下特征：①当事人为夫妻、朋友等亲近关系或者关联企业等共同利益关系；②原告诉请司法保护的标的额与其自身经济状况严重不符；③原告起诉所依据的事实和理由明显不符合常理；④当事人双方无实质性民事权益争议；⑤案件证据不足，但双方仍然主动迅速达成调解协议，并请求人民法院出具调解书；⑥一方对另一方提出的于己不利的事实，不合常理地明确表示承认。

根据《防范制裁虚假诉讼意见》（2016），虚假诉讼一般包含以下要素：①以规避法律、法规或国家政策谋取非法利益为目的；②双方当事人存在恶意串通；③虚构事实；④借用合法的民事程序；⑤侵害国家利益、社会公共利益或者案外人的合法权益。

"妨害司法秩序或者严重侵害他人合法权益的"。"妨害司法秩序"或者"严重侵害他人合法权益"二者具备其一即可。

（二）认定与处罚

实行虚假诉讼，非法占有他人财产或者逃避合法债务，又构成其他犯罪的，依照处罚较重的规定定罪从重处罚。又构成其他犯罪，主要是指诈骗罪。利用虚假诉讼非法占有他人财物，属于典型的讼诉诈骗。诉讼诈骗的特点是，被骗做出财产处分者与蒙受财产损失的被害人不是同一人，属于诈骗罪的特殊情形，不影响诈骗罪的成立。但不排除成立诈骗罪之外的犯罪，如贪污罪、职务侵占罪、逃税罪、妨害清算罪、虚假破产罪等。以虚假诉讼方式构成其他罪的，妨害了司法秩序，所以从重处罚。当事人在实施虚假诉讼的过程中作伪证的，可能构成妨害作证罪，此时两罪属于包容关系，应从一重罪以虚假诉讼罪论处。

四、窝藏、包庇罪（第310条）

《刑法》第310条　明知是犯罪的人而为其提供隐藏处所、财物，帮助其逃匿或者作假证明包庇的，处3年以下有期徒刑、拘役或者管制；情节严重的，处3年以上10年以下有期徒刑。

犯前款罪，事前通谋的，以共同犯罪论处。

（一）概念、构成要件

窝藏、包庇罪，是指明知是犯罪的人而为其提供隐藏处所、财物，帮助其逃匿或者作假证明包庇的行为。

"犯罪的人"是指已经实施了犯罪行为、正受追查或者正在逃匿的人，既包括已决犯也包括未决犯。

"帮助其逃匿"是指帮助犯罪的人逃匿以逃避刑事追诉和刑罚执行。常见帮助逃匿方式有"提供隐藏处所、财物"，提供其他便利条件帮助逃匿，例如，为犯罪分子带路、指示逃匿的方向、路线、地点、提供交通便利等。

"作假证明包庇"是指非以证人的身份向司法机关提供虚假的证言、物证为犯罪分子掩盖罪行或者开脱、减轻罪责。例如，提供虚假的出生证明或"替人顶罪"的情形。另外，还包括《刑法》第362条规定之"通风报信"行为。

对"明知是犯罪的人"的认识，不必要求行为人达到法官、法律专家那么精确的认识程度，通常认识到是"逃犯"就可以了。"逃犯"按常人理解可包括三种情形：①已决的"逃犯"，如从监狱中脱逃的罪犯；②"犯事"后正在被公安司法机关追查的人；③"犯事"后为逃避刑事侦查而掩盖犯罪事实、毁灭证据的人。行为人"事先"有此认识就可以认定其明知对方是犯罪的人。另外就是"事后"的印证，司法机关认定该人有犯罪嫌疑或者判决有罪。如果事后司法机关经调查审理澄清了该人不构成犯罪，则行为人自无构成窝藏、包庇罪的道理。

"情节严重"一般是指：①窝藏、包庇多人；②一贯或多次窝藏、包庇的；③窝藏、包庇罪行严重的犯罪分子的；④被窝藏、包庇的犯罪分子其间又犯下严重罪行的；⑤窝藏、包庇被在全国范围通缉的犯罪分子的；⑥窝藏、包庇的动机、手段十分恶劣的；等等。

（二）认定与处罚

1. 事先通谋的，以共同犯罪论处。"事前通谋"，是指行为人在被窝藏、包庇的犯罪分子犯罪之前就共谋在其作案后提供窝藏、包庇，这种情形成立共犯。例如，犯罪分子在犯罪之前，与行为人进行策划，行为人分工承担窝藏或答应在追究刑事责任时提供虚假证明来掩盖罪行等。如果只是知道作案人员要去实施犯罪，事后予以窝藏、包庇或者事先知道作案人员要去实施犯罪，未去报案，犯罪发生后又窝藏、包庇犯罪分子的，都不应以共同犯罪论处，而单独构成窝藏、包庇罪。

2. 《刑法》第 362 条规定，为从事卖淫嫖娼违法活动以及组织卖淫、容留卖淫的犯罪活动的人通风报信的，以《刑法》第 310 条包庇罪定罪处罚。为其他犯罪活动如盗窃、赌博望风等，直接以共犯论处。

3. 知情不举不为罪。知情不举是指明知他人是犯罪分子而不检举告发的行为。不为罪是因为没有实行窝藏、包庇的行为。明知是犯罪的人而有一般交往，无窝藏、包庇行为的，属于知情不举。但是，明知他人实施间谍犯罪或者恐怖主义、极端主义犯罪行为，在司法机关向其调查有关情况、收集有关证据时，拒绝提供，情节严重的，可以构成《刑法》第 311 条之拒绝提供间谍犯罪证据、恐怖主义犯罪、极端主义犯罪证据罪。

4. 在刑事诉讼中以证人身份作伪证（假证明），包庇犯罪嫌疑人、刑事被告人的，定伪证罪，不定包庇罪。不以证人身份作假证明包庇他人的，定包庇罪，例如，向司法机关提供犯罪嫌疑人、被告人虚假的出生日期证明。司法实践中，司法机关在立案（侦查）之后向了解案情的人进行调查取证的，一般把被调查取证人视为证人，此时其作假证明的，是伪证行为。在立案（侦查）之前，了解案情的人或自称了解案情的人作假证明包庇他人的，属于包庇行为。

5. 本罪与《刑法》第 349 条之包庇毒品犯罪分子罪的区别。两者区别的要点是行为对象不同，包庇毒品犯罪分子罪所包庇的对象限于第 347 条之罪的犯罪分子，而本罪所包庇对象则是一切犯罪分子。发生法条竞合的，《刑法》第 349 条是特别规定，优先适用。

6. 本罪与其他具有包庇动机或包庇性质的犯罪的界限。《刑法》中除包庇罪外，还有其他一些犯罪具有包庇动机或性质。例如，掩饰、隐瞒犯罪所得、犯罪所得收益罪，窝藏毒品、毒赃罪，第 294 条第 4 款的包庇、纵容黑社会性质组织罪，第 307 条第 1 款的妨害作证罪，第 307 条第 2 款的帮助毁灭、伪造证据罪，第 399 条第 1 款的徇私枉法罪，第 400 条第 1 款的私放在押人员罪，第

411 条的放纵走私罪，第 416 条第 2 款的阻碍解救被拐卖、绑架妇女、儿童罪，第 417 条的帮助犯罪分子逃避处罚罪，第 402 条的徇私舞弊不移交刑事案件罪等。因此，对包庇罪之"包庇"应作狭义理解，遇有专门规定的，适用专门规定。

五、掩饰、隐瞒犯罪所得、犯罪所得收益罪（第 312 条）

《刑法》第 312 条 明知是犯罪所得及其产生的收益而予以窝藏、转移、收购、代为销售或者以其他方法掩饰、隐瞒的，处 3 年以下有期徒刑、拘役或者管制，并处或者单处罚金；情节严重的，处 3 年以上 7 年以下有期徒刑，并处罚金。

单位犯前款罪的，对单位判处罚金，并对其直接负责的主管人员和其他直接责任人员，依照前款的规定处罚。

（一）概念、构成要件

本罪是指，明知是犯罪所得及其产生的收益而予以窝藏、转移、收购、代为销售或者以其他方法掩饰、隐瞒的行为。

"犯罪所得"，是指通过犯罪行为直接获取的财物及财产性利益，其中包括：①通过实施盗窃、诈骗、抢夺、抢劫、敲诈勒索、侵占等侵犯财产的犯罪所获得的财物，即狭义的赃物。②通过实施其他犯罪所获得的不法财产，例如，通过生产、销售伪劣商品、侵犯著作权获取的不法收入，通过受雇杀人、伤害获得的佣金等。犯罪所得不仅包括财物，还包括财产性利益，例如，通过犯罪行为强占的承包经营权，公司、企业的股权，租赁权，矿山开采权，土地开发权等。

犯罪所得"产生的收益"，是指犯罪所得所产生的孳息以及通过利用犯罪所得投资、经营所获得的财产和财产性利益。

"窝藏"是指将犯罪所得及其产生的收益放置于一定的场所以隐藏、保管。

"转移"是指在他人犯罪既遂后，将犯罪所得及其产生的收益由一个地方搬运到另一个地方。

"收购"是指从各处或者不特定人手中购买犯罪所得及其产生的收益。

"代为销售"是指帮助或者代理犯罪分子销售犯罪所得及其产生的收益。

"以其他方法掩饰、隐瞒"中的"掩饰"是指掩盖犯罪所得及其产生的收益的存在、来源、性质;"隐瞒",是指当司法机关调查有关财产及其性质和来源时,行为人尽管知情却有意掩盖犯罪所得及其产生的收益的存在、来源、性质。

(二)认定与处罚

1. 定罪数额标准。《审理掩饰犯罪所得罪解释》(2015)第1条规定,掩饰、隐瞒犯罪所得、犯罪所得收益,具有下列情形之一的,应当定罪处罚:①价值3000元至1万元以上的;②1年内曾因掩饰、隐瞒犯罪所得及其产生的收益行为受过行政处罚,又实施掩饰、隐瞒犯罪所得及其产生的收益行为的;③掩饰、隐瞒的犯罪所得系电力设备、交通设施、广播电视设施、公用电信设施、军事设施或者救灾、抢险、防汛、优抚、扶贫、移民、救济款物的;④掩饰、隐瞒行为致使上游犯罪无法及时查处,并造成公私财物损失无法挽回的;⑤实施其他掩饰、隐瞒犯罪所得及其产生的收益行为,妨害司法机关对上游犯罪进行追究的。司法解释对掩饰、隐瞒涉及计算机信息系统数据、计算机信息系统控制权的犯罪所得及其产生的收益的行为构成犯罪已有规定的,审理此类案件依照该规定。

依照《第341、312条解释》(2014)的规定,明知是非法狩猎的野生动物而收购,数量达到50只以上的,以掩饰、隐瞒犯罪所得罪定罪处罚。需要注意的是,下游犯罪(掩饰、隐瞒犯罪所得罪)的刑期在一般情况下应低于上游犯罪的刑期。非法狩猎罪的最高刑期为3年,而本罪有两个量刑幅度,即3年有期徒刑以下的刑罚和情节严重时3年以上7年以下有期徒刑的刑罚。因此,购买非法狩猎的野生动物的行为构成犯罪的,不宜适用本罪的"情节严重"条款,即不论购买多少野生动物,适用本罪时都只能在3年有期徒刑以下处罚。并且就同一犯罪对象而言,非法狩猎罪的刑罚应高于掩饰、隐瞒犯罪所得罪的刑罚。

数额计算应当以实施掩饰、隐瞒行为时为准。收购或者代为销售财物的价格高于其实际价值的,以收购或者代为销售的价格计算。多次实施掩饰、隐瞒犯罪所得及其产生的收益行为,未经行政处罚,依法应当追诉的,犯罪所得、犯罪所得收益的数额应当累计计算。

2. 本罪之行为人与本犯的关系。认定本罪,以上游犯罪事实成立为前提。因为本罪对象是"犯罪所得",应当以"本犯"的行为达到犯罪程度为前提。"本犯"因数额不够较大不成立犯罪的，其所得不能称之为犯罪所得，予以掩饰隐瞒的，也不成立犯罪。例如，甲职务侵占汽车零件价值5万元，因数额不够6万元不成立职务侵占罪；乙明知该零件是职务侵占所得仍收购的，也不成立掩饰、隐瞒犯罪所得罪。"本犯"的行为达到犯罪程度，但是"本犯"因为没有刑事责任能力而不受处罚的，不影响其所得为"犯罪所得"，予以掩饰隐瞒的，可成立犯罪。例如，甲（15周岁）盗窃价值5万元的汽车一辆，因没有达到刑事责任年龄而不成立盗窃罪；乙明知该车是甲盗窃所得仍收购的，不影响乙成立掩饰、隐瞒犯罪所得罪。

3. 明知是盗窃、抢劫、诈骗、抢夺的机动车，实施下列行为之一的，依照《刑法》第312条的规定，以掩饰、隐瞒犯罪所得、犯罪所得收益罪定罪：①买卖、介绍买卖、典当、拍卖、抵押或者用其抵债的；②拆解、拼装或者组装的；③修改发动机号、车辆识别代号的；④更改车身颜色或者车辆外形的；⑤提供或者出售机动车来历凭证、整车合格证、号牌以及有关机动车的其他证明和凭证的；⑥提供或者出售伪造、变造的机动车来历凭证、整车合格证、号牌以及有关机动车的其他证明和凭证的。

4. "明知"的认定。实施前述涉及掩饰机动车的行为，有下列情形之一的，应当认定行为人主观上属于"明知"：①没有合法有效的来历凭证；②发动机号、车辆识别代号有明显更改痕迹，没有合法证明的。

此外，①在非法的机动车交易场所和销售单位购买的；②以明显低于市场价格购买机动车的，也可以认定行为人明知是"赃车"。

5. 明知是赃车而介绍买卖的，以本罪的共犯论处。

6. 根据《审理掩饰犯罪所得刑案解释》（2015），为近亲属掩饰、隐瞒犯罪所得及其产生的收益，罪行较轻且系初犯、偶犯的，可以免于刑事处罚。行为人为日常生活"自用"而掩饰、隐瞒犯罪所得，财物价值刚达到定罪金额起点标准，认罪、悔罪并退赃、退赔的，一般可不认为是犯罪。

7. "事后不可罚行为"。上游犯罪人掩饰、隐瞒自己犯罪所得及其收益的，仅对其上游犯罪定罪处罚。例如，甲诈骗一辆价值30万元的汽车，销赃得款10万元，仅处罚其诈骗罪不处罚其"销赃（车）"行为。因为诈骗罪包含对诈骗财物的占有、处分，同理，

判例与试题（掩饰、隐瞒犯罪所得、犯罪所得收益罪）

上游犯罪包含上游犯罪者对自己犯罪所得的占有、处分，对该占有、处分不另行定罪处罚。

六、洗钱罪（第191条）

《刑法》第191条　明知是毒品犯罪、黑社会性质组织犯罪、恐怖活动犯罪、走私犯罪、贪污贿赂犯罪、破坏金融管理秩序犯罪、金融诈骗犯罪的所得及其产生的收益，为掩饰、隐瞒其来源和性质，有下列行为之一的，没收实施以上犯罪的所得及其产生的收益，处5年以下有期徒刑或者拘役，并处或者单处洗钱数额5%以上20%以下罚金；情节严重的，处5年以上10年以下有期徒刑，并处洗钱数额5%以上20%以下罚金：

（一）提供资金账户的；

（二）协助将财产转换为现金、金融票据、有价证券的；

（三）通过转账或者其他结算方式协助资金转移的；

（四）协助将资金汇往境外的；

（五）以其他方法掩饰、隐瞒犯罪所得及其收益的来源和性质的。

单位犯前款罪的，对单位判处罚金，并对其直接负责的主管人员和其他直接责任人员，处5年以下有期徒刑或者拘役；情节严重的，处5年以上10年以下有期徒刑。

（一）概念、构成要件

洗钱罪是指，明知是毒品犯罪、黑社会性质组织犯罪、恐怖活动犯罪、走私犯罪、贪污贿赂犯罪、破坏金融管理秩序犯罪、金融诈骗犯罪的所得及其产生的收益，而采用各种方法掩饰、隐瞒其来源和性质的行为：①"毒品犯罪"是指《刑法》分则第六章第七节之罪；②"黑社会性质的组织犯罪"是指《刑法》第294条之罪，以及黑社会组织实施绑架、敲诈、赌博等犯罪所得；③"恐怖活动犯罪"包含恐怖组织的犯罪以及其他具有恐怖主义性质的爆炸、投放危险物质、放火、绑架、劫持航空器等犯罪；④"走私犯罪"，包含《刑法》分则第三章第一节之罪；⑤"贪污贿赂犯罪"，是指《刑法》分则第八章全部贪污贿赂的犯罪；⑥"破坏金融管理秩序犯罪"，是指《刑法》分则第三章第四节之罪；⑦"金融诈骗犯罪"，是指《刑法》分则第三章第五节之罪。上述上游犯罪的"违法所得及其产生的收益"，是指由上述七种犯罪行为所获取的非法利益以及由该非法利益产生的其他经济利益。

根据《审理洗钱刑案解释》(2009),"以其他方法掩饰、隐瞒犯罪所得及其收益的来源和性质的"中的"其他方法",包括下列情形:①通过典当、租赁、买卖、投资等方式,协助转移、转换犯罪所得及其收益的;②通过与商场、饭店、娱乐场所等现金密集型场所的经营收入相混合的方式,协助转移、转换犯罪所得及其收益的;③通过虚构交易、虚设债权债务、虚假担保、虚报收入等方式,协助将犯罪所得及其收益转换为"合法"财物的;④通过买卖彩票、奖券等方式,协助转换犯罪所得及其收益的;⑤通过赌博方式,协助将犯罪所得及其收益转换为赌博收益的;⑥协助将犯罪所得及其收益携带、运输或者邮寄出入境的;⑦通过前述规定以外的方式协助转移、转换犯罪所得及其收益的。

"明知"认定。根据《审理洗钱刑案解释》(2009),具有下列情形之一的,可以认定被告人明知系犯罪所得及其收益,但有证据证明确实不知道的除外:①知道他人从事犯罪活动,协助转换或者转移财物的;②没有正当理由,通过非法途径协助转换或者转移财物的;③没有正当理由,以明显低于市场的价格收购财物的;④没有正当理由,协助转换或者转移财物,收取明显高于市场的"手续费"的;⑤没有正当理由,协助他人将巨额现金散存于多个银行账户或者在不同银行账户之间频繁划转的;⑥协助近亲属或者其他关系密切的人转换或者转移与其职业或者财产状况明显不符的财物的;⑦其他可以认定行为人明知的情形。

(二)认定与处罚

1. 下游犯罪与上游犯罪的关联。根据《审理洗钱刑案解释》(2009)第4条的规定:①《刑法》第191条(洗钱罪)、第312条(掩饰隐瞒犯罪所得、犯罪所得收益罪)、第349条(窝藏毒品、毒赃罪)规定的犯罪,应当以上游犯罪事实成立为认定前提。②上游犯罪尚未依法裁判但查证属实的,上游犯罪事实可以确认但因行为人死亡等原因依法不予追究刑事责任的,上游犯罪事实可以确认但依法以其他罪名定罪处罚的,不影响前述各条(下游)犯罪的认定处罚。

2. 洗钱罪与掩饰、隐瞒犯罪所得、犯罪所得收益罪的界限。二者是特殊规定与一般性规定的关系。洗钱罪是以《刑法》第191

条规定的方式掩饰、隐瞒犯罪 7 类犯罪所得及其收益；而《刑法》第 312 条规定之掩饰、隐瞒犯罪所得、犯罪所得收益罪则涵盖一切犯罪所得及其收益的掩饰隐瞒行为。行为构成《刑法》第 312 条规定的犯罪，同时又构成《刑法》第 191 条或者第 349 条规定的窝藏、转移毒赃罪的，依照处罚较重的规定定罪处罚。

3. 洗钱罪与第 349 条规定的窝藏、转移毒赃罪的区分。以《刑法》第 191 条规定的方式掩饰、隐瞒"毒赃"来源和性质的，是洗钱罪；而以窝藏、转移方式为毒品犯罪分子隐瞒毒赃的，是窝藏毒赃罪。

七、拒不执行判决、裁定罪（第 313 条）

《刑法》第 313 条　对人民法院的判决、裁定有能力执行而拒不执行，情节严重的，处 3 年以下有期徒刑、拘役或者罚金。

单位犯前款罪的，对单位判处罚金，并对其直接负责的主管人员和其他直接责任人员，依照前款的规定处罚。

（一）概念、构成要件

本罪是指，被执行人、协助执行义务人、担保人等负有执行义务的人对人民法院的判决、裁定有能力执行而拒不执行，情节严重的行为。

"人民法院的判决、裁定"是指人民法院依法作出的具有执行内容并已发生法律效力的判决、裁定。人民法院为依法执行支付令、生效的调解书、仲裁裁决、公证债权文书等所作的裁定属于该条规定的裁定。

"有能力执行"是指根据查实的证据证明，负有执行人民法院判决、裁定义务的人有可供执行的财产或者具有履行特定行为义务的能力。

"情节严重"，是指具有下列情形的：①被执行人隐藏、转移、故意毁损财产或者无偿转让财产、以明显不合理的低价转让财产，致使判决、裁定无法执行的；②担保人或者被执行人隐藏、转移、故意毁损或者转让已向人民法院提供担保的财产，致使判决、裁定无法执行的；③协助执行义务人接到人民法院协助执行通知书后，拒不协助执行，致使判决、裁定无法执行的；④被执行人、担保人、协助执行义务人与国家机关工作人员通谋，利用国家机关工作人员的职权妨害执行，致使判决、裁定无法执行的；⑤其他有能力执行而拒不执行,情节严重的情形。

(二) 认定与处罚

1. 本罪与妨害公务罪的界限。本罪妨害的是法院判决、裁定的执行活动,而妨害公务罪妨害的是普通的公务活动;在行为方式上,根据立法解释对本罪"情节严重"的界定,本罪不包含暴力、威胁等妨害执行的行为,而妨害公务罪通常情况下限于采用暴力、威胁手段。因此:①如果行为人以立法解释规定的方式拒不执行判决、裁定的,构成拒不执行判决、裁定罪;②如果执行判决、裁定的义务人以暴力、威胁方法抗拒司法警察的强制执行,构成妨害公务罪;其他人帮助暴力、威胁抗拒的,构成妨害公务罪的共犯;③如果执行判决、裁定的义务人明显分别有①②两种行为且都单独达到犯罪程度,构成二罪,数罪并罚。

2. 其他人与被执行人共同实施拒不执行判决、裁定的行为,情节严重的,以拒不执行判决、裁定罪的共犯依法追究刑事责任。

3. 国家机关工作人员收受贿赂或者滥用职权,与被执行人等通谋利用职务便利妨害执行并导致判决、裁定无法执行,同时又构成受贿罪、滥用职权罪的,择一重罪处罚。

4. 本罪与《刑法》第314条之罪区别。第314条规定,隐藏、转移、变卖、故意毁损已被司法机关查封、扣押、冻结的财产,情节严重的,是非法处置查封、扣押、冻结的财产罪。

八、脱逃罪(第316条)

《刑法》第316条 依法被关押的罪犯、被告人、犯罪嫌疑人脱逃的,处5年以下有期徒刑或者拘役。

劫夺押解途中的罪犯、被告人、犯罪嫌疑人的,处3年以上7年以下有期徒刑;情节严重的,处7年以上有期徒刑。

"依法被关押的罪犯、被告人、犯罪嫌疑人"包括已经被拘留、逮捕而尚未判决的未决犯和已被判处拘役以上等剥夺自由的刑罚,正在监狱等服刑的已决犯。因错捕、错判而被关押的无辜者,不属于依法关押的罪犯,不是本罪的主体;被劳动教养或者行政拘留的人,不是罪犯,不属于本罪的主体;被司法机关采取拘传、取保候审、监视居住等强制措施的犯罪嫌疑人、刑事被告人,被判处管制、拘役、有期徒刑并宣告缓刑的罪犯以及被假释的罪犯,由于他们不在被关押的状态,不是本罪的主体。

"脱逃"是指从关押场所或者押解途中脱逃监管。关押场所主要是指看守所和监狱。被依法逮捕、关押之后于押解途中脱逃的,也构成本罪。

脱逃罪以达到逃离关押场所、摆脱监管人员的控制为既遂。虽逃出关押场所,但未逃出看守人员直接监视控制范围,即被抓回的;或者虽然挣脱了戒具,逃出了囚车,但当场被押解人员抓住的,应认为尚未摆脱监管人员的直接控制范围,以未遂论。

第三节 妨害国(边)境管理罪

一、组织他人偷越国(边)境罪(第318条)

《刑法》第318条 组织他人偷越国(边)境的,处2年以上7年以下有期徒刑,并处罚金;有下列情形之一的,处7年以上有期徒刑或者无期徒刑,并处罚金或者没收财产:

(一) 组织他人偷越国(边)境集团的首要分子;

(二) 多次组织他人偷越国(边)境或者组织他人偷越国(边)境人数众多的;

(三) 造成被组织人重伤、死亡的;

(四) 剥夺或者限制被组织人人身自由的;

(五) 以暴力、威胁方法抗拒检查的;

(六) 违法所得数额巨大的;

(七) 有其他特别严重情节的。

犯前款罪,对被组织人有杀害、伤害、强奸、拐卖等犯罪行为,或者对检查人员有杀害、伤害等犯罪行为的,依照数罪并罚的规定处罚。

"组织他人偷越国(边)境"包括:①领导、策划、指挥他人偷越国(边)境;②在首要分子指挥下,实施拉拢、引诱、介绍他人偷越国(边)境。

"偷越"是指不具备合法出入境资格而出入境,侵犯我国国(边)境管理秩序的行为。"偷越"的方法和手段亦多种多样,既有不在规定的口岸、关卡偷越国(边)境,或以假证件或者其他蒙骗手段在关口蒙混出入境,也有骗取出境证件,以所谓的"合法"的形式"非法"越境的判例,如顾国均、王建忠组织他人偷越国（边）境案。

本罪与运送他人偷越国（边）境罪的界限：①客观行为不同。明知他人组织他人偷越国（边）境，而参与购买、联系、安排船只、汽车等交通工具，提供运输服务，将非法出境人员送至离境口岸，指引路线，甚至是积极对偷渡人员进行英语培训以应付通关的需要，转交与出境人员身份不符的虚假证件，安排食宿、送取机票等行为，均是为组织他人偷越国（边）境提供帮助，且由于主观目的及行为缺乏组织性，不能认定为组织他人偷越国（边）境罪的共同犯罪，而应认定为运送他人偷越国边境罪。例如，指导案例凌文勇组织他人偷越边境、韦德其等运送他人偷越边境案裁判要旨指出：组织他人偷越边境罪中的"组织"主要有两种方式：一是领导、策划、指挥他人偷越边境的行为；二是在首要分子指挥下，实施拉拢、引诱、介绍他人偷越边境等行为。对于拉拢、引诱、介绍三种方式以外的其他协助行为，一般不宜认定为"组织"行为。②主观故意内容不同。前者是运送他人偷越国（边）境的故意，后者是组织他人偷越国（边）境的故意。

二、骗取出境证件罪（第319条）

《刑法》第319条 以劳务输出、经贸往来或者其他名义，弄虚作假，骗取护照、签证等出境证件，为组织他人偷越国（边）境使用的，处3年以下有期徒刑，并处罚金；情节严重的，处3年以上10年以下有期徒刑，并处罚金。

单位犯前款罪的，对单位判处罚金，并对其直接负责的主管人员和其他直接责任人员，依照前款的规定处罚。

"为组织他人偷越国（边）境使用的"是指为用于《刑法》第318条之组织偷越国边境性质活动而骗取出境证件。意在排除：①仅仅为出境旅游、留学而骗取出境证件；②排除为单个人偷越国边境骗取出境证件的。为了自己出境而骗取出境证件的，不构成犯罪。

"情节严重"是指为组织他人偷越国（边）境使用，骗取出境证件5份以上，或者非法收取办证费30万元以上。

骗取出境证件罪限于"为组织他人偷越国（边）境使用"，即与组织偷越有关联。通常是组织者以外的人，尤其是有办理出境证件业务的单位、个人（如旅行社、出国留学中介机构、国家机关等）为组织者骗取，而本人却不是组织者或没有组织偷越的行为。

如果是组织者本人骗取出境证件用于组织偷越活动，则属于组织偷越的预备行为。如果该组织者过去实施过组织偷越行为或者这次已经着手实施组织偷越行为，则预备行为被吸收，不另外定罪，不数罪并罚。如果仅仅查明其有骗取出境证件的行为，未能查明有组织偷越行为，鉴于《刑法》已有单独规定，则直接以骗取出境证件罪论处，不按组织偷越国（边）境罪的预备犯论处。

个人骗取出境证件并使用出入国边境的，属于《刑法》第322条之偷越国边境行为。

三、提供伪造、变造的出入境证件罪；出售出入境证件罪（第320条）

《刑法》第320条　为他人提供伪造、变造的护照、签证等出入境证件，或者出售护照、签证等出入境证件的，处5年以下有期徒刑，并处罚金；情节严重的，处5年以上有期徒刑，并处罚金。

"他人"是指自己以外的其他人，可能是偷越国（边）境的人，也可能是倒卖出入境证件的人或其他任何人。

"提供"是指供给，包括有偿的和无偿的提供，在实践中，多为有偿提供。

"伪造、变造的出入境证件"包括伪造、变造的护照、签证、回乡证、返乡证。至于这些出入境证件是否系行为人所伪造、变造，不影响本罪的成立。但是，如果行为人只是伪造、变造出入境证件，而没有向他人提供，则不构成本罪，但可能构成伪造、变造国家机关证件罪。

"出售"即出卖，在实践中，出售出入境证件的行为一般表现为先收集、购置出入境证件后再转卖。此外，还包括负责办理护照和签证的官员利用职权出售护照等出入境证件，以及将自己的护照、签证、回乡证、返乡证等出入境证件非法出卖等。

出售出入境证件罪与买卖国家机关证件罪存在竞合关系，鉴于出售出入境证件罪较为特别，优先认定为出售出入境证件罪。

第四节　妨害文物管理罪

一、故意损毁文物罪（第324条）

《刑法》第324条　故意损毁国家保护的珍贵文物或者被确定

为全国重点文物保护单位、省级文物保护单位的文物的，处3年以下有期徒刑或者拘役，并处或者单处罚金；情节严重的，处3年以上10年以下有期徒刑，并处罚金。

（一）概念、构成要件

本罪是指，故意损毁国家保护的珍贵文物或者被确定为全国重点文物保护单位、省级文物保护单位的文物的行为。

"珍贵文物"，根据《文物保护法》第2条及《文物保护法实施条例》的规定，珍贵文物包括具有重大历史、科学、艺术价值的纪念物、艺术品、工艺美术品、革命文献资料、手稿、古旧图书资料以及代表性实物等文物。珍贵文物依法分为一、二、三级。是否属于珍贵文物由有关部门鉴定确认。此外，具有科学价值的古脊椎动物化石和古人类化石同文物一样受国家保护。[1]另一类是不可移动的珍贵文物，即全国重点文物保护单位和省级文物保护单位的文物。前者是由国务院核定公布后确定的文物保护单位，后者是由省、自治区、直辖市人民政府核定公布确定的文物保护单位。只有损毁珍贵文物或者国家级、省级文物保护单位的文物的，才能构成本罪。

"损毁"（文物）是指改变文物的性质、面貌和形状的行为。损毁的方法是多种多样的，比如砸毁、焚烧、挖掘、拆卸、污损等。关于损毁的程度或范围，《刑法》并无特别的限定，因此可以是完全损毁，也可以是部分损毁。

"国家保护的名胜古迹"是指国家保护的具有重大历史、艺术、科学价值的风景区或者与名人事迹、历史大事有关，值得后人凭吊的地点、遗址和建筑物，如古墓葬、古遗址、古建筑、古石刻、革命纪念建筑物、风景名胜区等。作为本罪损毁的对象不包括已被核定、公布为全国重点文物保护单位、省级文物保护单位的名胜古迹。

故意损毁名胜古迹之"情节严重"是指：损毁的程度严重的；多次损毁的；不听有关人员劝阻执意损毁的；损毁有重大价值的名胜古迹的。

"造成严重后果"一般是指过失损毁的程度严重或者范围很大，造成国家保护的珍贵文物等不可弥补的损失，或者虽可修复但

---

[1] 立法解释对此进一步确认，参见2005年12月29日全国人大常委会《古脊椎动物化石的解释》。

耗资巨大的。

（二）认定与处罚

1. 本罪与故意损毁名胜古迹罪的界限：对象不同。故意损毁名胜古迹罪的对象是国家保护的名胜古迹。

2. 本罪与过失损毁文物罪的界限：主观要件不同。

3. 本罪与故意毁坏财物罪的界限：对象不同。故意损毁文物罪的对象限于国家保护的珍贵文物或者被确定为全国重点文物保护单位、省级文物保护单位的文物；故意毁坏财物罪的对象是一般公私财物。

二、盗掘古文化遗址、古墓葬罪；盗掘古人类化石、古脊椎动物化石罪（第328条）

《刑法》第328条　盗掘具有历史、艺术、科学价值的古文化遗址、古墓葬的，处3年以上10年以下有期徒刑，并处罚金；情节较轻的，处3年以下有期徒刑、拘役或者管制，并处罚金；有下列情形之一的，处10年以上有期徒刑、无期徒刑或者死刑，并处罚金或者没收财产：

（一）盗掘确定为全国重点文物保护单位和省级文物保护单位的古文化遗址、古墓葬的；

（二）盗掘古文化遗址、古墓葬集团的首要分子；

（三）多次盗掘古文化遗址、古墓葬的；

（四）盗掘古文化遗址、古墓葬，并盗窃珍贵文物或者造成珍贵文物严重破坏的。

盗掘国家保护的具有科学价值的古人类化石和古脊椎动物化石的，依照前款的规定处罚。

"具有历史、艺术、科学价值的古文化遗址、古墓葬"是指受国家保护的清代和清代以前的具有历史、艺术、科学价值的文化遗址、墓葬，包括地面或地下埋藏的建筑、壁画、石刻、雕刻群、遗墟、坟墓等。1911年辛亥革命以后，与著名历史事件有关的名人墓葬、遗址和纪念地，也视同古文化遗址、古墓葬。盗掘其他墓葬、遗址、物品的，不构成本罪。

"盗掘"是指未经国家文物主管部门批准，私自开挖、掘取。盗掘不限于秘密挖掘，也包括公然挖掘。行为人只要实施了盗掘古文化遗址、古墓葬的行为，即构成本罪的既遂。是否窃取了文物，不影响本罪的成立，亦不影响本罪的既遂。

"盗掘古文化遗址、古墓葬，并盗窃珍贵文物或者造成珍贵文物严重破坏的"，是指在盗掘过程中窃取文物或造成文物破坏。因"盗窃文物""文物破坏"已作为盗掘加重事由，所以不另行定罪处罚。如果不是在盗掘过程中的盗窃文物行为，或是盗掘文物之后对文物的破坏行为，应当另行定罪处罚。

试题 甲盗掘国家重点保护的古墓葬，窃取大量珍贵文物，并将部分文物偷偷运往境外出售牟利。司法机关发现后，甲为毁灭罪证将剩余珍贵文物损毁。甲构成何罪？

答案：盗掘古墓葬罪和故意损毁文物罪数罪并罚。

盗掘古文化遗址、古墓葬并窃取文物的，仍以本罪论处。盗窃已经发掘文物的，是盗窃罪。

第五节 危害公共卫生罪

一、医疗事故罪（第335条）

《刑法》第335条 医务人员由于严重不负责任，造成就诊人死亡或者严重损害就诊人身体健康的，处3年以下有期徒刑或者拘役。

"医务人员"是指从事诊疗、护理事务的人员，包括国家、集体医疗单位的医生、护士、药剂人员，以及经主管部门批准开业的个体行医人员。

"严重不负责任"是指在诊疗、护理工作中极端草率、懈怠。存在严重的业务过失是认定本条之"严重不负责任"的重要依据。诊疗、护理常规，是指长期以来在诊疗、护理实践中被公认的行之有效的操作习惯与惯例。严重违反规章制度和诊疗、护理常规，是认定严重不负责任、存在业务过失的重要根据。

"严重损害就诊人身体健康"主要是指造成就诊人残疾、组织器官损伤、丧失劳动能力等严重后果。

二、非法行医罪（第336条）

《刑法》第336条 未取得医生执业资格的人非法行医，情节严重的，处3年以下有期徒刑、拘役或者管制，并处或者单处罚金；严重损害就诊人身体健康的，处 3 年以上 10 年以下有期徒刑，并处罚金；造成就诊人死亡的，处 10 年以上有期徒刑，并处罚金。

（一）概念、构成要件

非法行医罪，是指未取得医生执业资格的人非法行医，情节严重的行为。

"未取得医生执业资格的人非法行医"，根据《非法行医刑案解释》（2017）第 1 条，是指下列情形之一：①未取得或者以非法手段取得医师资格从事医疗活动的；②被依法吊销医师执业证书期间从事医疗活动的；③未取得乡村医生执业证书，从事乡村医疗活动的；④家庭接生员实施家庭接生以外的医疗行为的。《非法行医刑案解释》（2017）指出："医疗活动"与"医疗行为"，参照《医疗机构管理条例实施细则》中的"诊疗活动"与"医疗美容"来认定。

2002 年 6 月 21 日全国人大常委会法制工作委员会就河北省人大常委会法制工作委员会提出的"《刑法》第 336 条非法行医的含义"的法律询问的答复指出："根据执业医师法的规定，高等学校医学专业本科毕业的人，应当在执业医师指导下在医疗单位试用 1 年，才能参加国家统一考试取得执业医师资格。因此，医科大学本科毕业，分配到医院担任见习医生，在试用期内从事相应的医疗活动，不属于非法行医。"

"情节严重"，根据《非法行医刑案解释》（2008）第 2 条的规定，是指具有下列情形之一：①造成就诊人轻度残疾、器官组织损伤导致一般功能障碍的；②造成甲类传染病传播、流行或者有传播、流行危险的；③使用假药、劣药或不符合国家规定标准的卫生材料、医疗器械，足以严重危害人体健康的；④非法行医被卫生行政部门行政处罚 2 次以后，再次非法行医的；⑤其他情节严重的情形。

"严重损害就诊人身体健康"，根据《非法行医刑案解释》（2008）第 3 条的规定，是指具有下列情形之一：①造成就诊人中度以上残疾、器官组织损伤导致严重功能障碍的；②造成 3 名以上就诊人轻度残疾、器官组织损伤导致一般功能障碍的。"轻度残疾、器官组织损伤导致一般功能障碍""中度以上残疾、器官组织损伤导致严重功能障碍"，参照卫生部《医疗事故分级标准（试行）》认定。

《非法行医刑案解释》(2017)指出,非法行医行为系造成就诊人死亡的直接、主要原因的,应认定为《刑法》第336条第1款规定的"造成就诊人死亡"。非法行医行为并非造成就诊人死亡的直接、主要原因的,可不认定为"造成就诊人死亡"。但是,根据案件情况,可以认定为《刑法》第336条第1款规定的"情节严重"。

(二)认定与处罚

1. 本罪与违反医政管理行为的区别。《非法行医刑案解释》(2017)的"解读"指出:"非法行医罪的主体既不能仅限于无医疗教育背景的,也不能对于执业医师超范围、类别、地点的诊疗活动一律按照非法行医来定罪。要严格区分刑法意义上的非法行医罪和行政法规规定的非法行医行为。……对于违反《执业医师法》的规定,超过注册的执业地点、执业类别、执业范围从事诊疗活动的,目前不宜作为刑事犯罪处理。"[1]据此,可以看出最高人民法院法官严格区分刑事违法与行政违法的取向:通过医师资格考试、取得"医师资格"行医的,原则上不具有刑事违法性,但两种情形除外:①虽然受过医疗教育取得过医师资格,但被依法吊销的可以构成刑法意义上的非法行医。②个人即使有医师资格,未取得《医疗机构执业许可证》开办医疗机构的,可构成刑法意义上的非法行医。

2. 非法行医罪与医疗事故罪的区别:①主体不同,前罪的主体无医生执业资格;后罪的主体有医生执业资格。②主观不同,前罪为故意犯罪;后罪为过失犯罪。③行为不同,前罪限于非法从事诊疗活动;后罪是合法从事诊疗、护理活动,不仅包括诊疗活动,也包括护理活动,并且以造成严重后果为要件。

3. 本罪与过失致人死亡罪区别。非法行医致人死亡通常也符合过失致人死亡的构成要件,差别在于是否在死亡结果非法行医过程中发生。最近出现有医师资格者私下"接活",在宾馆客房之类非医疗场所施行手术致人死亡的案件。因其有医师资格,难以认定为非法行医;因其从接诊到手术都没有经过医疗机构,不在医疗场所,不能认可其在进行常规医疗行为,难以按照医疗事故处理。对此,作为折中,可考虑按照过失致人死亡、重伤罪定罪处罚。

---

[1] 李晓:"解读《关于审理非法行医刑事案件具体应用法律若干问题的解释》",载李少平:《解读最高人民法院司法解释、指导案例(刑事卷下)》,人民法院出版社2014年版,第673~675页。

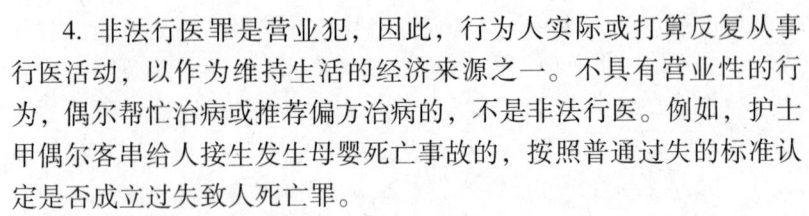

4. 非法行医罪是营业犯，因此，行为人实际或打算反复从事行医活动，以作为维持生活的经济来源之一。不具有营业性的行为，偶尔帮忙治病或推荐偏方治病的，不是非法行医。例如，护士甲偶尔客串给人接生发生母婴死亡事故的，按照普通过失的标准认定是否成立过失致人死亡罪。

5. 利用迷信，如驱邪、捉鬼、占卜等方式给人"治病"的，不具有使用医术给人治病的形式，不是非法行医。以此骗人钱财的，是诈骗；致人死伤的，按照致人死伤的条款定性。

6. 本罪与《刑法》第 336 条第 2 款之非法进行节育手术罪区别。未取得医生执业资格的人擅自为他人进行节育复通手术、假节育手术、终止妊娠手术或者摘取宫内节育器，情节严重的，是非法进行节育手术罪。

7. 非法行医同时构成生产、销售假药罪，生产、销售劣药罪，诈骗罪等其他犯罪的，依照《刑法》处罚较重的规定定罪处罚。

第六节 破坏环境资源保护罪

一、污染环境罪（第 338 条）

《刑法》第 338 条 违反国家规定，排放、倾倒或者处置有放射性的废物、含传染病病原体的废物、有毒物质或者其他有害物质，严重污染环境的，处 3 年以下有期徒刑或者拘役，并处或者单处罚金；后果特别严重的，处 3 年以上 7 年以下有期徒刑，并处罚金。

（一）概念、构成要件

污染环境罪，是指违反国家规定，排放、倾倒或者处置有害物质，严重污染环境的行为。

"违反国家规定"，是指违反国家有关保护环境、防治污染的法律规定，不按照指定的地点、方法等排放、倾倒或者处置有放射性的废物、含传染病病原体的废物、有毒物质或者有害物质。

《办理环境污染刑案解释》（2016）指出，下列物质应当认定为"有毒物质"：①危险废物，是指列入国家危险废物名录，或者根据国家规定的危险废物鉴别标准和鉴别方法认定的，具有危险特性的废物；②《关于持久性有机污染物的斯德哥尔摩公约》附件所列的物质；③含重金属的污染物；④其他具有毒性，可能污染环

周兆钧被控非法行医无罪案

境的物质。行为的场所和方式不限,包括向土地、水体、大气排放、倾倒、处置废物。

"有害物质",主要的种类包括放射性的废物、含传染病病原体的废物、有毒物质等。

"严重污染环境",根据《办理环境污染刑案解释》(2016)的规定,是指下列情形之一:①在饮用水水源一级保护区、自然保护区核心区排放、倾倒、处置有放射性的废物、含传染病病原体的废物、有毒物质的;②非法排放、倾倒、处置危险废物3吨以上的;③排放、倾倒、处置含铅、汞、镉、铬、砷、铊、锑的污染物,超过国家或者地方污染物排放标准3倍以上的;④排放、倾倒、处置含镍、铜、锌、银、钒、锰、钴的污染物,超过国家或者地方污染物排放标准10倍以上的;⑤通过暗管、渗井、渗坑、裂隙、溶洞、灌注等逃避监管的方式排放、倾倒、处置有放射性的废物、含传染病病原体的废物、有毒物质的;⑥2年内曾因违反国家规定,排放、倾倒、处置有放射性的废物、含传染病病原体的废物、有毒物质受过2次以上行政处罚,又实施前列行为的;⑦重点排污单位篡改、伪造自动监测数据或者干扰自动监测设施,排放化学需氧量、氨氮、二氧化硫、氮氧化物等污染物的;⑧违法减少防治污染设施运行支出100万元以上的;⑨违法所得或者致使公私财产损失30万元以上的;⑩造成生态环境严重损害的;⑪致使乡镇以上集中式饮用水水源取水中断12小时以上的;⑫致使基本农田、防护林地、特种用途林地5亩以上,其他农用地10亩以上,其他土地20亩以上基本功能丧失或者遭受永久性破坏的;⑬致使森林或者其他林木死亡50立方米以上,或者幼树死亡2500株以上的;⑭致使疏散、转移群众5000人以上的;⑮致使30人以上中毒的;⑯致使3人以上轻伤、轻度残疾或者器官组织损伤导致一般功能障碍的;⑰致使1人以上重伤、中度残疾或者器官组织损伤导致严重功能障碍的;⑱其他严重污染环境的情形。

上述①~⑤项针对毒害性较强的污染物,即"有放射性的废物、含传染病病原体的废物、有毒物质",设定了"严重污染环境"的入罪标准,符合该入罪标准的应当依法追诉,如指导案例"王文峰、马正勇污染环境案"裁判要旨指出:"煤焦油分离液属于污染环境罪罪状中的'有毒物质',擅自向河中倾倒大量煤焦油分离液的行为构成污染环境罪。"

如排放、倾倒、处置上述①~⑤项毒害性较强的污染物之外的"其他有害物质",属于"其他严重污染环境的情形",如指导判例"梁连平污染环境案"裁判要旨指出:"焚烧工业垃圾,向空气排放大量气体污染物的行为符合《办理环境污染刑案解释》第1条第14项规定的'其他严重污染环境的情形',应以污染环境罪定罪处罚。"

"公私财产损失",包括污染环境行为直接造成财产损毁、减少的实际价值,以及为防止污染扩大、消除污染而采取必要合理措施所产生的费用。

"后果特别严重",根据《办理环境污染刑案解释》(2016)的规定,是指下列情形之一:①致使县级以上城区集中式饮用水水源取水中断12小时以上的;②非法排放、倾倒、处置危险废物100吨以上的;③致使基本农田、防护林地、特种用途林地15亩以上,其他农用地30亩以上,其他土地60亩以上基本功能丧失或者遭受永久性破坏的;④致使森林或者其他林木死亡150立方米以上,或者幼树死亡7500株以上的;⑤致使公私财产损失100万元以上的;⑥造成生态环境特别严重损害的;⑦致使疏散、转移群众15 000人以上的;⑧致使100人以上中毒的;⑨致使10人以上轻伤、轻度残疾或者器官组织损伤导致一般功能障碍的;⑩致使3人以上重伤、中度残疾或者器官组织损伤导致严重功能障碍的;⑪致使1人以上重伤、中度残疾或者器官组织损伤导致严重功能障碍,并致使5人以上轻伤、轻度残疾或者器官组织损伤导致一般功能障碍的;⑫致使1人以上死亡或者重度残疾的;⑬其他后果特别严重的情形。

(二)认定与处罚

1. 本罪与危险物品肇事罪的界限。二罪虽然都涉及危险物品,都可能造成环境污染,但有明显区别:①环境污染罪违反环保法规,是在排放、处理危险废物等有害物质过程中发生的;危险物品肇事罪是在爆炸性、易燃性、放射性、毒害性、腐蚀性物品的生产、管理、使用中发生的。②环境污染罪以污染环境结果为要素;而危险物品肇事罪以造成人身伤亡结果为要素。

2. 本罪与重大责任事故罪的区别。两罪区别的要点是行为方式和结果不同:①本罪违反环保法规;重大责任事故罪违反安全生产法规。②本罪以严重污染环境为要件,不以造成人身伤亡、重大财产损失后果为要件;而重大责任事故罪以造成人员伤亡、重大财产损失后果为要件，不以造成环境污染为要件。

3. 共犯。《办理环境污染刑案解释》（2016）第7条规定，明知他人无危险废物经营许可证，向其提供或者委托其收集、贮存、利用、处置危险废物，严重污染环境的，以共同犯罪论处。上述规定是鉴于："实践中，不少企业为降低危险废物的处置费用，在明知他人未取得经营许可证或者超出经营许可范围的情况下，向他人提供或者委托他人收集、贮存、利用、处置危险废物的现象十分普遍。该他人接收危险废物后，由于实际上不具备相应的处置能力，往往将危险废物直接倾倒在土壤、河流中，严重污染环境。从支付的费用看，有关单位对该行为往往心知肚明，对严重污染环境的结果实际持放任心态。"

4. 本罪与《刑法》第339条之非法处置进口的固体废物罪、擅自进口固体废物罪的区别。根据《刑法》第339条的规定，违反国家规定，将境外的固体废物进境倾倒、堆放、处置的，是非法处置进口的固体废物罪；未经国务院有关主管部门许可，擅自进口固体废物用作原料，造成重大环境污染事故，致使公私财产遭受重大损失或者严重危害人体健康的，是擅自进口固体废物罪。

二、非法猎捕、杀害珍贵、濒危野生动物罪；非法收购、运输、出售珍贵、濒危野生动物制品罪；非法狩猎罪（第341条）

《刑法》第341条　非法猎捕、杀害国家重点保护的珍贵、濒危野生动物的，或者非法收购、运输、出售国家重点保护的珍贵、濒危野生动物及其制品的，处5年以下有期徒刑或者拘役，并处罚金；情节严重的，处5年以上10年以下有期徒刑，并处罚金；情节特别严重的，处10年以上有期徒刑，并处罚金或者没收财产。

违反狩猎法规，在禁猎区、禁猎期或者使用禁用的工具、方法进行狩猎，破坏野生动物资源，情节严重的，处3年以下有期徒刑、拘役、管制或者罚金。

（一）非法猎捕、杀害珍贵、濒危野生动物罪

根据《审理野生动物资源刑案解释》（2000）第1条，"国家重点保护的珍贵、濒危野生动物""包括列入国家重点保护野生动物名录的国家一、二级保护野生动物、列入《濒危野生动植物种国际贸易公约》附录一、附录二的野生动物以及驯养繁殖的上述物种"。

"非法猎捕、杀害"是指违反《野生动物保护法》的规定进行

猎捕、杀害。《野生动物保护法》规定，对于国家保护的珍贵、濒危野生的动物，严禁在任何时间、任何地点、使用任何工具或方法进行猎捕和杀害。如因科学研究、驯养繁殖、展览或者特殊情况，需要捕捉或捕捞国家一级保护的野生动物，必须向国务院野生动物行政主管部门申请特许猎捕证；捕获国家二级保护的野生动物，必须向省、自治区、直辖市政府野生动物行政主管部门申请特许猎捕证。捕猎者必须根据猎捕证所规定的种类、数量、地点和期限进行捕猎，不得使用军用武器、毒药、炸药进行捕猎，违反上述规定的猎捕、杀害珍贵、濒危野生动物的行为，均属非法。行为人有非法猎捕、杀害行为之一的，即可构成本罪。

"情节严重"一般是指猎捕一级野生动物2~3只或者较为珍稀的一级野生动物1只的；猎捕二级野生动物3~6只的。

"情节特别严重"一般是指猎捕极为珍稀的一级保护野生动物1只或猎捕珍稀一级保护野生动物多只的。

（二）非法收购、运输、出售珍贵、濒危野生动物制品罪

"非法收购、运输、出售"。根据《审理野生动物资源刑案解释》（2000）第2条的规定，"收购"，包括以营利、自用等为目的的购买行为；"运输"，包括采用携带、邮寄、利用他人、使用交通工具等方法进行运送的行为；"出售"，包括出卖和以营利为目的的加工利用行为。

（三）非法狩猎罪

"禁猎区"是指国家有关部门划定的禁止捕猎的区域。"禁猎期"是指国家有关部门根据野生动物的繁殖和皮毛、肉食及成熟季节，规定的禁止捕猎的期限。"禁用的工具、方法"是指能够破坏野生动物资源、危及人畜安全的工具、方法，比如地弓、地枪、炸药、毒药，以及火攻、烟熏等方法。

"情节严重"，根据《立案标准（一）》（2008）第66条，是指非法狩猎涉嫌下列情形之一：①非法狩猎野生动物20只以上的；②在禁猎区内使用禁用的工具或者禁用的方法狩猎的；③在禁猎期内使用禁用的工具或者禁用的方法狩猎的；等等。

使用爆炸、投毒、设置电网等危险方法破坏野生动物资源，构成非法猎捕、杀害珍贵、濒危野生动物罪，同时构成《刑法》第115条之罪（放火罪、爆炸罪、投放危险物质罪）的，依照处罚较重的规定定罪处罚。

第七节　走私、贩卖、运输、制造毒品罪

一、走私、贩卖、运输、制造毒品罪（第347条）

《刑法》第347条　走私、贩卖、运输、制造毒品，无论数量多少，都应当追究刑事责任，予以刑事处罚。

走私、贩卖、运输、制造毒品，有下列情形之一的，处15年有期徒刑、无期徒刑或者死刑，并处没收财产：

（一）走私、贩卖、运输、制造鸦片1000克以上、海洛因或者甲基苯丙胺50克以上或者其他毒品数量大的；

（二）走私、贩卖、运输、制造毒品集团的首要分子；

（三）武装掩护走私、贩卖、运输、制造毒品的；

（四）以暴力抗拒检查、拘留、逮捕，情节严重的；

（五）参与有组织的国际贩毒活动的。

走私、贩卖、运输、制造鸦片200克以上不满1000克、海洛因或者甲基苯丙胺10克以上不满50克或者其他毒品数量较大的，处7年以上有期徒刑，并处罚金。

走私、贩卖、运输、制造鸦片不满200克、海洛因或者甲基苯丙胺不满10克或者其他少量毒品的，处3年以下有期徒刑、拘役或者管制，并处罚金；情节严重的，处3年以上7年以下有期徒刑，并处罚金。

单位犯第2款、第3款、第4款罪的，对单位判处罚金，并对其直接负责的主管人员和其他直接责任人员，依照各该款的规定处罚。

利用、教唆未成年人走私、贩卖、运输、制造毒品，或者向未成年人出售毒品的，从重处罚。

对多次走私、贩卖、运输、制造毒品，未经处理的，毒品数量累计计算。

（一）概念、构成要件

走私、贩卖、运输、制造毒品罪，是指明知是毒品而故意走私、贩卖、运输、制造的行为。

"毒品"是指鸦片、海洛因、甲基苯丙胺（冰毒）、吗啡、大麻、可卡因、含可待因复方口服液体制剂（包括口服溶液剂、糖浆

钟玉庭非法收购、运输珍贵、濒危野生动物制品案

剂）以及国家规定管制的其他能够使人形成瘾癖的麻醉药品和精神药品。

"走私"毒品，是指逃避海关监管非法运输、携带、邮寄毒品进出国（边）境。直接向走私人非法收购走私进口的毒品，或者在内海、领海运输、收购、贩卖毒品的，以走私毒品论处。

"贩卖"毒品，是指非法销售毒品或者以贩卖为目的而非法收买毒品。销售的实质是有偿转让，因此，在判例中对于用毒品抵扣非法购买枪支款的，认定构成贩卖毒品罪和非法买卖枪支罪，数罪并罚。对于居间介绍买卖毒品的，无论是否获利，均以贩卖毒品罪的共犯论处。

"运输"毒品，是指采用携带、邮寄、利用他人或者使用交通工具等方法非法运送毒品。"运输"应有相当距离的移动，例如，从甲城市转移往乙城市，从甲乡镇转移往乙乡镇，从毒品的批发地转运到外地等。如果距离过短，例如，在同一城区内由甲房屋转移到乙房屋的，就不宜认定是运输，可以认定为"转移"毒品。

"制造"毒品，是指非法从毒品原植物直接提炼或者用化学方法加工、配制毒品，包括：①用毒品原植物或配剂提取或制作毒品；②以改变毒品成分和效用为目的，用混合等物理方法加工、配制毒品，例如，把 H 种毒品和 X 种毒品混合配制成 Y 种毒品。为便于隐蔽运输、销售、使用、欺骗购买者，或者为了增重，对毒品掺杂使假，添加或者去除其他非毒品物质的，不属于制造毒品的行为。

"其他毒品数量大"，参见《审理毒品案解释》（2016）第 1 条。

"其他毒品数量较大"，参见《审理毒品案解释》（2016）第 2 条。

（二）认定与处罚

1. 故意的认定。根据《办理毒品案意见》（2007），具有下列情形之一，并且犯罪嫌疑人、被告人不能作出合理解释的，可以认定其"应当知道"是毒品，但有证据证明确属被蒙骗的除外：①执法人员在口岸、机场、车站、港口和其他检查站检查时，要求行为人申报为他人携带的物品和其他疑似毒品物，并告知其法律责任，而行为人未如实申报，在其所携带的物品内查获毒品的；②以伪报、藏匿、伪装等蒙蔽手段逃避海关、边防等检查，在其携带、运输、邮寄的物品中查获毒品的；③执法人员检查时，有逃跑、丢弃携带物品或逃避、抗拒检查等行为，在其携带或丢弃的物品中查获毒品的；④体内藏匿毒品的；⑤为获取不同寻常的高额或不等值的报酬而携带、运输毒品的；⑥采用高度隐蔽的方式携带、运输毒品的；⑦采用高度隐蔽的方式交接毒品，明显违背合法物品惯常交接方式的；⑧有其他证据足以证明行为人应当知道的。

2. 特情引诱。2000年4月4日的《审理毒品犯罪案件工作座谈会纪要》（现已失效）指出，运用特情侦破案件是有效打击毒品犯罪的手段。在审判实践中应当注意的是，有时存在被使用的特情未严格遵守有关规定，在介入侦破案件中有对他人进行实施毒品犯罪的犯意引诱和数量引诱的情况。"犯意引诱"是指行为人本没有实施毒品犯罪的主观意图，而是在特情诱惑和促成下形成犯意，进而实施毒品犯罪。对具有这种情况的被告人，应当从轻处罚，无论毒品犯罪数量多大，都不应判处死刑立即执行。"数量引诱"是指行为人本来只有实施数量较小的毒品犯罪的故意，在特情引诱下实施了数量较大甚至达到可判处死刑数量的毒品犯罪。对具有此种情况的被告人，应当从轻处罚，即使超过判处死刑的毒品数量标准，一般也不应判处死刑立即执行。因特情介入，其犯罪行为一般都在公安机关的控制下，毒品一般也不易流入社会，其社会危害程度大大减轻，这在量刑时应当加以考虑。

3. "贩卖"毒品罪的认定。《审理毒品案纪要（武汉）》（2015）指出，贩毒人员被抓获后，对于从其住所、车辆等处查获的毒品，一般均应认定为其贩卖的毒品。确有证据证明查获的毒品并非贩毒人员用于贩卖，其行为另构成非法持有毒品罪、窝藏毒品罪等其他犯罪的，依法定罪处罚。

吸毒者在购买、存储毒品过程中被查获，没有证据证明其是为了实施贩卖毒品等其他犯罪，毒品数量达到《刑法》第248条规定的最低数量标准的，以非法持有毒品罪定罪处罚。吸毒者在运输毒品过程中被查获，没有证据证明其是为了实施贩卖毒品等其他犯罪，毒品数量达到较大以上的，以运输毒品罪定罪处罚。

行为人为吸毒者代购毒品，在运输过程中被查获，没有证据证明托购者、代购者是为了实施贩卖毒品等其他犯罪，毒品数量达到较大以上的，对托购者、代购者以运输毒品罪的共犯论处。行为人为他人代购仅用于吸食的毒品，在交通、食宿等必要开销之外收取"介绍费""劳务费"，或者以贩卖为目的收取部分毒品作为酬劳的，应视为从中牟利，属于变相加价贩卖毒品，以贩卖毒品罪定罪处罚。对于"代购蹭吸"的情形,多数意见认为,"蹭吸"是为了满足自身吸食毒品的需求,不宜认定为牟利行为;而且,如果对以吸食为目的的托购者认定非法持有毒品罪,对"蹭吸"的代购者认定贩卖毒品罪,也会导致处罚失衡。[1]

购毒者接收贩毒者通过物流寄递方式交付的毒品,没有证据证明其是为了实施贩卖毒品等其他犯罪,毒品数量达到《刑法》第348条规定的最低数量标准的,一般以非法持有毒品罪定罪处罚。代收者明知是物流寄递的毒品而代购毒者接收,没有证据证明其与购毒者有实施贩卖、运输毒品等犯罪的共同故意,毒品数量达到《刑法》第348条规定的最低数量标准的,对代收者以非法持有毒品罪定罪处罚。

行为人利用信息网络贩卖毒品、在境内非法买卖用于制造毒品的原料或者配剂、传授制造毒品等犯罪的方法,构成贩卖毒品罪、非法买卖制毒物品罪、传授犯罪方法罪等犯罪的,依法定罪处罚。行为人开设网站、利用网络聊天室等组织他人共同吸毒,构成引诱、教唆、欺骗他人吸毒罪等犯罪的,依法定罪处罚。多数意见认为,虚拟空间不符合容留他人吸毒罪中的场所特征,对此类行为不能认定为容留他人吸毒罪。

行为人非法贩卖麻醉药品、精神药品的,应区分情形处理:①对于向走私、贩卖毒品的犯罪分子或者吸食、注射毒品的人员进行贩卖的,应当以贩卖毒品罪定罪处罚;②对于出于医疗目的,违反《药品管理法》的相关规定,向无资质的药品经营人员、私立医院、诊所、药店或者病人非法贩卖的,侵犯的是国家对药品的正常经营管理秩序,故不应认定为贩卖毒品罪。符合非法经营罪的定罪标准的,依法定罪处罚。实践中,有的被告人向不特定对象贩卖麻醉药品、精神药品,如果没有证据证明其是故意向走私、贩卖毒品的犯罪分子或者吸食、注射毒品的人员进行贩卖的,根据有利于被告人的原则,一般不宜认定为贩卖毒品罪。[2]

4. 走私、贩卖、运输、制造毒品,无论数量多少,都应当追究刑事责任。

---

[1] 高贵君、马岩、方文军、李静然:"《全国法院毒品犯罪审判工作座谈会纪要》(武汉)的理解与适用",载《人民司法》2015年第13期。

[2] 高贵君、马岩、方文军、李静然:"《全国法院毒品犯罪审判工作座谈会纪要》(武汉)的理解与适用",载《人民司法》2015年第13期。

5. 本罪是选择罪名，罪名一律以刑法条文规定的顺序表述，即"走私、贩卖、运输、制造"。不考虑行为实施的先后，毒品数量或者危害大小，有走私、贩卖、运输、制造毒品行为的，按一罪处罚。毒品数量累计，但对同一宗毒品，兼有走私、贩卖、运输行为的，不重复计算。例如，甲为乙贩卖毒品800克，自己走私毒品100克。甲的罪名是走私、贩卖毒品罪，数量900克，不数罪并罚。

6. 共犯认定。

(1) 居间介绍买卖毒品的，无论是否获利，均以贩卖毒品罪的共犯论处。《审理毒品案纪要（武汉）》（2015）指出，办理贩卖毒品案件，应当准确认定居间介绍买卖毒品行为，并与居中倒卖毒品行为相区别。居间介绍者在毒品交易中处于中间人地位，发挥介绍联络作用，通常与交易一方构成共同犯罪，但不以牟利为要件；居中倒卖者属于毒品交易主体，与前后环节的交易对象是上下家关系，直接参与毒品交易并从中获利。居间介绍者受贩毒者委托，为其介绍联络购毒者的，与贩毒者构成贩卖毒品罪的共同犯罪；明知购毒者以贩卖为目的购买毒品，受委托为其介绍联络贩毒者的，与购毒者构成贩卖毒品罪的共同犯罪；受以吸食为目的的购毒者委托，为其介绍联络贩毒者，毒品数量达到《刑法》第348条规定的最低数量标准的，一般与购毒者构成非法持有毒品罪的共同犯罪；同时与贩毒者、购毒者共谋，联络促成双方交易的，通常认定与贩毒者构成贩卖毒品罪的共同犯罪。居间介绍者实施为毒品交易主体提供交易信息、介绍交易对象等帮助行为，对促成交易起次要、辅助作用的，应当认定为从犯；对于以居间介绍者的身份介入毒品交易，但在交易中超出居间介绍者的地位，对交易的发起和达成起重要作用的被告人，可以认定为主犯。

(2) 同行运输。两人以上同行运输毒品的，应当从是否明知他人带有毒品，有无共同运输毒品的意思联络，有无实施配合、掩护他人运输毒品的行为等方面综合审查认定是否构成共同犯罪。受雇于同一雇主同行运输毒品，但受雇者之间没有共同犯罪故意，或者虽然明知他人受雇运输毒品，但各自的运输行为相对独立，既没有实施配合、掩护他人运输毒品的行为，又分别按照各自运输的毒品数量领取报酬的，不应认定为共同犯罪。受雇于同一雇主分段运输同一宗毒品，但受雇者之间没有犯罪共谋的，也不应认定为共同犯罪。雇用他人运输毒品的雇主，及其他对受雇者起到一定组织、指挥作用的人员，与各受雇者分别构成运输毒品罪的共同犯罪，对运输的全部毒品数量承担刑事责任。

（3）共犯处理应注意的问题。《审理毒品犯罪案件工作座谈会纪要》（现已失效）指出，毒品共同犯罪是指二人以上共同故意实施走私、贩卖、运输、制造毒品等犯罪行为。共同犯罪不应以案发后其他共同犯罪人是否到案为条件。仅在客观上相互关联的毒品犯罪行为，如买卖毒品的双方，不一定构成共犯，但为了诉讼便利可并案审理。审理毒品共同犯罪案件应当注意以下几个方面的问题：

第一，要正确区分主犯和从犯。在共同犯罪中起意吸毒、为主出资、毒品所有者以及其他起主要作用的是主犯；在共同犯罪中起次要或者辅助作用的是从犯。对于确有证据证明在共同犯罪中起次要或者辅助作用的，不能因为其他共同犯罪人未归案而不认定为从犯，甚至将其认定为主犯或按主犯处罚。只要认定了从犯，无论主犯是否到案，均应依照并援引《刑法》关于从犯的规定从轻、减轻或者免除处罚。

第二，要正确认定共同犯罪案件中主犯和从犯的毒品犯罪数量。对于毒品犯罪集团的首要分子，应按集团毒品犯罪的总数量处罚；对一般共同犯罪的主犯，应当按其组织、指挥的毒品犯罪数量处罚；对于从犯，应当按其个人直接参与实施的毒品犯罪数量处罚。

第三，要根据行为人在共同犯罪中作用和罪责的大小确定刑罚。不同案件不能简单地类比，这一案件的从犯参与毒品犯罪的数量可能比另一案件的主犯参与毒品犯罪的数量大，但对这一案件从犯的处罚不是必然重于另一案件的主犯。共同犯罪中能分清主从犯的，不能因为涉案的毒品数量特别巨大，就一律将被告人认定为主犯并判处重刑甚至死刑。受雇于他人实施毒品犯罪的，应根据其在犯罪中的作用具体认定为主犯或从犯。受他人指使实施毒品犯罪并在犯罪中起次要作用的，一般应认定为从犯。

7. 毒品数量计算。《审理毒品案纪要（武汉）》（2015）指出，走私、贩卖、运输、制造、非法持有两种以上毒品的，可以将不同种类的毒品分别折算为海洛因的数量，以折算后累加的毒品总量作为量刑的根据。对于刑法、司法解释或者其他规范性文件明确规定了定罪量刑数量标准的毒品，应当按照该毒品与海洛因定罪量刑数量标准的比例进行折算后累加。对于刑法、司法解释及其他规范性文件没有规定定罪量刑数量标准，但《非法药物折算表》规定了与海洛因的折算比例的毒品，可以按照《非法药物折算表》折算为海洛因后进行累加。对于既未规定定罪量刑数量标准，又不具备折算条件的毒品，综合考虑其致瘾癖性、社会危害性、数量、纯度等因素依法量刑。在裁判文书中，应当客观表述涉案毒品的种类和数量，并综合认定为"数量大""数量较大"或者"少量毒品"等，不明确表述将不同种类毒品进行折算后累加的毒品总量。

对于未查获实物的甲基苯丙胺片剂（俗称"麻古"等）、MDMA片剂（俗称"摇头丸"）等混合型毒品，可以根据在案证据证明的毒品粒数，参考本案或者本地区查获的同类毒品的平均重量计算出毒品数量。在裁判文书中，应当客观表述根据在案证据认定的毒品粒数。

对于有吸毒情节的贩毒人员，一般应当按照其购买的毒品数量认定其贩卖毒品的数量，量刑时酌情考虑其吸食毒品的情节；购买的毒品数量无法查明的，按照能够证明的贩卖数量及查获的毒品数量认定其贩毒数量；确有证据证明其购买的部分毒品并非用于贩卖的，不应计入其贩毒数量。在毒品丢失、销毁等情形下，因为被告人出于贩卖目的购买这部分毒品，所以无论是否卖出，均应计入其贩卖毒品的数量。

办理毒品犯罪案件，无论毒品纯度高低，一般均应将查证属实的毒品数量认定为毒品犯罪的数量，并据此确定适用的法定刑幅度，但司法解释另有规定或者为了隐蔽运输而临时改变毒品常规形态的除外。涉案毒品纯度明显低于同类毒品的正常纯度的，量刑时可以酌情考虑。

制造毒品案件中，毒品成品、半成品的数量应当全部认定为制造毒品的数量，对于无法再加工出成品、半成品的废液、废料则不应计入制造毒品的数量。对于废液、废料的认定，可以根据其毒品成分的含量、外观形态，结合被告人对制毒过程的供述等证据进行分析判断，必要时可以听取鉴定机构的意见。

8. 死刑的适用。根据《审理毒品案纪要（武汉）》（2015），涉毒案件的死刑适用按下列情形处理：

（1）对于运输毒品犯罪，重点打击运输毒品犯罪集团首要分子、组织、指使、雇用他人运输毒品的主犯或者毒枭、职业毒犯、毒品再犯，以及具有武装掩护运输毒品、以运输毒品为业、多次运输毒品等严重情节的被告人，对其中依法应当判处死刑的，坚决依法判处。对于受人指使、雇用参与运输毒品的被告人，慎重适用死刑，其中的初犯、偶犯，一般不判处死刑。一案中有多人受雇运输毒品的，同时判处2人以上死刑要特别慎重。

（2）对于毒品数量刚超过实际掌握的死刑数量标准的，原则上只对其中罪责最大的一名主犯适用死刑；罪责确实难以区分的可以不判处死刑。

（3）如果毒品数量达到巨大以上，判处2人以上死刑应具备以下2个条件：①两名以上主犯的罪责均很突出，或者个别主犯罪责稍次但具有法定或者重大酌定从重处罚情节；②判处2人以上死刑符合罪刑相适应原则，并有利于全案量刑平衡。

（4）对于买卖同宗毒品的上下家，涉案毒品数量刚超过实际掌握的死刑数量标准的，一般不能同时判处死刑；上家主动联络销售毒品，积极促成毒品交易的，通常可以判处上家死刑；下家积极筹资，主动向上家约购毒品，对促成毒品交易起更大作用的，可以考虑判处下家死刑。涉案毒品数量达到巨大以上的，也要综合上述因素决定死刑适用。

区分前述主犯和从犯，应从犯罪的整个过程来分析，具体可分为3个阶段把握：

（1）毒品供应的源头作用大小。应考察以下情节：①毒品犯罪的犯意是由谁提出的；②毒品的来源渠道与谁关联紧密；③与毒品上家联络和谈判的是谁；④出资购买毒品的购毒款金额高低。

（2）毒品转移的中间作用大小。应考察以下情节：①藏匿毒品、逃避检查的方法由谁提出；②掩藏毒品的工具由谁购买或者提供；③运输转移毒品的行为具体由谁实施。

（3）毒品处理的终端作用大小。应考察以下情节：①毒品到达目的地后由谁负责派人前来接应；②毒品到达目的地后由谁联系下家负责销售处理；③毒品处理完后谁主持分赃以及分赃数额谁多谁少。

另外值得注意的是：区分主从犯必须首先看共犯之间的相互关系，如果一毒品共犯实施的行为完全受另一毒品共犯支配，虽然另一毒品共犯没有实施任何具体行为或只实施了少量具体行为，但其在共同犯罪中实际起到支配作用，支配者应认定为主犯，被支配者应认定为从犯。

此外,根据最高人民法院发布的有关典型案例,具有以下情形的,应认定为"罪行极其严重",可判处死刑,剥夺政治权利终身,并处没收全部财产:

(1)在跨国毒品共同犯罪中系主犯,所涉毒品数量特别巨大,且系累犯。例如,"唐小平走私、贩卖、运输毒品案":唐小平(系累犯)伙同他人走私、贩卖、运输甲基苯丙胺片剂,其出境联系购买毒品,并组织、指挥他人支付毒资、接取毒品,共计被查获353.10千克。

(2)制造毒品数量巨大,并非法持有枪支、弹药。例如,"洪海沿制造毒品案":洪海沿伙同他人在自家旧屋内制造甲基苯丙胺达8000余克,并非法持有枪支、弹药。

(3)假释考验期内大量贩卖毒品,且系毒品再犯。例如,"舒余坤贩卖毒品案":舒余坤曾因贩卖毒品罪被判处无期徒刑,后又在假释考验期内向他人贩卖海洛因各600克、400克,舒余坤还委托2个购买者将200克海洛因运回贵阳市代其贩卖,后者携带海洛因返回途中被抓获。后公安人员将舒余坤抓获并从其家中查获1050.4克海洛因。

(4)吸毒致幻后杀死无辜幼儿。例如,"陈万寿故意杀人案":陈万寿长期吸毒,曾被强制隔离戒毒但又复吸,且此前曾有过吸毒致幻现象。陈万寿作案前1小时左右吸食毒品,随后产生幻觉,持菜刀闯入邻居家中挟持年仅3岁的被害人,并不顾到场公安人员和群众的劝阻,砍切其颈部一刀致其当场死亡。

9. 量刑情节。《刑法》第347条第6款规定:"利用、教唆未成年人走私、贩卖、运输、制造毒品,或者向未成年人出售毒品的,从重处罚。"《刑法》第356条规定,因走私、贩卖、运输、制造、非法持有毒品罪被判过刑,又犯本节规定之罪的,从重处罚。《审理毒品案纪要(南宁)》(2000,现已失效)指出:"关于同时构成再犯和累犯的被告人适用法律和量刑的问题。对依法同时构成再犯和累犯的被告人,今后一律适用《刑法》第356条规定的再犯条款从重处罚,不再援引刑法关于累犯的条款。"

10. 故意贩卖假毒品骗取财物的,以诈骗罪论处;把假毒品误作真毒品进行走私、贩卖、运输的,应以本罪(未遂)处罚。

11. 走私毒品,又走私其他物品构成犯罪的,按走私毒品罪和构成的其他走私罪分别定罪,实行并罚。

判例与试题(走私、贩卖、运输、制造毒品罪)

历年真题与练习(走私、贩卖、运输、制造毒品罪)

毒品类犯罪相关司法解释、《刑事审判参考》目录索引

12. 利用信息网络，设立用于实施传授制造毒品、非法生产制毒物品的方法，贩卖毒品，非法买卖制毒物品或者组织他人吸食、注射毒品等违法犯罪活动的网站、通讯群组，或者发布实施前述违法犯罪活动的信息，情节严重的，应当依照《刑法》第287条之一的规定，以非法利用信息网络罪定罪处罚。

实施《刑法》第287条之一、第287条之二规定的行为，同时构成贩卖毒品罪、非法买卖制毒物品罪、传授犯罪方法罪等犯罪的，依照处罚较重的规定定罪处罚。

二、非法持有毒品罪（第348条）

《刑法》第348条 非法持有鸦片1000克以上、海洛因或者甲基苯丙胺50克以上或者其他毒品数量大的，处7年以上有期徒刑或者无期徒刑，并处罚金；非法持有鸦片200克以上不满1000克、海洛因或者甲基苯丙胺10克以上不满50克或者其他毒品数量较大的，处3年以下有期徒刑、拘役或者管制，并处罚金；情节严重的，处3年以上7年以下有期徒刑，并处罚金。

（一）概念、构成要件

非法持有毒品罪，是指明知是鸦片、海洛因、甲基苯丙胺或者其他毒品而非法持有，且数量较大的行为。

"持有"是指以占有、携有、藏有或者其他方式持有毒品的行为。持有不限于直接持有，也包括间接持有，持有也不限于有所有权的持有，即持有既包括本人亲自控制、占有自己所有或者他人所有的毒品，也包括本人拥有而由他人保管、占有的毒品。持有是一种持续行为，只有当毒品在一定时间内由行为人支配时，才构成持有；至于时间的长短，则并不影响持有的成立，只是一种量刑情节，但如果时间过短，不足以说明行为人事实上支配着毒品时，则不能认为是持有。

"非法"是指违反国家法律和国家主管部门的规定。例如，违反国务院的《麻醉药品和精神药品管理条例》等。

"数量较大"是指非法持有鸦片200克以上，海洛因或者甲基苯丙胺10克以上或者其他毒品数量较大的。毒品的数量以查证属实的数量计算，不以纯度折算。

（二）认定与处罚

1. 吸毒者涉嫌毒品犯罪。《审理毒品案纪要（南宁）》（2000,

现已失效）指出："吸毒者在购买、运输、存储毒品过程中被抓获的，如没有证据证明被告人实施了其他毒品犯罪行为的，一般不应定罪处罚，但查获的毒品数量大的，应当以非法持有毒品罪定罪处罚；毒品数量未超过《刑法》第 348 条规定数量最低标准的，不定罪处罚。对于以贩养吸的被告人，被查获的毒品数量应认定为其犯罪的数量，但量刑时应考虑被告人吸食毒品的情节。"

2. 托购、代购毒品。《审理毒品案纪要（南宁）》（2000，现已失效）指出，有证据证明行为人不是以营利为目的，为他人代买仅用于吸食的毒品，毒品数量超过《刑法》第 348 条规定数量最低标准，构成犯罪的，托购者、代购者均构成非法持有毒品罪。

非法持有毒品达到《刑法》第 348 条规定的构成犯罪的数量标准，没有证据证明实施了走私、贩卖、运输、制造毒品等犯罪行为的，以非法持有毒品罪定罪。因此，因实施其他毒品犯罪而持有毒品的，按所实施的毒品犯罪定罪处罚。例如，行为人因为贩卖、运输毒品而持有的，仅需以一个贩卖、运输毒品罪处罚。有关判例如钟某非法持有毒品罪。

钟某非法持有毒品罪

3. 非法持有毒品罪与《刑法》第 347 条之罪。

（1）本人因犯罪《刑法》第 347 条之罪而持有毒品，以《刑法》第 347 条之罪定罪处罚。

（2）本人为犯《刑法》第 347 条之罪的人持有毒品的，是《刑法》第 349 条之窝藏毒品罪。

（3）如果不能证实本人所非法持有毒品与《刑法》第 347 条之罪的关联，则是非法持有毒品。例如，从甲住处查出 100 克毒品，甲供述是乙的，乙承认该毒品是其暂放在甲处的，但无法查明乙的毒品来源。认定乙构成非法持有毒品罪，甲构成乙的共犯。换言之，行为人"持有"本人拥有的毒品或者来源不明的毒品，是"持有"；查清毒品来源是他人所有或行为人本人贩卖、运输的毒品，以窝藏毒品罪或者贩卖、运输毒品罪论处，无需定非法持有毒品罪。

历年真题与练习（非法持有毒品罪）

第八节　组织、强迫、引诱、容留、介绍卖淫罪

一、组织卖淫罪·强迫卖淫罪·协助组织卖淫罪（第 358 条）

第 358 条　组织他人卖淫或者强迫他人卖淫的，处 5 年以上 10

年以下有期徒刑，并处罚金；情节严重的，处10年以上有期徒刑或者无期徒刑，并处罚金或者没收财产。

"组织、强迫未成年人卖淫的，依照前款的规定从重处罚。

"犯前两款罪，并有杀害、伤害、强奸、绑架等犯罪行为的，依照数罪并罚的规定处罚。为组织卖淫的人招募、运送人员或者有其他协助组织他人卖淫行为的，处5年以下有期徒刑，并处罚金；情节严重的，处5年以上10年以下有期徒刑，并处罚金。

（一）组织卖淫罪

1. 概念、构成要件。

组织卖淫罪，是指以招募、雇佣、纠集等手段，管理或者控制他人卖淫，卖淫人员在3人以上的行为。

"他人"，是指除自己之外的所有的人，包括男人。"卖淫"是指出卖肉体的行为。对于向同性出卖肉体的，有案例认定是"卖淫"。这表明"卖淫"不限于男女性交，也包括同性性行为。对于仅提供手淫等色情按摩服务但不提供性交的行为，有案例认为不是刑法意义上的"卖淫"。

"组织"，是指以招募、雇佣、纠集等手段，管理或者控制3人以上卖淫。组织卖淫者是否设置固定的卖淫场所，组织卖淫者人数多少，规模大小，不影响组织卖淫行为的认定。

2. 认定与处罚。

根据《办理组织卖淫等案的解释》（2017），组织他人卖淫，具有下列情形之一的，应当认定为《刑法》第358条第1款规定的"情节严重"：

（1）卖淫人员累计达10人以上的。

（2）卖淫人员中未成年人、孕妇、智障人员、患有严重性病的人累计达5人以上的。

（3）组织境外人员在境内卖淫或者组织境内人员出境卖淫的。

（4）非法获利人民币100万元以上的。

（5）造成被组织卖淫的人自残、自杀或者其他严重后果的。

（6）其他情节严重的情形。

《办理组织卖淫等案的解释》（2017）第3条规定，在组织卖淫犯罪活动中，对被组织卖淫的人有引诱、容留、介绍卖淫行为的，依照处罚较重的规定定罪处罚。但是，对被组织卖淫的人以外的其他人有引诱、容留、介绍卖淫行为的，应当分别定罪，实行数罪并罚。

（二）强迫卖淫罪

强迫卖淫罪，是指违背他人的意志，以暴力、胁迫或者其他方法迫使他人卖淫的行为。

《办理组织卖淫等案的解释》（2017）第6条规定：强迫他人卖淫，具有下列情形之一的，应当认定为《刑法》第358条第1款规定的"情节严重"：

（1）卖淫人员累计达5人以上的。

（2）卖淫人员中未成年人、孕妇、智障人员、患有严重性病的人累计达3人以上的。

（3）强迫不满14周岁的幼女卖淫的。

（4）造成被强迫卖淫的人自残、自杀或者其他严重后果的。

（5）其他情节严重的情形。

行为人既有组织卖淫犯罪行为，又有强迫卖淫犯罪行为，且具有下列情形之一的，以组织、强迫卖淫"情节严重"论处：

（1）组织卖淫、强迫卖淫行为中具有《办理组织卖淫等案的解释》（2017）第2条、本条前述规定的"情节严重"情形之一的。

（2）卖淫人员累计达到《办理组织卖淫等案的解释》（2017）第2条第1、2项规定的组织卖淫"情节严重"人数标准的。

（3）非法获利数额相加达到《办理组织卖淫等案的解释》（2017）第2条第4项规定的组织卖淫"情节严重"数额标准的。

（三）协助组织卖淫罪

1. 概念、构成要件。协助组织卖淫罪，是指明知他人实施组织卖淫犯罪活动而为其招募、运送人员或者充当保镖、打手、管账人等帮助行为。

"协助组织卖淫"，是指帮助他人组织卖淫的行为。例如，为组织卖淫的人招募、运送人员，看管卖淫人员、看护卖淫场所，管理财务等。根据《办理组织卖淫等案的解释》（2017），在具有营业执照的会所、洗浴中心等经营场所担任保洁员、收银员、保安员等，从事一般服务性、劳务性工作，仅领取正常薪酬，且无前款所列协助组织卖淫行为的，不认定为协助组织卖淫罪。

2. 认定与处罚。《办理组织卖淫等案的解释》（2017）规定，协助组织他人卖淫，具有下列情形之一的，应当认定为《刑法》第358条第4款规定的"情节严重"：

（1）招募、运送卖淫人员累计达 10 人以上的。

（2）招募、运送的卖淫人员中未成年人、孕妇、智障人员、患有严重性病的人累计达 5 人以上的。

（3）协助组织境外人员在境内卖淫或者协助组织境内人员出境卖淫的。

（4）非法获利人民币 50 万元以上的。

（5）造成被招募、运送或者被组织卖淫的人自残、自杀或者其他严重后果的。

（6）其他情节严重的情形。

3. 协助组织者与组织者之间不适用共犯规定。《办理组织卖淫等案的解释》（2017）规定，对于实施协助组织卖淫行为，以协助组织卖淫罪定罪处罚，不以组织卖淫罪的从犯论处。

4. 《办理组织卖淫等案的解释》（2017）规定：犯组织、强迫卖淫罪，并有杀害、伤害、强奸、绑架等犯罪行为的，依照数罪并罚的规定处罚。协助组织卖淫行为人参与实施上述行为的，以共同犯罪论处。

二、引诱、容留、介绍卖淫罪（第 359 条）

第 359 条 引诱、容留、介绍他人卖淫的，处 5 年以下有期徒刑、拘役或者管制，并处罚金；情节严重的，处 5 年以上有期徒刑，并处罚金。

（一）概念、构成要件

本罪是指，引诱、容留、介绍他人卖淫的行为。

"引诱"他人卖淫，是指利用钱财等手段诱使本没有卖淫意思的人从事卖淫活动。

"容留"他人卖淫，是指提供场所供他人卖淫使用。指导案例"杨某、米某容留卖淫案"裁判要旨指出："明知他人在出租房内从事卖淫活动仍出租房屋的行为，应认定为容留卖淫罪。但实践中房东出租房屋并疏于管理的现象较为普遍，对于承租者从事违法犯罪活动，房东不具备前述情形的，一般只承担行政违法责任。"

杨某、米某系夫妻，二人与子女均住在五里沟村 113 号院内，且长期将院内十余间自有住房对外出租。2006 年 4 月 27 日、6 月 5 日、7 月 27 日，公安机关将在上述地点从事卖淫活动的承租人彭某、李某、刘某、孙某、王某、付某 6 人抓获，且将容留卖淫的杜某抓获。2006年8月初和10月12日,民警两次告知杨某承租户中存在卖淫嫖娼的嫌疑。杨某、米某在明知皮某、王某等人长期从事卖淫活动的情况下,仍将该院内房屋出租给上述人员。2006年10月17日11时许,民警将从事卖淫活动的皮某、王某、杜某抓获,当日亦将二被告人抓获。法院以容留卖淫罪分别对杨某、米某判处有期徒刑5年,并处罚金5000元。

"介绍"他人卖淫,是指为卖淫人员招徕嫖客的行为。为嫖客介绍、指引、推荐嫖娼场所的,属于介绍嫖娼不是介绍卖淫。例如,行为人临时起意为他人介绍嫖娼,自己与卖淫者并不相识;或根据市场讯息,自己介绍嫖客到某处进行嫖娼;或根据自己曾经嫖娼的经历熟悉处所,带领或者介绍嫖客到该处所进行嫖娼的。但如果行为人基于其与卖淫人员的约定,介绍嫖客与该卖淫人员进行卖淫嫖娼活动,或基于其与某介绍卖淫者的约定,介绍嫖客通过该介绍卖淫者与卖淫人员进行卖淫嫖娼活动的,行为人实际上表现为介绍嫖娼者、介绍卖淫者的双重身份,此时可构成介绍卖淫

(二)认定与处罚

1.《办理组织卖淫等案的解释》(2017)第8条规定,引诱、容留、介绍他人卖淫,具有下列情形之一的,应当依照《刑法》第359条第1款的规定定罪处罚:

(1)引诱他人卖淫的。

(2)容留、介绍2人以上卖淫的。

(3)容留、介绍未成年人、孕妇、智障人员、患有严重性病的人卖淫的。

(4)1年内曾因引诱、容留、介绍卖淫行为被行政处罚,又实施容留、介绍卖淫行为的。

(5)非法获利人民币1万元以上的。

利用信息网络发布招嫖违法信息,情节严重的,依照《刑法》第287条之一的规定,以非法利用信息网络罪定罪处罚。同时构成介绍卖淫罪的,依照处罚较重的规定定罪处罚。

2.《办理组织卖淫等案的解释》(2017)第8条规定,引诱、容留、介绍他人卖淫是否以营利为目的,不影响犯罪的成立。

3.《办理组织卖淫等案的解释》(2017)规定,引诱、容留、介绍他人卖淫,具有下列情形之一的,应当认定为《刑法》第359条第1款规定的"情节严重":

（1）引诱5人以上或者引诱、容留、介绍10人以上卖淫的。

（2）引诱3人以上的未成年人、孕妇、智障人员、患有严重性病的人卖淫，或者引诱、容留、介绍5人以上该类人员卖淫的。

（3）非法获利人民币5万元以上的。

（4）其他情节严重的情形。

引诱、容留、介绍他人卖淫的次数，作为酌定情节在量刑时考虑。

4. 引诱不满14周岁的幼女卖淫的，依照《刑法》第359条第2款的规定，以引诱幼女卖淫罪定罪处罚。

被引诱卖淫的人员中既有不满14周岁的幼女，又有其他人员的，分别以引诱幼女卖淫罪和引诱卖淫罪定罪，实行并罚。

三、传播性病罪（第360条）

第360条 明知自己患有梅毒、淋病等严重性病卖淫、嫖娼的，处5年以下有期徒刑、拘役或者管制，并处罚金。

（一）概念、构成要件

传播性病罪，是指明知自己患有梅毒、淋病等严重性病而进行卖淫、嫖娼的行为。

《办理组织卖淫等案的解释》（2017）规定，"严重性病"，包括梅毒、淋病等。其他性病是否认定为"严重性病"，应当根据《中华人民共和国传染病防治法》《性病防治管理办法》的规定，在国家卫生与计划生育委员会规定实行性病监测的性病范围内，依照其危害、特点与梅毒、淋病相当的原则，从严掌握。

"自己患有梅毒、淋病等严重性病"是本罪的主体要件，即身份。在查处卖淫嫖娼时，只有被检查出"患有严重性病的人"才可能涉嫌构成本罪。

"明知"自己患有梅毒、淋病等严重性病，有下列情形之一的，可认定行为人是"明知"：①有证据证明行为人曾到医院就医，被诊断为有严重性病的；②根据本人的知识和经验，能够知道自己患有严重性病的；③其他证明行为人明知的情形。

传播性病行为是否实际造成他人患上严重性病的后果，不影响本罪的成立。

（二）认定与处罚

1. 《办理组织卖淫等案的解释》规定，明知自己患有艾滋病或者感染艾滋病病毒而卖淫、嫖娼的，依照《刑法》第360条的规定，以传播性病罪定罪，从重处罚。

具有下列情形之一，致使他人感染艾滋病病毒的，认定为《刑法》第95条第2项"其他对于人身健康有重大伤害"所指的"重伤"，依照《刑法》第234条第2款的规定，以故意伤害罪定罪处罚：

（1）明知自己感染艾滋病病毒而卖淫、嫖娼的。

（2）明知自己感染艾滋病病毒，故意不采取防范措施而与他人发生性关系的。

2. 根据《刑法》第362条、第310条的规定，旅馆业、饮食服务业、文化娱乐业、出租汽车业等单位的人员，在公安机关查处卖淫、嫖娼活动时，为违法犯罪分子通风报信，情节严重的，以包庇罪定罪处罚。事前与犯罪分子通谋的，以共同犯罪论处。

具有下列情形之一的，应当认定为《刑法》第362条规定的"情节严重"：

（1）向组织、强迫卖淫犯罪集团通风报信的。

（2）2年内通风报信3次以上的。

（3）1年内因通风报信被行政处罚，又实施通风报信行为的。

（4）致使犯罪集团的首要分子或者其他共同犯罪的主犯未能及时归案的。

（5）造成卖淫嫖娼人员逃跑，致使公安机关查处犯罪行为因取证困难而撤销刑事案件的。

（6）非法获利人民币1万元以上的。

（7）其他情节严重的情形。

第九节　制作、贩卖、传播淫秽物品罪

一、制作、复制、出版、贩卖、传播淫秽物品牟利罪（第363条）

《刑法》第363条第1款　以牟利为目的，制作、复制、出版、贩卖、传播淫秽物品的，处3年以下有期徒刑、拘役或者管制，并处罚金；情节严重的，处3年以上10年以下有期徒刑，并处罚金；情节特别严重的，处10年以上有期徒刑或者无期徒刑，并处罚金或者没收财产。

（一）概念、构成要件

本罪是指，以牟利为目的，制作、复制、出版、贩卖、传播淫秽物品的行为。

关于"淫秽物品"，《刑法》第367条规定，本法所称淫秽物品，是指具体描绘性行为或者露骨宣扬色情的诲淫性的书刊、影片、录像带、录音带、图片及其他淫秽物品。有关人体生理、医学知识的科学著作不是淫秽物品。包含有色情内容的有艺术价值的文学、艺术作品不视为淫秽物品。《办理淫秽电子信息刑案解释（一）》（2004）第9条规定，"淫秽物品"包括具体描绘性行为或者露骨宣扬色情的诲淫性的视频文件、音频文件、电子刊物、图片、文章、短信息等互联网、移动通讯终端电子信息和声讯台语音信息。

"制作"是指生产、录制、摄制、编写、绘画、印刷等产生淫秽物品的行为。

"复制"是指以印刷、复印、拓印、录音、录像、翻录、翻拍等方式将淫秽物品制作一份或者多份。

"出版"是指将淫秽物品编辑、印刷后，公开发行。

"贩卖"是指销售淫秽物品的行为，包括批发、零售、倒卖等。

"传播"是指以播放、出租、出借、承运、邮寄、携带等方式使淫秽物品流传。

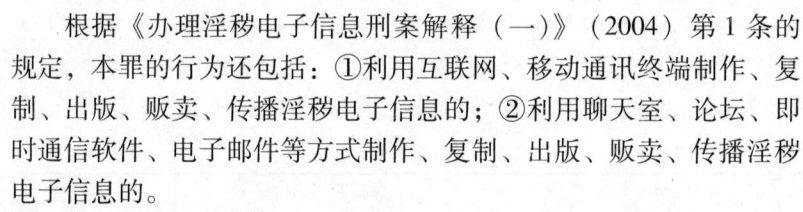

根据《办理淫秽电子信息刑案解释（一）》（2004）第1条的规定，本罪的行为还包括：①利用互联网、移动通讯终端制作、复制、出版、贩卖、传播淫秽电子信息的；②利用聊天室、论坛、即时通信软件、电子邮件等方式制作、复制、出版、贩卖、传播淫秽电子信息的。

（二）认定与处罚

1. 共犯。明知是淫秽网站，以牟利为目的，通过投放广告等方式向其直接或者间接提供资金，或者提供费用结算服务，对直接负责的主管人员和其他直接责任人员以制作、复制、出版、贩卖、传播淫秽物品牟利罪的共同犯罪处罚。

2. 与《刑法》第364条之传播淫秽物品罪的区别：是否具有牟利目的。

相关判例（制作、复制、出版、贩卖、传播淫秽物品牟利罪）

二、组织淫秽表演罪（第365条）

《刑法》第365条 组织进行淫秽表演的，处3年以下有期徒刑、拘役或者管制，并处罚金；情节严重的，处3年以上10年以下有期徒刑，并处罚金。

本罪是指，以招募、雇用、强迫、引诱等手段组织进行淫秽表演的行为。

"组织进行淫秽表演"，包括以策划、招募、强迫、雇用、引诱、提供场地、提供资金等手段，组织进行淫秽表演。根据指导案例"董志尧组织淫秽表演案"的裁判要旨："招募模特和摄影者，要求模特暴露生殖器、摆出淫秽姿势供摄影者拍摄的，构成组织淫秽表演罪。采取'一对一'的形式，即让一名模特在一名摄影者面前进行淫秽表演，因受众具有不特定性，亦应包含在上述情形内。"

根据《立案标准（一）》（2008）第86条的规定，组织淫秽表演涉嫌下列情形之一的，应予立案追诉：①组织表演者进行裸体表演的；②组织表演者利用性器官进行淫秽性表演的；③组织表演者半裸体或者变相裸体表演并通过语言、动作具体描绘性行为的；④其他组织进行淫秽表演应予追究刑事责任的情形。

本罪的行为是淫秽表演的组织行为、管理行为。表演行为本身是被组织的，通常不认为是犯罪；表演者一般是被组织者，通常也不认为是本罪的共犯。但是如果表演者本人也参与组织管理活动的，可以构成本罪。

第六章思考题

1. 论妨害社会管理秩序罪的概念与特征。
2. 论妨害公务罪的概念与特征。
3. 论组织、领导、参加黑社会性质组织罪的概念与特征。
4. 论赌博罪的概念与特征。
5. 论掩饰、隐瞒犯罪所得、犯罪所得收益罪的概念与特征。
6. 论组织他人偷越国（边）境罪的概念与特征。
7. 论走私、贩卖、运输、制造毒品罪的概念与特征。

第七章 危害国防利益罪

本章知识结构图

危害国防利益罪
- 阻碍军人执行职务罪、阻碍军事行动罪（与妨害公务罪：法条竞合关系） { 以暴力、威胁方法；对象：正在依法执行职务的军人 }
- 破坏武器装备、军事设施、军事通信罪 { 对象：军用武器装备、军事设施、军事通信；从一重罪：与破坏广播电视设施、公用电信设施罪；与扰乱无线电通讯管理秩序罪 }

第一节 阻碍军人执行职务罪、阻碍军事行动罪（第368条）

《刑法》第368条 以暴力、威胁方法阻碍军人依法执行职务的，处3年以下有期徒刑、拘役、管制或者罚金。

故意阻碍武装部队军事行动，造成严重后果的，处5年以下有期徒刑或者拘役。

1. 阻碍军人执行职务罪，是指以暴力、威胁方法阻碍军人依法执行职务的行为。

2. 阻碍军事行动罪，是指故意阻碍武装部队的军事行动，造成严重后果的行为。

3. 阻碍军人执行职务罪与妨害公务罪的区别要点：行为对象不同。前罪的对象是正在依法执行职务的军人；后罪的对象是非军人中的国家机关工作人员、人大代表、红十字会工作人员等。两罪之间存在法条竞合关系，对阻碍军人执行职务构成犯罪的，以阻碍军人执行职务罪论处。

第二节 破坏武器装备、军事设施、军事通信罪（第369条）

《刑法》第369条第1、2款 破坏武器装备、军事设施、军事通信的，处3年以下有期徒刑、拘役或者管制；破坏重要武器装备、军事设施、军事通信的，处3年以上10年以下有期徒刑；情节特别严重的，处10年以上有期徒刑、无期徒刑或者死刑。

过失犯前款罪，造成严重后果的，处3年以下有期徒刑或者拘役；造成特别严重后果的，处3年以上7年以下有期徒刑。

战时犯前2款罪的，从重处罚。

本罪是指，故意破坏部队的武器装备、军事设施、军事通信的行为。

根据《审理军事通信刑案解释》（2007）第5条，建设、施工单位直接负责的主管人员、施工管理人员，明知是军事通信线路、设备而指使、强令、纵容他人予以损毁的，或者不听管护人员劝阻，指使、强令、纵容他人违章作业，造成军事通信线路、设备损毁，构成犯罪的，以破坏军事通信罪定罪处罚。建设、施工单位直接负责的主管人员、施工管理人员，忽视军事通信线路、设备保护标志，指使、强令、纵容他人违章作业，致使军事通信线路、设备损毁，构成犯罪的，以过失损坏军事通信罪定罪处罚。

破坏武器装备、军事设施、军事通信罪与破坏电力设备罪、破坏易燃易爆设备罪、破坏交通工具罪、破坏交通设施罪、破坏广播电视设施、公用电信设施罪的区别：①对象不同。本罪的对象是军用的武器装备、军事设施和通信；后几种罪的对象是民用的设施和通信。②客体不同。本罪的客体是国防利益；后几种罪的客体是公共安全。

故意破坏军事通信，并造成公用电信设施损毁，危害公共安全，同时构成《刑法》第124条第1款之破坏广播电视设施、公用电信设施罪和《刑法》第369条第1款之破坏军事通信罪的，从一重罪论处。

《审理军事通信刑案解释》（2007）第6条规定，违反国家规定，擅自设置、使用无线电台、站，或者擅自占用频率，经责令停止使用后拒不停止使用，干扰无线电通讯正常进行，构成犯罪的，以扰乱无线电通讯管理秩序罪定罪处罚；造成军事通信中断或者严重障碍，同时构成扰乱无线电通讯管理秩序罪、破坏军事通信罪的，从一重罪论处。

第七章思考题

1. 论危害国防利益罪的概念与特征。
2. 论阻碍军人执行职务罪的概念与特征。
3. 论冒充军人招摇撞骗罪的概念与特征。

第八章　贿赂罪

> **本章知识结构图**

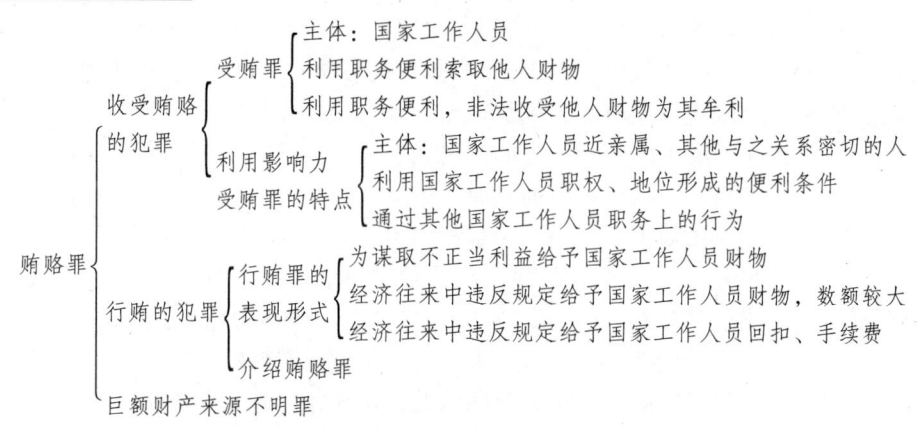

```
                    ┌ 受贿罪 ┬ 主体：国家工作人员
                    │       ├ 利用职务便利索取他人财物
         ┌ 收受贿赂 │       └ 利用职务便利，非法收受他人财物为其牟利
         │ 的犯罪   │
         │         │ 利用影响力 ┬ 主体：国家工作人员近亲属、其他与之关系密切的人
         │         └ 受贿罪的特点├ 利用国家工作人员职权、地位形成的便利条件
 贿赂罪 ┤                       └ 通过其他国家工作人员职务上的行为
         │         ┌ 行贿罪的 ┬ 为谋取不正当利益给予国家工作人员财物
         │ 行贿的犯罪│ 表现形式 ├ 经济往来中违反规定给予国家工作人员财物，数额较大
         │         │         └ 经济往来中违反规定给予国家工作人员回扣、手续费
         │         └ 介绍贿赂罪
         └ 巨额财产来源不明罪
```

第一节　收受贿赂的犯罪

一、受贿罪（第385、386、388条）

《刑法》第385条　国家工作人员利用职务上的便利，索取他人财物的，或者非法收受他人财物，为他人谋取利益的，是受贿罪。

国家工作人员在经济往来中，违反国家规定，收受各种名义的回扣、手续费，归个人所有的，以受贿论处。

《刑法》第386条　对犯受贿罪的，根据受贿所得数额及情节，依照本法第383条的规定处罚。索贿的从重处罚。

《刑法》第388条　国家工作人员利用本人职权或者地位形成的便利条件，通过其他国家工作人员职务上的行为，为请托人谋取不正当利益，索取请托人财物或者收受请托人财物的，以受贿论处。

(一) 概念、构成要件

受贿罪，是指国家工作人员利用职务上的便利，索取他人财物，或者非法收受他人财物，为他人谋取利益的行为。

1. "国家工作人员"的认定，与贪污罪之主体"国家工作人员"相同。

2. "利用职务上的便利"包括利用本人职务上主管、负责、承办某项公共事务的职权，也包括利用职务上有隶属、制约关系的其他国家工作人员的职权。担任单位领导职务的国家工作人员，通过不属自己主管的下级部门的国家工作人员的职务为他人谋取利益的，应当认定为"利用职务上的便利"为他人谋取利益。例如，法院主管刑事的副院长指示民庭庭长，让其按照指示办事，属于利用职务上的便利。再如，成克杰通过银行为请托人办理贷款。成克杰身居自治区主席的要职，银行虽然不属于他主管的下级部门，但仍有隶属关系，也认为是利用职务上的便利。

3. "索取他人财物"是指利用职务上的便利，以主动向他人索要甚至勒索财物的方式收取财物。索贿的特征决定行为人一定要有主动索要财物的意思表示，至于索取贿赂的意思表示的方式则没有特别的限制，可以是明示的，例如，向他人明确提出给予财物的要求，甚至讲明了交付财物的数量、方式、期限；也可以是暗示的，例如，故意将应该批准或者办理的事情久拖不决，示意对方在财物上有所表示。索贿可以是直接向对方提出，也可以通过第三人转告或暗示对方。

在索贿的场合，构成受贿罪不需要具备为他人谋取利益的要件。

4. "非法收受他人财物"是指利用职务便利收受请托人给与的财物。国家工作人员只能因为职务关系收取国家或者雇佣单位给予的薪酬以及因为加班加点而收取合理的额外报酬。"非法收受"，是指行为人因为职务关系收取了法律允许收受范围以外的财物。授意请托人给予第三人财物的，也以受贿罪论处。有关判例如雷政富受贿案。

雷政富受贿案

在非法收受请托人财物的场合，构成受贿罪以"为他人谋取利益"为要件。

5. 关于"为他人谋取利益"，《办理贪贿案解释》（2016）第13条规定："具有下列情形之一的，应当认定为'为他人谋取利益'：①实际或者承诺为他人谋取利益的；②明知他人有具体请托事项的；③履职时未被请托，但事后基于该履职事由收受他人财物的。"

第①项的要点是不问是否着手为他人谋取利益，为他人谋利事项是否已完成；第②项的要点是收受财物与职务相关的具体请托事项有关联的，即应当以受贿处理；第③项的要点是明确"事后收财"可以构成受贿罪。基于惩治贪腐犯罪的现实需要考虑，事前收财和事后收财没有实质差别，均是钱权交易，侵害了公职行为的廉洁性和国家廉政建设制度。[1]

此外，国家工作人员索取、收受具有上下级关系的下属或者具有行政管理关系的被管理人员的财物价值3万元以上，可能影响职权行使的，视为承诺为他人谋取利益。这一规定划清了贿赂犯罪与正常人情往来、收受礼金违反党纪、政纪行为的界限，为党纪、政纪处理和发挥作用留下了合理空间。

6. "利用本人职权或者地位形成的便利条件"是指利用了本人职权或者地位产生的影响和一定的工作联系，简言之，即利用"职务"影响力。通常表现为单位内不同部门的国家工作人员之间，上下级单位的国家工作人员之间，有工作联系的不同单位的国家工作人员之间等，例如，公安机关承办刑事案件的人员与检察机关负责审查批捕、起诉的人员之间。适用《刑法》第388条的利用"职务影响力"（斡旋受贿），以没有利用本人"职务上的便利"为前提。利用职务影响力人与被其利用的国家工作人员之间在职务上没有隶属、制约关系。如果利用职务上有隶属、制约关系的下属的职权为他人谋利，应属于直接利用"本人职务上的便利"，直接适用《刑法》第385条受贿罪的规定，无需适用《刑法》第388条斡旋受贿的规定。这种影响、地位必须具有"公务职务"性质，非因公职关系形成的社会地位，不属于这里所说的地位。例如，著名学者、运动员等社会知名人士具有较高的社会地位和声望，可能对其他国家机关工作人员具有影响力。这种地位与本人的公职无关，利用这种地位形成的有利条件为他人斡旋的，不构成犯罪。

7. "通过其他国家工作人员的职务行为为请托人谋取不正当利益"。"职务行为"，是指国家工作人员行使职权的行为。其他国家

---

[1] 万春、缐杰、卢宇蓉、杨建军、最高人民检察院法律政策研究室："办理贪污贿赂刑事案件法律适用标准"，载《检察日报》2016年5月23日、24日。

工作人员为请托人谋取不正当利益的职务行为，其实是斡旋受贿人利用本人职务影响力的结果。相对于一般的受贿，斡旋受贿具有利用职务上的影响力的特点。"谋取不正当利益"，是指请托人依据法律、法规、政策所不应当得到的利益，包括该利益本身不正当和不正当的帮助、便利。例如，招标工作的负责人不公正地帮助某投标人中标。投标和中标自身性质并非不正当，但是为其提供违法的帮助、便利使其中标的，构成谋取不正当利益。如果是请托人依法应当得到的或者可能得到的利益，仅仅因为数量、名额、机会有限而难以得到的，就不属于不正当的利益。

8. "财物"包括金钱和实物，也包括可以用金钱计算数额的财产性利益，如提供房屋装修、含有金额的会员卡、代币卡（券）、旅游费用等。具体数额以实际支付的资费为准。免除债务也属于一种期约贿赂的方式，如果在债务到期以后，债务实际上被免除，可以成立受贿罪。

收受银行卡的，不论受贿人是否实际取出或者消费，卡内的存款数额一般应全额认定为受贿数额。使用银行卡透支的，如果由给予银行卡的一方承担还款责任，透支数额也应当认定为受贿数额。

(二) 认定和处罚

1. 受贿罪定罪量刑的标准与贪污罪基本相同，即同是适用《刑法》第383条处罚。具体内容参见贪污罪部分。

2. 关于认定受贿，《办理受贿刑案意见》（2007）规定：

（1）以下列"交易"形式收受请托人财物的，视为受贿：①以明显低于市场的价格向请托人购买房屋、汽车等物品的。②以明显高于市场的价格向请托人出售房屋、汽车等物品的。③以其他交易形式非法收受请托人财物的。受贿数额按照交易时当地市场价格与实际支付价格的差额计算。上述所称市场价格包括商品经营者事先设定的不针对特定人的最低优惠价格。根据商品经营者事先设定的各种优惠交易条件，以优惠价格购买商品的，不属于受贿。

（2）收受请托人提供的"干股"的，视为受贿。干股是指未出资而获得的股份。进行了股权转让登记，或者相关证据证明股份发生了实际转让的，受贿数额按转让时的股份价值计算，所分红利按受贿孳息处理。股份未实际转让，以股份分红名义获取利益的，实际获利数额应当认定为受贿数额。

（3）由请托人出资，"合作开办公司"或者进行其他"合作投资"的，视为受贿。受贿数额为请托人给国家工作人员的出资额。

以合作开办公司或者其他合作投资的名义获取"利润"，没有实际出资和参与管理、经营的，视为受贿。

（4）以委托请托人投资证券、期货或者其他委托理财的名义，未实际出资而获取"收益"，或者虽然实际出资，但获取"收益"明显高于出资应得收益的，视为受贿。受贿数额，前一情形，以"收益"额计算；后一情形，以"收益"额与出资应得收益额的差额计算。

（5）通过赌博方式收受请托人财物的，构成受贿。

（6）要求或者接受请托人以给特定关系人安排工作为名，使特定关系人不实际工作却获取所谓薪酬的，视为受贿。

（7）授意请托人将有关财物给予特定关系人的，视为受贿。

特定关系人与国家工作人员通谋，共同实施前款行为的，对特定关系人以受贿罪的共犯论处。特定关系人以外的其他人与国家工作人员通谋，收受请托人财物后双方共同占有的，以受贿罪的共犯论处。

（8）收受请托人房屋、汽车等物品，未变更权属登记或者借用他人名义办理权属变更登记的，不影响受贿的认定。

（9）国家工作人员受贿后，因自身或者与其受贿有关联的人、事被查处，为掩饰犯罪而退还或者上交的，不影响认定受贿罪。

（10）利用职务上的便利为请托人谋取利益之前或者之后，约定在其离职后收受请托人财物，并在离职后收受的，以受贿论处。

3. 既遂。本罪以收取财物为既遂。行为人受贿后，将收取的贿赂转送他人、捐赠公益事业的，属于犯罪后对财物的处分行为，不影响受贿罪的成立。行为人收取财物后，没有实际给他人谋到利益的，也不影响受贿罪既遂。

"为他人谋取利益"不是受贿罪既遂的标准。明知他人有请托事项而非法收受了请托人财物的，就成立受贿罪并既遂，不以实际实施为他人谋取利益的行为或实际谋取到利益为必要。

4. 共同正犯。国家工作人员利用职务上的便利共同占有请托人给予的财物，构成受贿罪的共同正犯。"共同占有"贿赂物是构成受贿罪共同正犯的重要特征。甲、乙共同利用职务上便利为丙谋利，丙给甲、乙财物，甲收下乙没有收受或占有，乙不构成受贿罪。

共同受贿金额的计算。"受贿所得数额"原则上应当以其参与或者组织、指挥的共同受贿数额认定。

例外的可按照各人实际所得数额计算。在难以区分主从犯的共同受贿案件中，行贿人的贿赂款分别或者明确送给多人，且按照各被告人实际所得数额处罚更能实现罪刑相适应的，可以按照被告人实际所得数额，并考虑共同受贿犯罪情况予以处罚。应注意以下情形：

（1）"分别或者明确送给多人"主要包括3种情形：①行贿人虽然将贿赂款交给一人，但行贿人明确是送给多人，甚至明确了每人的数额，并要求收钱人转交；②行贿人以宴请、游玩等名义将多人聚在一起，当面将贿赂款送给每个人；③行贿人私下将贿赂款分别送给多人。

（2）"共同受贿犯罪情况"着重是指造成国家损失的情况，国家工作人员职务廉洁性的受损情况，公平公正秩序的受损情况等情节。

（3）"更能实现罪刑相适应"，一般是指在难以区分主从犯的共同受贿案件中，没有索贿情节且未造成严重危害后果，共同受贿数额超过起点数额不多的情形。

以上数额认定方法主要是考虑到：①受贿犯罪与盗窃、贪污等犯罪在获取财物的方式上有重大区别，索贿以外的受贿犯罪往往是被动地获取财物，对于行贿人送钱与否，送钱的时间与地点，受贿人事先往往不确定，更非由其所决定；②受贿犯罪的危害后果主要体现在利用职务便利为他人谋取的利益、对国家工作人员职务廉洁性的损害等受贿"情节"上，而非主要体现在受贿"数额"上。此外，受贿人对他人受贿数额不明知、也不应当明知，各受贿人在收受财物问题上缺乏明显的犯意联络，故不能完全适用"部分实行全部责任"原则。[1]

5. 共犯。受贿罪属于特殊主体的犯罪，非国家工作人员不能构成本罪的正犯（实行犯）。但是，非国家工作人员，例如，国家工作人员的亲友教唆、帮助国家工作人员受贿，可以构成受贿罪的共犯。在斡旋受贿的场合，被利用职权为他人谋利的人，虽然本人

---

[1] 黄应生：《最高人民法院研究室关于共同受贿案件中受贿数额认定问题的研究意见解读》，载张军主编：《司法研究与指导（2012年第2辑·总第2辑）》，人民法院出版社2012年版。

没有收受财物,如果明知他人斡旋受贿却仍利用职务便利为行贿人谋利的,也可以成立共犯。

非国家工作人员构成受贿罪共犯分两种情形:①"特定关系人"收受财物、转达请托,国家工作人员利用职务便利为请托人谋利的,成立共犯。成立本情形不以共同占有贿赂物为必要,即使贿赂物由"特定关系人"占有的,双方也成立受贿罪的共犯。因为特定关系人是"共同利益"关系人,一方收受即等同于共同占有,但需认定国家工作人员具有受贿故意。《办理贪贿案解释》(2016)规定:"特定关系人索取、收受他人财物,国家工作人员知道后未退还或者上交的,应当认定国家工作人员具有受贿故意。"②"特定关系人"之外的人与国家工作人员通谋,收受请托人财物,共同占有贿赂物的,才能构成共犯,没有占有贿赂物的,不成立受贿罪的共犯。国家工作人员成立受贿罪,"特定关系人"之外的人没有占有贿赂物的,不成立受贿罪的共犯,但不排除成立介绍贿赂罪或行贿罪的共犯。

国家工作人员利用职务上的便利为请托人谋取利益,授意请托人将财物给予他人的(包括特定关系人和非特定关系人),对国家工作人员应当以受贿罪论处。收受财物的人不知情的,不认为是共犯。对这种情形可认定为国家工作人员收受贿赂后赠送、处分贿赂物给他人。

6. 受贿罪与《刑法》第163条非国家工作人员受贿罪的区别:主体不同。受贿罪主体是国家工作人员;"非国家工作人员",包括公司、企业或其他单位人员。"其他单位",既包括事业单位、社会团体、村民委员会、居民委员会、村民小组等常设性的组织,也包括为组织体育赛事、文艺演出或者其他正当活动而成立的组委会、筹委会、工程承包队等非常设性的组织。

7. 受贿罪与单位受贿罪的区别。①主体不同:单位受贿罪的主体是单位,即国家机关、国有公司、企业、事业单位、人民团体;受贿罪的主体是自然人。②定罪的标准有所不同:单位受贿罪必须情节严重的才构成犯罪,其定罪的数额标准一般掌握在10万元以上;个人受贿定罪的数额标准与贪污罪相同,一般在3万元以上。单位受贿罪与受贿罪的实质区别在于,是否以单位名义收受财物并且该财物归单位所有。如果以单位名义收受财物,没有进入单位的财务账目,而由个别国家工作人员占有的,实质是个人受贿。

如果以单位名义受贿的财物进入了单位的财务账目，为单位占有而有关人员私分的，构成对单位财产的侵占。③单位受贿行为，不包括利用单位影响力通过其他单位国家工作人员为请托人谋取利益的情况。即《刑法》第388条之一对个人受贿的扩张不适用于单位。

8. 受贿罪与诈骗罪、敲诈勒索罪的区别：是否"利用职务上便利"。谎称利用职务上的便利为他人谋取利益，骗取他人数额较大的财物，实际上没有而且也不打算利用职务上便利为他人谋取利益的，是诈骗罪，不是受贿罪。国家工作人员以暴力、威胁的方式勒索他人财物，但并没有利用职务上便利的，是敲诈勒索罪，不是受贿罪。

二、利用影响力受贿罪（第388条之一）

《刑法》第388条之一　国家工作人员的近亲属或者其他与该国家工作人员关系密切的人，通过该国家工作人员职务上的行为，或者利用该国家工作人员职权或者地位形成的便利条件，通过其他国家工作人员职务上的行为，为请托人谋取不正当利益，索取请托人财物或者收受请托人财物，数额较大或者有其他较重情节的，处3年以下有期徒刑或者拘役，并处罚金；数额巨大或者有其他严重情节的，处3年以上7年以下有期徒刑，并处罚金；数额特别巨大或者有其他特别严重情节的，处7年以上有期徒刑，并处罚金或者没收财产。

离职的国家工作人员或者其近亲属以及其他与其关系密切的人，利用该离职的国家工作人员原职权或者地位形成的便利条件实施前款行为的，依照前款的规定定罪处罚。

（一）概念、构成要件

利用影响力受贿罪，是指国家工作人员的关系密切人或者离职的国家工作人员及其关系密切人利用国家工作人员职务行为的直接、间接的影响力，为请托人谋取不正当利益，收受请托人财物数额较大或者有其他较重情节的行为。

1. "国家工作人员的关系密切人"包括国家工作人员的近亲属，情人等。此外，同学、战友、老部下、老上级等其他与国家工作人员交往密切具有足够影响力的人，也可属于关系密切人。

2. "离职的国家工作人员"是指因退休、辞职、停职、免职等原因脱离其所担任的国家工作人员职位的人，即该种人员是对于现职国家工作人员而言的。

(二）认定和处罚

1. 利用影响力受贿罪与受贿罪的区别主要是主体身份不同。受贿罪的主体是国家工作人员，利用影响力受贿罪的主体是非国家工作人员。根据《刑法》第 388 条的规定，国家工作人员利用现任职务上的影响力（斡旋）受贿的，以受贿罪论处。《刑法》第 388 条之一规定，"关系密切人"等利用非本人职务上的影响力，或者离职的国家工作人员利用非现任职务的影响力受贿的，是利用影响力受贿罪。其实质是影响力的来源不同，影响力来自本人现任职务上的，属于受贿罪；影响力来自非本人现任职务上的，属于本罪。行为人尽管有国家工作人员的身份，但没有利用本人现任职务上的影响力，而仅仅利用亲情、友情、旧情（对官员）的影响力的，不是受贿罪而是利用影响力受贿罪。

2. 利用影响力受贿罪与受贿罪共犯的区别。

（1）受贿罪的共犯。任何人（包括关系密切人等）与国家工作人员共谋并共同收受贿赂的，构成受贿罪的共犯。例如，甲是张局长的儿子（关系密切人），接受建筑商乙的请托收受 50 万元向张局长说情，把某桥梁工程发包给乙。甲担心张局长不答应，就向张局长明说乙给了 50 万元好处，张局长于是就把工程发包给乙。在本案中，足以认定甲与张局长有共谋，张局长构成受贿罪，甲构成其受贿罪的共犯。对甲不必要也不应当按照利用影响力受贿罪处罚。

（2）利用影响力受贿罪。由上例张局长与其子甲受贿共犯案可知，任何人包括关系人一旦与国家工作人员构成受贿罪共犯，即排斥适用利用影响力受贿罪。这表明，利用影响力受贿罪的适用总是暗含着一个前提：不能认定行为人构成受贿罪的共犯。假如上例中，张局长虽然接受儿子甲的说情把工程发包给了乙，但是不知道儿子甲收了乙 50 万元的好处，或者不能证实张局长知道的，既然张局长本人没有收财，也不知道儿子收财，当然不能定张局长受贿罪。这时才根据甲利用其父的影响力说情收财，通过其父的职务行为为请托人乙谋取不正当利益，对甲以利用影响力受贿罪定罪处罚。

这正是《刑法修正案（七）》对原有的贿赂犯罪立法的补充之处。按照原有的贿赂罪立法，当无法证实张局长知道其子甲收 50 万元好处时，不仅不能对张局长定罪，也不能对甲定罪。经《刑法修正案（七）》增加规定利用影响力受贿罪后，则至少可以对说情收财的甲定罪处罚。如果有证据表明张局长知道甲收受50万好处的，则对二人以受贿罪（共犯）论处。

第二节 行贿的犯罪

一、行贿罪（第389、390条）

《刑法》第389条 为谋取不正当利益，给予国家工作人员以财物的，是行贿罪。

在经济往来中，违反国家规定，给予国家工作人员以财物，数额较大的，或者违反国家规定，给予国家工作人员以各种名义的回扣、手续费的，以行贿论处。

因被勒索给予国家工作人员以财物，没有获得不正当利益的，不是行贿。

《刑法》第390条 对犯行贿罪的，处5年以下有期徒刑或者拘役，并处罚金；因行贿谋取不正当利益，情节严重的，或者使国家利益遭受重大损失的，处5年以上10年以下有期徒刑，并处罚金；情节特别严重的，或者使国家利益遭受特别重大损失的，处10年以上有期徒刑或者无期徒刑，并处罚金或者没收财产。

行贿人在被追诉前主动交待行贿行为的，可以从轻或者减轻处罚。其中，犯罪较轻的，对侦破重大案件起关键作用的，或者有重大立功表现的，可以减轻或者免除处罚。

（一）概念、构成要件

行贿罪，是指为谋取不正当利益，给予国家工作人员以财物的行为。

1."为谋取不正当利益"是指行贿人谋取违反法律、法规、规章或者政策规定的利益，或者要求对方违反法律、法规、规章、政策、行业规范的规定提供帮助或者方便条件。在招标投标、政府采购等商业活动中，违背公平原则，给予相关人员财物以谋取竞争优势的，属于"谋取不正当利益"。据此，该"不正当利益"，包括本身不法的利益和不法的帮助、便利，例如，谋求司法工作人员徇私枉法、枉法裁判，谋求国家工作人员放纵走私、非法放行偷越国（边）境人员，谋求税务人员不征、少征税款等。如果是请托人依法应当得到的或者可能得到的利益，仅仅因为数量、名额、机会有限，甚至遭到有关国家工作人员的刁难，而难以得到或实现的利益，则不属于不正当的利益。例如，承揽工程方在施工完毕，验收合格之后，因为工程发包方迟迟不支付工程款，而给予有关人员财物，期望对方及时付款的，就不属于谋取不正当利益，因为依合同发包方本应按期付款。

"为谋取不正当利益"是主观要件，给予国家工作人员财物时怀有此意图即可，至于利益是否获得，或者说谋取不正当利益的目的是否实现，不影响行贿罪的成立。

2. "因被勒索而给予国家工作人员财物，没有获得不正当利益的"包括2个要件：①被索贿；②没有得到不正当利益。该规定属于消极要件，且同样适用于对非国家工作人员行贿罪的排除。被勒索给予非国家工作人员财物没有获得不正当利益的，也不构成犯罪。

（二）认定和处罚

1. 根据《办理贪贿案解释》（2016）第7条，行贿数额在3万元以上的，追究刑事责任。行贿数额在1万元以上不满3万元，具有多次行贿，将违法所得用于行贿，通过行贿谋取职务提拔，向司法工作人员行贿等情形之一的，应追究刑事责任。

2. 加重犯。根据《办理贪贿案解释》（2016）第8、9条，具有下列情形之一的，应当认定为"情节严重"：①行贿数额在100万元以上不满500万元的；②行贿数额在50万元以上不满100万元，具有多次行贿，将违法所得用于行贿，通过行贿谋取职务提拔，向司法工作人员行贿等情形之一的。有下列情形之一的，应当认定为"情节特别严重"：①行贿数额在500万元以上的；②行贿数额在250万元以上不满500万元，具有多次行贿，将违法所得用于行贿、通过行贿谋取职务提拔，向司法工作人员行贿等情形之一的。

3. "行贿人在被追诉前主动交待行贿行为的"。"被追诉前"是指检察机关立案前；"交代行贿行为"是指交代自己向他人行贿的行为。

例如，指导案例袁珏行贿案[1]裁判要旨指出："配合检察机关调查他人受贿案件时，交代向他人行贿的事实，应认定为被追诉前主动交代。"

"犯罪较轻"，是指根据行贿犯罪的事实、情节，可能被判处3年有期徒刑以下刑罚的。根据犯罪的事实、情节，已经或者可能被判处10年有期徒刑以上刑罚的，或者案件在本省、自治区、直辖市或者全国范围内有较大影响的，可以认定为《刑法》第390条第2款的"重大案件"。

根据《办理贪贿案解释》（2000）第14条，"对侦破重大案件起关键作用"，是指具有下列情形之一：①主动交待办案机关未掌握的重大案件线索的；②主动交待的犯罪线索不属于重大案件的线索，但该线索对于重大案件侦破有重要作用的；③主动交待行贿事实，对于重大案件的证据收集有重要作用的；④主动交待行贿事实，对于重大案件的追逃、追赃有重要作用的。

4. "并处罚金"，是指在10万元以上犯罪数额2倍以下判处罚金。

5. 本罪与《刑法》第391条单位行贿罪的区别：主体不同。行贿罪的主体是个人；单位行贿罪的主体是单位。单位行贿罪的立案数额在20万元以上。如何认定行贿是"单位"行为？对此，应当具备单位犯罪的一般特征：①为了单位的利益；②以单位名义。单位名义的关键事实证据是单位出资（贿赂物）。典型情形是由单位财务人员按照单位财务支出的手续，单位财务账上有据可查。巨额贿赂往往是追求单位的商业利益，为单位利益很好证明，关键看是否以单位名义出资。个人为了谋取不正当利益，用单位的财物或者以单位的名义向国家工作人员等个人行贿，因行贿取得的违法所得归个人所有的，应当以行贿罪论处。

6. 本罪与《刑法》第164条"对非国家工作人员行贿罪""对外国公职人员、国际公共组织官员行贿罪"的区别要点：行贿对象不同。行贿罪对象是国家工作人员，而另二罪的行贿对象分别是"非国家工作人员""外国公职人员、国际公共组织官员"。

7. 本罪与《刑法》第390条之一"对有影响力的人行贿罪"

---

[1] 最高人民法院刑事审判第一、二、三、四、五庭主办：《刑事审判参考（2012年第3集·总第86集）》，法律出版社2012年版。

的区别：对象不同。本罪的行为对象是国家工作人员，"对有影响力的人行贿罪"的行为对象包括两种：①国家工作人员的近亲属或者其他与该国家工作人员关系密切的人；②离职的国家工作人员或者其近亲属以及其他与其关系密切的人。

二、介绍贿赂罪（第392条）

《刑法》第392条 向国家工作人员介绍贿赂，情节严重的，处3年以下有期徒刑或者拘役，并处罚金。

介绍贿赂人在被追诉前主动交待介绍贿赂行为的，可以减轻处罚或者免除处罚。

（一）概念、构成要件

介绍贿赂罪，是指向国家工作人员介绍贿赂，情节严重的行为。

"向国家工作人员介绍贿赂"，是指在行贿人和受贿人之间实施沟通、撮合，促使行贿与受贿得以实现的行为。

"情节严重"，一般是指介绍个人向国家工作人员行贿，数额在3万元以上的；介绍单位向国家工作人员行贿，数额在20万元以上的。

（二）认定和处罚

1. 本罪与行贿罪共犯的区别。一般而言，看行为人是否"沾"贿赂物。行为人居间介绍，贿赂物在行贿人和受贿人之间授受，是介绍贿赂；行为人代行贿人将贿赂物转交国家工作人员的，是行贿共犯，因为转交贿赂物成为行贿的必要环节，参与完成了行贿行为。

2. 本罪与《刑法》第388条之斡旋受贿行为的区别：①本人是否收受贿赂物。成立受贿罪以斡旋人收受请托人贿赂物为要件；介绍贿赂罪不以此为要件。从法律上讲，介绍贿赂人即使没有收受贿赂物也可成立犯罪。②是否利用本人职权或者地位形成的便利条件。斡旋受贿以利用本人职权或者地位形成的便利条件为要件；介绍贿赂则不以此为要件。

3. 本罪与受贿罪共犯的区别：是否共同占有贿赂物。行为人向国家工作人员"介绍贿赂"且与受贿人共同占有贿赂物的，应成立受贿罪的共犯；没有与国家工作人员共同占有贿赂物，仅促成了行贿、受贿实现的，可单独成立介绍贿赂罪。

4. 本罪与利用影响力受贿罪的区别：①是否收受了财物。如果没有收受财物的，不成立利用影响力受贿罪，但不排除成立介绍贿赂罪。②是否利用了影响力。没有利用影响力的，不成立利用影响力受贿罪。仅因居间介绍之劳，从行贿人那里得到酬谢的，可认为是介绍贿赂的违法所得，成立介绍贿赂罪。利用影响力介绍贿赂，本人收受财物的，可能出现受贿罪共犯、利用影响力受贿罪、介绍贿赂罪的竞合，择一重罪处断。

第三节　巨额财产来源不明罪（第395条）

《刑法》第395条　国家工作人员的财产、支出明显超过合法收入，差额巨大的，可以责令该国家工作人员说明来源，不能说明来源的，差额部分以非法所得论，处5年以下有期徒刑或者拘役；差额特别巨大的，处5年以上10年以下有期徒刑。财产的差额部分予以追缴。

（一）概念、构成要件

巨额财产来源不明罪，是指国家工作人员的财产或者支出明显超过合法收入，差额巨大，而本人又不能说明其来源合法的行为。

"财产"是指国家工作人员所拥有的房屋、交通工具、存款、现金、生活用品等私人财产。

"支出"是指国家工作人员的各种开支、消费。

"合法收入"是指按法律规定应属于国家工作人员合法拥有的工资、奖金、津贴、继承的遗产、接受的馈赠、捐助等。

"差额巨大"是指30万元以上。

"可以责令说明来源"，是指办案机关"有权"责令行为人说明来源。

"不能说明其来源合法"是指面对办案机关的调查不能说明来源，包括：①拒不说明财产来源；②无法说明财产具体来源；③说出的财产来源经查证不属实；④说出的来源因线索不具体等原因无法查实，且能排除财产来源合法的可能性和合理性的。

如果查明财产的来源是贪污、受贿所得，应当以贪污贿赂犯罪论处。如果查明部分财产是贪污贿赂所得，部分财产来源不明且数额巨大的，应当实行数罪并罚。

（二）认定与处罚

"不能说明其来源"是本罪的实行行为。如果行为人在起诉前能够说明：①来源合法的，不构成犯罪；②来源于一般违法行为的，不构成本罪，按照违法行为处理；③来源于贪污、受贿等犯罪行为的，不成立本罪。因为能够说明其来源，不符合本罪的实行行为，按照查证的贪污、受贿等犯罪处理。

第八章思考题

1. 论受贿罪的概念与特征。
2. 论受贿罪与贪污罪的界限。
3. 论利用影响力受贿罪的概念与特征。
4. 论行贿罪的概念与特征。

第八章思考题
参考答案

第九章 渎职罪

本章知识结构图

渎职罪
- 滥用职权罪·玩忽职守罪
  - 以作为方式越权、不顾程序和宗旨处理事务
  - 以不作为方式不履行、怠于履行职责
- 故意泄露国家秘密罪
  - 国家秘密：绝密、机密、秘密
  - 主观为故意
  - 要求达到情节严重
- 徇私枉法罪
  - 主体：司法工作人员（侦查、检察、审判、监管职责）
  - 在刑事诉讼中徇私、徇情枉法
  - 明知无罪使受追诉
  - 明知有罪故意包庇使不受追诉

第一节 滥用职权罪·玩忽职守罪（第397条）

《刑法》第397条 国家机关工作人员滥用职权或者玩忽职守，致使公共财产、国家和人民利益遭受重大损失的，处3年以下有期徒刑或者拘役；情节特别严重的，处3年以上7年以下有期徒刑。本法另有规定的，依照规定。

国家工作人员徇私舞弊，犯前款罪的，处5年以下有期徒刑或者拘役；情节特别严重的，处5年以上10年以下有期徒刑。本法另有规定的，依照规定。

（一）滥用职权罪的概念、构成要件

滥用职权罪，是指国家机关工作人员超越职权，违法决定、处理其无权决定、处理的事项，或者违反规定处理公务，致使公共财产、国家和人民利益遭受重大损失的行为。

关于"国家机关工作人员"，根据《刑法》第93条及《渎职罪主体的解释》（2002）的规定，这里所称"国家机关工作人员"包括：①国家机关工作人员，即在国家权力机关、行政机关、审判机关、检察机关、军事机关从事公务的人员；②在依照法律、法规

规定行使国家行政管理职权的组织中从事公务的人员；③在受国家机关委托代表国家机关行使职权的组织中从事公务的人员；④虽未列入国家机关人员编制但在国家机关中从事公务的人员。上述人员在代表国家机关行使职权时，有渎职行为，构成犯罪的，依照《刑法》关于渎职罪的规定追究刑事责任。在乡（镇）以上中国共产党机关、人民政协机关中从事公务的人员，司法实践中也应当视为国家机关工作人员。

另根据《办理渎职刑案解释（一）》（2012）第 7 条的规定，依法或者受委托行使国家行政管理职权的公司、企业、事业单位的工作人员，在行使行政管理职权时滥用职权或者玩忽职守，构成犯罪的，应当依照《渎职罪主体的解释》（2002）的规定，适用渎职罪的规定追究刑事责任。

"滥用职权"表现为两种情形：①超越职权，违法决定、处理其无权决定、处理的事项；②违反规定处理公务。

（二）玩忽职守罪的概念、构成要件

玩忽职守罪，是指国家机关工作人员严重不负责任，不履行或者不认真履行职责，致使公共财产、国家和人民利益遭受重大损失的行为。

"玩忽职守"表现为两种情形：①严重不负责任，不履行职责；②严重不负责任，不认真履行职责。

（三）认定与处罚

1. "致使公共财产、国家和人民利益遭受重大损失"，根据《办理渎职刑案解释（一）》（2012）第 1 条的规定，是指滥用职权或者玩忽职守，具有下列情形之一的：①造成死亡 1 人以上，或者重伤 3 人以上，或者轻伤 9 人以上，或者重伤 2 人、轻伤 3 人以上，或者重伤 1 人、轻伤 6 人以上的；②造成经济损失 30 万元以上的；③造成恶劣社会影响的；④其他致使公共财产、国家和人民利益遭受重大损失的情形。

"经济损失"，是指渎职犯罪或者与渎职犯罪相关联的犯罪立案时已经实际造成的财产损失，包括为挽回渎职犯罪所造成的损失而支付的各种开支、费用等。立案后至提起公诉前持续发生的经济损失，应一并计入渎职犯罪所造成的经济损失。

债务人经法定程序被宣告破产，或者债务人潜逃、去向不明，或者因行为人的责任超过诉讼时效等，致使债权已经无法实现的，无法实现的债权部分应当认定为渎职犯罪的经济损失。

渎职犯罪或者与渎职犯罪相关联的犯罪立案后，犯罪分子及其亲友自行挽回的经济损失，司法机关或者犯罪分子所在单位及其上级主管部门挽回的经济损失，或者因客观原因减少的经济损失，不予扣减，但可以作为酌定从轻处罚的情节。

2. "情节特别严重"，是指具有下列情形之一的：①造成伤亡人数或财产损失达到前述"重大损失"3倍以上的；②造成前述重大损失后果，不报、迟报、谎报或者授意、指使、强令他人不报、迟报、谎报事故情况，致使损失后果持续、扩大或者抢救工作延误的；③造成特别恶劣社会影响的；④其他特别严重的情节。

3. 滥用职权罪与玩忽职守罪的界限。玩忽职守罪主要表现为以不作为的方式不履行职责或者怠于履行职责；滥用职权罪主要表现为以作为的方式超越权限处理无权处理的事务或者不顾职责的程序和宗旨随心所欲地处理事务。此外，二者的主观要件不同，玩忽职守罪是过失犯；滥用职权是故意犯。

4. 滥用职权罪与特殊滥用职权犯罪的法条竞合。例如，《刑法》第399条之徇私枉法罪，民事、行政枉法裁判罪，执行判决、裁定滥用职权罪；第400条之私放在押人员罪；第401条之徇私舞弊减刑、假释、暂予监外执行罪；第403条之滥用管理公司、证券职权罪；第404条之徇私舞弊不征、少征税款罪；第411条之放纵走私罪；第416条第2款之阻碍解救被拐卖、绑架妇女、儿童罪；第417条之帮助犯罪分子逃避处罚罪；等等。滥用职权罪与上列罪名是一般与特别的关系，行为触犯《刑法》第397条的规定和其他有关条款规定的，应选择特别规定定罪处罚。

5. 玩忽职守罪与特殊玩忽职守犯罪的法条竞合。例如，《刑法》第398条之过失泄露国家秘密罪；第399条之执行判决、裁定失职罪；第400条第2款之失职致使在押人员脱逃罪；第406条之国家机关工作人员签订、履行合同失职被骗罪；第408条之环境监管失职罪；第416条第1款之不解救被拐卖、绑架妇女、儿童罪。玩忽职守罪与上列特殊玩忽职守罪是法条竞合关系，触犯特殊玩忽职守犯罪，同时触犯了第397条的规定的，依法应以特别的规定定罪处罚。

6. 国家机关工作人员滥用职权、玩忽职守，符合特殊渎职罪构成要件的，按照该特殊规定追究刑事责任；主体不符合特殊渎职罪的主体要件，但达到滥用职权、玩忽职守立案标准的，按第397

第九章　渎职罪

条的规定以滥用职权罪或玩忽职守追究刑事责任。

7. 渎职犯罪并收受贿赂，同时构成受贿罪的，除刑法另有规定外，以渎职犯罪和受贿罪数罪并罚。

8. 国家机关工作人员实施渎职行为，放纵他人犯罪或者帮助他人逃避刑事处罚，构成犯罪的，依照渎职罪的规定定罪处罚。

9. 国家机关工作人员与他人共谋，利用其职务行为帮助他人实施其他犯罪行为，同时构成渎职犯罪和共谋实施的其他犯罪共犯的，依照处罚较重的规定定罪处罚。

10. 国家机关工作人员与他人共谋，既利用其职务行为帮助他人实施其他犯罪，又以非职务行为与他人共同实施该其他犯罪行为，同时构成渎职犯罪和其他犯罪的共犯的，依照数罪并罚的规定定罪处罚。

11. 国家机关负责人员违法决定，或者指使、授意、强令其他国家机关工作人员违法履行职务或者不履行职务，构成《刑法》分则第九章规定的渎职犯罪的，应当依法追究刑事责任。

12. 以"集体研究"形式实施的渎职犯罪，应当依《照刑》法分则第九章的规定追究国家机关负有责任的人员的刑事责任。对于具体执行人员，应当在综合认定其行为性质，是否提出反对意见，危害结果大小等情节的基础上决定是否追究刑事责任和应当判处的刑罚。

13. 本罪与《刑法》第 168 条国有公司、企业、事业单位人员失职罪，国有公司、企业、事业单位人员滥用职权罪，《刑法》第 169 条与徇私舞弊低价折股、出售国有资产罪的区别：主体不同。《刑法》第 168 条之罪的主体为"非"国家机关工作人员，包括国家出资公司、企业、事业单位的工作人员。

第二节　故意泄露国家秘密罪（第398条）

《刑法》第398条　国家机关工作人员违反保守国家秘密法的规定，故意或者过失泄露国家秘密，情节严重的，处 3 年以下有期徒刑或者拘役；情节特别严重的，处 3 年以上 7 年以下有期徒刑。

非国家机关工作人员犯前款罪的；依照前款的规定酌情处罚。

（一）概念、构成要件

故意泄露国家秘密罪，是指国家机关工作人员或者非国家机关工作人员违反《保守国家秘密法》，故意使国家秘密被不应知悉者知悉，或者故意使国家秘密超出了限定的接触范围，情节严重的行为。

· 269 ·

"国家秘密",从内涵上说,是指关于国家安全和利益,依照法定程序确定,在一定时间内只限于一定范围内的人员知悉的事项。从外延上说,国家秘密分为"绝密""机密""秘密"三个级别。本罪所说的"国家秘密"与"绝密""机密""秘密"在逻辑的外延上是母项与子项的关系。

故意"泄露"国家秘密,是指行为人把自己掌握或知道的国家秘密泄露给不应知悉国家秘密的人,或者故意使国家秘密超出了限定的接触范围。

"情节严重",参照《渎职侵权案立案标准》(2006),是指具有下列情形之一的:①泄露绝密级国家秘密1项(件)以上的;②泄露机密级国家秘密2项(件)以上的;③泄露秘密级国家秘密3项(件)以上的;④向非境外机构、组织、人员泄露国家秘密,造成或者可能造成危害社会稳定、经济发展、国防安全或者其他严重危害后果的;⑤通过口头、书面或者网络等方式向公众散布、传播国家秘密的;⑥利用职权指使或者强迫他人违反《保守国家秘密法》的规定泄露国家秘密的;⑦以牟取私利为目的泄露国家秘密的;⑧其他情节严重的情形。非国家机关工作人员涉嫌故意泄露国家秘密犯罪行为的立案标准参照上述标准执行。

"情节特别严重"的,是本罪的加重犯,应处3年以上7年以下有期徒刑。所谓情节特别严重,一般是指重大、特大泄密案件。

(二)认定与处罚

1. 本罪与过失泄露国家秘密罪的界限。区分点在于罪过的形式不同:前者是故意犯罪;后者是过失犯罪。判断的要点是看行为人在把国家秘密泄露给不应知悉的人时,是过失还是故意。

2. 本罪与《刑法》第110条为境外窃取、刺探、收买、非法提供国家秘密、情报罪的界限。二者的主要区别是:①主体不同。前罪的主体一般为有权知悉国家秘密的国家机关工作人员;后者的主体为一般主体。②客观方面不同。前者不要求泄密给特定对象;后者则必须是为境外机构、组织、人员窃取、刺探、收买、非法提供国家秘密、情报。前者泄露的是国家秘密;后者不仅包括国家秘密,还包括情报。③客体不同。前者为国家保密制度;后者为国家安全。④罪与非罪的标准不同。前者必须情节严重的才构成犯罪;后者则无此限制。

通过互联网将国家秘密或者情报非法发送给境外的机构、组织、个人的，依照《刑法》第111条的规定定罪处罚；通过互联网发布国家秘密，情节严重的，依照《刑法》第398条的规定以故意泄露国家秘密罪处罚。[1]

3. 本罪与《刑法》第282条非法获取国家秘密罪的界限。二者区分的要点是：在获取国家秘密时是否使用了窃取、收买、刺探等"非法"手段。故意泄露国家秘密罪的行为人往往是有权知悉国家秘密或掌管国家秘密的人员，在取得国家秘密时没有也不需要使用"非法"手段，因此一般不存在"非法获取"的问题，只存在"泄漏"的问题。相反，如果行为人在取得国家秘密时就采取了非法的手段，则还构成非法获取国家秘密罪。而在非法获取之后向他人泄露的，则属于非法获取国家秘密罪的牵连犯。

4. 本罪与侵犯商业秘密罪的界限。二者的主要区别是：①主体不同。前罪的主体主要是国家机关工作人员；后罪是一般主体。②客体不同。前罪侵犯的客体是国家保密制度；后罪侵犯的客体是商业秘密专用权和相关经济利益。③行为对象不同。前者是《保守国家秘密法》规定的国家秘密；后者仅限于商业秘密。

5. 国家机关工作人员将自己知悉的属于国家秘密范畴内的商业秘密泄露出去，达到犯罪程度的，属于想象竞合，从一重罪处断。

6. 非法获取国家秘密后故意泄露的，属于牵连犯，择一重罪处罚。在司法实务中，有以故意泄露国家秘密罪定罪处罚的案例。在这种场合，往往是因为犯罪人的目的和行为的主要危害性体现在泄漏方面。例如。行为人为了牟利而窃取试卷并向众多人出售试题，其目的和危害主要体现在泄漏国家秘密上，法院以故意泄露国家秘密罪定罪处罚。

7. 本罪与《刑法》第282条第2款之罪的关联。《刑法》第282条第2款规定，非法持有属于国家绝密、机密的文件、资料或者其他物品，拒不说明来源与用途的，是非法持有国家绝密、机密文件、资料、物品罪。说明其来源于非法获取的，以非法获取国家秘密罪定罪处罚，不数罪并罚。说明其用途提供给间谍、境外机构等的，择一重罪处罚。

---

[1] 参见《审理国家秘密、情报案解释》(2001)第6条。

第三节 徇私枉法罪（第399条）

《刑法》第399条第1、4款 司法工作人员徇私枉法、徇情枉法，对明知是无罪的人而使他受追诉、对明知是有罪的人而故意包庇不使他受追诉，或者在刑事审判活动中故意违背事实和法律作枉法裁判的，处5年以下有期徒刑或者拘役；情节严重的，处5年以上10年以下有期徒刑；情节特别严重的，处10年以上有期徒刑。

司法工作人员收受贿赂，有前3款行为的，同时又构成本法第385条规定之罪的，依照处罚较重的规定定罪处罚。

（一）概念、构成要件

徇私枉法罪，是指司法工作人员徇私枉法、徇情枉法，对明知是无罪的人而使他受追诉、对明知是有罪的人而故意包庇不使他受追诉，或者在刑事审判活动中故意违背事实和法律作枉法裁判的行为。

"司法工作人员"，根据《刑法》第94条的规定，是指有侦查、检察、审判、监管职责的工作人员。在审判实践中，在司法机关中任职的专业技术人员在办案中故意提供虚假材料和意见，或者故意作虚假鉴定，严重影响刑事追诉活动的，也可构成本罪。但是其他专业技术人员故意作虚假鉴定的，可成立伪证罪。

"徇私枉法、徇情枉法"是指为徇私情、私利，故意违背事实和法律，伪造材料，隐瞒情况，弄虚作假的行为。

"对明知是无罪的人而使他受追诉"是指对没有实施危害社会的行为，或者根据《刑法》第13条的规定，情节显著轻微，危害不大，不认为是犯罪以及其他依照《刑法》规定不负刑事责任的人，以追究刑事责任为目的对其进行侦查（含采取强制性措施）、起诉、审判等追诉活动。

"对明知是有罪的人而故意包庇不使他受追诉"是指对有事实和确凿证据证明其实施犯罪的人，采取伪造、隐匿、毁灭证据或者其他隐瞒事实、违背法律的手段，故意包庇而使其不受侦查（含采取强制措施）、起诉或者审判。故意包庇不使他人受追诉的犯罪事实，既可以是全部的犯罪事实，也可以是部分犯罪事实或情节。另外，故意违背事实真相，违法变更强制措施，或者虽然采取强制措施，但实际放任不管，致使人犯逃避刑事追诉的，亦属枉法包庇的情形。

"在刑事审判活动中故意违背事实和法律枉法裁判"是指枉法进行裁定、判决，使有罪判无罪、无罪判有罪或者重罪轻判、轻罪重判。

立案标准。徇私枉法涉嫌下列情形之一的，应予立案：①对明知是没有犯罪事实或者其他依法不应当追究刑事责任的人，采取伪造、隐匿、毁灭证据或者其他隐瞒事实、违反法律的手段，以追究刑事责任为目的立案、侦查、起诉、审判的；②对明知是有犯罪事实需要追究刑事责任的人，采取伪造、隐匿、毁灭证据或者其他隐瞒事实、违反法律的手段，故意包庇使其不受立案、侦查、起诉、审判的；③采取伪造、隐匿、毁灭证据或者其他隐瞒事实、违反法律的手段，故意使罪重的人受较轻的追诉，或者使罪轻的人受较重的追诉的；④在立案后，采取伪造、隐匿、毁灭证据或者其他隐瞒事实、违反法律的手段，应当采取强制措施而不采取强制措施，或者虽然采取强制措施，但中断侦查或者超过法定期限不采取任何措施，实际放任不管，以及违法撤销、变更强制措施，致使犯罪嫌疑人、被告人实际脱离司法机关侦控的；⑤在刑事审判活动中故意违背事实和法律，作出枉法判决、裁定，即有罪判无罪、无罪判有罪，或者重罪轻判、轻罪重判的；⑥其他徇私枉法应予追究刑事责任的情形。

"情节严重"主要是指从动机、手段、后果等方面综合考虑比较情节是否恶劣、严重。例如，因贪赃、贪图女色而枉法的；采取了伪造、毁灭重要证据的方式或刑讯的方式枉法的；给国家和人民利益造成较大损失的；给有关当事人的人身、财产权益造成较严重损害的；等等。徇私枉法具有下列情形之一的，属于重大案件：①对依法可能判处3年以上7年以下有期徒刑的犯罪分子，故意包庇不使其受追诉的；②致使无罪的人被判处3年以上7年以下有期徒刑的。

"情节特别严重"主要是从犯罪的动机、手段、后果等方面综合判断情节是否特别恶劣、严重。例如，徇私枉法行为造成重大冤、假、错案，给国家和人民利益造成特别严重的损失或者给有关当事人的生命、人身、财产造成特别重大损害的；徇私枉法包庇重大的犯罪分子，致使犯罪集团的首要分子、惯犯、累犯以及其他罪行特别严重的罪犯逃避法律惩罚的；徇私枉法的动机特别卑劣、手段特别恶劣，造成极为恶劣的社会影响或其他严重后果的；等等。徇私枉法具有下列情形之一的，属于特大案件：①对依法可能判处 7 年以上有期徒刑、无期徒刑、死刑的犯罪分子，故意包庇不使其受追诉的；②致使无罪的人被判处 7 年以上有期徒刑、无期徒刑、死刑的。

（二）认定与处罚

本罪与民事、行政枉法裁判罪区别：本罪限于"刑事诉讼"中的徇私枉法，而后罪是"非刑事诉讼的审判活动"，包括民事案件、行政案件、经济纠纷案件、海商、海事案件的司法审判活动。

第九章思考题

1. 论渎职罪的概念与特征。
2. 论滥用职权罪与玩忽职守罪的界限。
3. 论徇私枉法罪的概念与特征。

第十章 军人违反职责罪

本章知识结构图

军人违反职责罪 { 特殊主体：军人 / 违反职责、危害国家军事利益 / 有的以"战时"为条件

军人违反职责罪概述

军人违反职责罪，是指军人违反职责，危害国家军事利益，依照法律应当受刑罚处罚的一类犯罪行为。这类犯罪主体是军人，即限于《刑法》第450条所规定的人员。

本章属于《刑法》中较为特殊的规定，所以在本章之罪与其他章节之罪发生法条竞合时，一般优先适用本章的规定。例如，军人故意泄露军事秘密的，适用《刑法》第432条以泄露军事秘密罪定罪处罚；军人违反武器装备使用规定，因而发生责任事故，致人重伤、死亡或者造成其他严重后果的，适用《刑法》第436条以武器装备肇事罪定罪处罚，不适用交通肇事罪、过失致人死亡罪、失火罪、过失爆炸罪、重大责任事故罪、危险物品肇事罪等犯罪。

本章之罪，有的以"战时"为要件，例如《刑法》第434条之战时自伤罪。

第十章思考题

1. 论军人违反职责罪的概念与特征。
2. 论战时自伤罪的概念与特征。

第十章思考题
参考答案

法学 e 系列教材

书　名	作　者
法理学	赵雪纲
宪法学	姚国建
行政法学	王敬波
行政诉讼法学	张　锋
中国法制史	马志冰
民法总论	姚新华
物权法	刘智慧
债法总论	费安玲
合同法	朱晓娟
侵权行为法	寇广萍
知识产权法	周长玲
公司法学	吴景明等
证券法	王光进
经济法学	薛克鹏　张钦昱
金融法学	魏敬淼
竞争法学	刘继峰　刘　丹
刑法学总论	曲新久
刑法学分论	阮齐林
民事诉讼法学	杨秀清
刑事诉讼法学	卫跃宁
国际法	马呈元
国际私法	刘　力
国际经济法	张丽英